Unternehmens-nachfolge

Perspektiven und Instrumente für Lehre und Praxis

von
Professor
Dr. Birgit Felden
und
Professor
Dr. Armin Pfannenschwarz

Oldenbourg Verlag München

Bibliografische Information der Deutschen Nationalbibliothek

Die Deutsche Nationalbibliothek verzeichnet diese Publikation in der Deutschen Nationalbibliografie; detaillierte bibliografische Daten sind im Internet über <http://dnb.d-nb.de> abrufbar.

© 2008 Oldenbourg Wissenschaftsverlag GmbH
Rosenheimer Straße 145, D-81671 München
Telefon: (089) 45051-0
oldenbourg.de

Lektorat: Wirtschafts- und Sozialwissenschaften, wiso@oldenbourg.de
Herstellung: Anna Grosser
Coverentwurf: Kochan & Partner, München
Cartoons: Dirk Meissner
Coverbild: Helen Assaf, www.sxc.hu
Gedruckt auf säure- und chlorfreiem Papier
Druck: Grafik + Druck, München
Bindung: Thomas Buchbinderei GmbH, Augsburg

ISBN 978-3-486-58593-3

Schon die Auswahl geeigneter Sportarten erleichtert
den Einstieg in das schwierige Thema
Unternehmer und Nachfolge...

Vorwort

Herzlich willkommen, liebe Leserin, lieber Leser. Wir freuen uns, dass Sie sich die Zeit nehmen, sich auf eine strukturierte und professionelle Weise der komplexen Materie der Unternehmensnachfolge zu nähern.

Zwar gibt es bereits eine Vielzahl von Büchern und Beiträgen zu Fragen der Übernahme und des Generationswechsels, für die kompakte Vermittlung des Inhalts auf akademischem Niveau existiert allerdings noch wenig Material. Die Autoren nahmen sich Ende 2006 vor, die erkannte Lücke zu schließen. In dieses Buch sind die umfangreichen Erfahrungen beider Autoren auf dem Gebiet der Unternehmensnachfolge eingeflossen: als Hochschulprofessoren, als praxiserfahrene Berater und als Familienunternehmer. Birgit Felden, Dipl.-Kauffrau und promovierte Juristin, hat 1995 die TMS Unternehmensberatung AG gegründet und berät seit rund 15 Jahren mittelständische Unternehmen in Fragen der Unternehmensnachfolge, Unternehmensführung und Finanzierung. Seit 2006 lehrt sie als Professorin an der Fachhochschule für Wirtschaft in Berlin zu den Themen Familienunternehmen, Mittelstand und Unternehmensnachfolge und ist Studiengangsleiterin des ersten Bachelor-Studiengangs „Unternehmensgründung und Unternehmensnachfolge". Armin Pfannenschwarz, Diplom-Kaufmann und ehemals selbst Nachfolger und Geschäftsführender Gesellschafter im Unternehmen seiner Familie, promovierte zum Thema Unternehmensnachfolge und war an der Hochschule Pforzheim für den „MBA in Unternehmensentwicklung" verantwortlich, den bundesweit ersten Masterstudiengang speziell für Unternehmensnachfolger. Derzeit bereitet er an der Berufsakademie Karlsruhe den Start des Bachelor-Studiengangs „Unternehmertum" vor.

Der Markt hält ein breites Spektrum an Literatur und anderen Informationsmedien, Forschungsarbeiten und Studien über Familienunternehmen, Unternehmensnachfolge sowie Ratschläge zu verschiedensten Aspekten bereit, von der Gestaltung eines Beirats bis zur Erarbeitung einer Familienstrategie. Welchen Nutzen hat dieses Lehrbuch darüber hinaus, und für wen ist es geschrieben worden?

Was soll dieses Buch bieten?

Ein Lehrbuch erhebt den Anspruch, dem Leser einen schnellen, gut strukturierten Einstieg in ein komplexes Themengebiet und einen Überblick über die wichtigsten Aspekte zu ermöglichen. Es soll nicht die gesamte Tiefe des insgesamt verfügbaren Wissens ausloten und es soll keine einseitige Schwerpunktsetzung oder Spezialisierung verfolgen, sondern die Wege dorthin aufzeigen und vorbereiten. Eine solide wissenschaftliche Fundierung sowie eine didaktisch ansprechende Gestaltung verstehen sich dabei von selbst.

Wir nähern uns dem Sujet der Familienunternehmen und dem Prozess der Nachfolge konsequent aus einer Beobachterperspektive. Die Inhalte richten sich also nicht in Form eines Dialogs von konkreten Ratschlägen, Checklisten oder To-Do-Aufstellungen an die handelnden Personen selbst – hierfür existiert ein breites Angebot an Ratgeber-Literatur. Trotzdem kann dieses Buch Hinweise zur Gestaltung des individuellen Nachfolgeprozesses geben, deshalb ist es für eine breite Leserschaft interessant.

An wen wendet sich dieses Buch?

Studierende: Auch wenn Sie keinen familiären Bezug zur Thematik haben, lernen Sie in diesem Buch die Hintergründe und Prozesse eines sowohl relevanten als auch interessanten Aspekts unseres Wirtschaftssystems kennen. In gewisser Weise haben Sie es am einfachsten, da Sie die Nachfolge-Dramen, Tragödien und Komödien aus einer unvoreingenommenen Beobachterperspektive verfolgen können.

Unternehmensnachfolger: Wenn Sie selbst in der Situation sind, (absehbar) einen Betrieb zu übernehmen, dann bietet dieses Buch Ihnen einen strukturierten Einstieg in die Thematik und eine professionelle Unterstützung in der Bearbeitung der unweigerlich anstehenden Aufgaben. Das Buch ist ausdrücklich kein Ersatz für eine individuelle Unterstützung durch einen guten Nachfolge-Berater – diesen werden Sie voraussichtlich ohnehin benötigen. Durch die Beschäftigung mit diesem Buch werden Sie jedoch den Umgang und die Zusammenarbeit mit Ihren Beratern, und vor allem mit den anderen beteiligten Personen aus dem Unternehmen und der Familie verbessern und so die Ergebnisse optimieren können.

Dozenten: Immer mehr wissenschaftliche Einrichtungen bieten Aus- oder Weiterbildungsmöglichkeiten zu dem Thema Unternehmensnachfolge an. Anders als in den traditionellen betriebswirtschaftlichen Ausbildungsschwerpunkten stehen im Bereich Unternehmensnachfolge noch wenige didaktisch sauber aufbereitete Materialien zur Verfügung. Dies wollen wir Ihnen mit diesem Lehrbuch bieten.

Unternehmer: Die Konzeption, Planung und Umsetzung der eigenen Nachfolge kann für jeden Unternehmer der krönende Abschluss eines langen, erfolgreichen Wirkens in der und für die Firma darstellen – oder ein Albtraum aus enttäuschten Erwartungen, Streit und Vernichtung von Werten und Potenzialen. Dieses Buch ist kein einfacher Leitfaden, kein „how to"-Ratgeber. Sie können dennoch großen Nutzen für die Praxis daraus ziehen, weil die zusammengefasste Erfahrung vieler Fälle aus der Praxis die Grundlage dieses Buches bildet.

Familienangehörige: Nicht selten übernehmen Familienangehörige wie Ehepartner oder Geschwister eine tragende oder auch treibende Rolle bei Nachfolgeprozessen, auch wenn sie keine unternehmerischen Aufgaben wahrnehmen wollen. Insbesondere diese sollten ein tiefer gehendes Verständnis für die auftretenden Vorkommnisse und Phänomene entwickeln, damit sie die direkt betroffenen Personen möglichst wirksam unterstützen können.

Berater und Dienstleister: Im Rahmen der Unternehmensnachfolge werden regelmäßig externe Berater eingesetzt, vom Steuerberater oder Wirtschaftsprüfer über den Rechtsanwalt, Unternehmensberater, Kommunikationsspezialisten oder Mediator bis hin zu spezialisierten Nachfolge-Beratern. Zudem sind möglicherweise Banker, M&A-Fachleute oder andere Vertreter von Kapitalgebern oder weiteren betroffenen Institutionen involviert. Falls Sie zu dieser Gruppe gehören, dann kann das Lehrbuch Sie darin unterstützen, einen umfassenden Überblick über die Problematik der Nachfolgesituation für die direkt beteiligten Personen zu gewinnen.

Wie nutzt man dieses Buch?

Falls die Thematik für Sie (in Theorie und/oder Praxis) neu ist, sind Sie der „Idealleser" für dieses Buch. Wir empfehlen die Bearbeitung in der Reihenfolge der Kapitel, da die Inhalte teilweise aufeinander aufbauen. Zu allen Kapiteln finden Sie einige gezielte Hinweise zu vertiefender Literatur. Falls Sie sich bereits (in Theorie und/oder Praxis) in die Thematik eingearbeitet haben, dürften Sie viele Aspekte wieder erkennen. Suchen Sie sich Ihre Schwerpunkte – je nach persönlichem Erkenntnisinteresse.

Als Studierender erhalten Sie einen schnellen und strukturierten Überblick über die wichtigsten Aspekte der Unternehmensnachfolge, Sie können sich in kurzer Zeit ein grundlegendes Verständnis der Thematik aneignen und die angegebenen weiterführenden Quellen je nach persönlicher Schwerpunktsetzung zur Vertiefung heranziehen. Wenn Sie im Rahmen einer einzelnen Veranstaltung oder Hausarbeit das Thema Unternehmensnachfolge nur streifen, dürfte dieses Lehrbuch genügen, um die grundlegenden Fragen zu beantworten. Sollten Sie eine umfangreichere Arbeit, z.B. eine Masterthesis, über die Nachfolge schreiben, dann können Sie alle Hinweise und Tipps dazu, vor allem in Kapitel 5, gut nutzen.

Als Dozent können Sie das Buch komplett oder auch in einzelnen Teilen als Grundlage zur Gestaltung des Unterrichts verwenden. Falls Sie die hier behandelte Thematik anhand von Fallstudien aufbereiten möchten, nehmen Sie hierzu gerne Kontakt zu den beiden Autoren auf.

Wie ist dieses Buch aufgebaut?

Die Aufbaustruktur dieses Lehrbuchs folgt der Frage, was ein Studierender, der sich mit dem Thema Unternehmensnachfolge beschäftigt (wie auch ein Nachfolger, der einen Betrieb übernehmen möchte), an Kompetenzen mitbringen oder sich aneignen muss. Dazu gehört zunächst ein grundlegendes Verständnis der Strukturen, Eigenheiten und Dynamiken, die sich im System des eignergeführten Unternehmens vor dem Hintergrund einer generationsübergreifenden Entwicklung ergeben. Diese werden im Kapitel „Grundlagenkompetenz" vermittelt.

Das Kapitel „Fachkompetenz" behandelt das betriebswirtschaftliche und sonstige Knowhow, das ein Studierender bzw. Nachfolger benötigt. Hierbei haben wir uns auf die Besonderheiten des Themas Unternehmensnachfolge konzentriert. Allgemeine betriebswirtschaftliche Kenntnisse, die sowohl für ein BWL-Studium als auch für die Übernahme eines mittelständischen Unternehmens unabdingbar sind, sprengen den Rahmen dieses Lehrbuchs und müssen daher an anderer Stelle erworben werden. Immer dann jedoch, wenn Besonderheiten im Kontext der Unternehmensnachfolge erkennbar sind, stellt dieses Wissen notwendige Fachkompetenzen der Zielgruppe dar. Auf eine dezidiert rechtliche und steuerliche Betrachtung des Themas haben die Autoren in diesem Buch aus drei Gründen verzichtet. Zum einen gebietet der Umfang des Werks eine Fokussierung auf die Managementaufgaben. Weiter werden diese Kompetenzen in der Praxis üblicherweise extern zugeführt, da es sich ihrerseits um komplexe Gebiete handelt, deren Inhalte mitunter eine sehr geringe Halbwertszeit haben. Und schließlich gibt es zu diesem speziellen Teilgebiet umfangreiche Literatur, auf die an dieser Stelle verwiesen werden soll. In der Praxis wird der rechtlichen und steuerlichen Seite ohnehin oftmals ein unpassend hoher Stellenwert eingeräumt. Sachgerecht ist dagegen zunächst eine strategische und betriebswirtschaftliche Konzipierung, die in einem zweiten Schritt rechtlich abgesichert und steuerlich optimiert werden muss.

Das Kapitel „Management und Sozialkompetenz" stellt die Person des Nachfolgers in den Mittelpunkt und gibt einen Überblick über die Anforderungen an die notwendige Motivation, Qualifikation und Persönlichkeit, um das Übernahmeobjekt nachhaltig erfolgreich führen zu können.

Der Bereich „Methodenkompetenz" behandelt die Planung und Strukturierung des Nachfolgeprozesses selbst. Das Ergebnis besteht idealerweise in einem professionell ausgearbeiteten Übernahme-Fahrplan, in dem sich die Beteiligten kritisch mit der Thematik auseinandergesetzt haben. Wesentlich ist insbesondere auch die Umsetzungsphase, in der unvermeidliche Anpassungen und Änderungen des Plans professionell angegangen werden, sodass für alle Probleme, Schwierigkeiten und Konflikte, die im Rahmen einer Nachfolge eher die Regel als die Ausnahme sind, jeweils eine neue, gemeinsam getragene Lösung gefunden werden kann.

Im abschließenden Kapitel „Studienkompetenz" finden Sie eine Reihe von Informationen und Hinweisen für eine vertiefte Behandlung der Thematik, sowohl was Literatur und sonstige Quellen betrifft, als auch eigene Aktivitäten wie studentische Arbeiten, Bachelor- oder Master-Thesen.

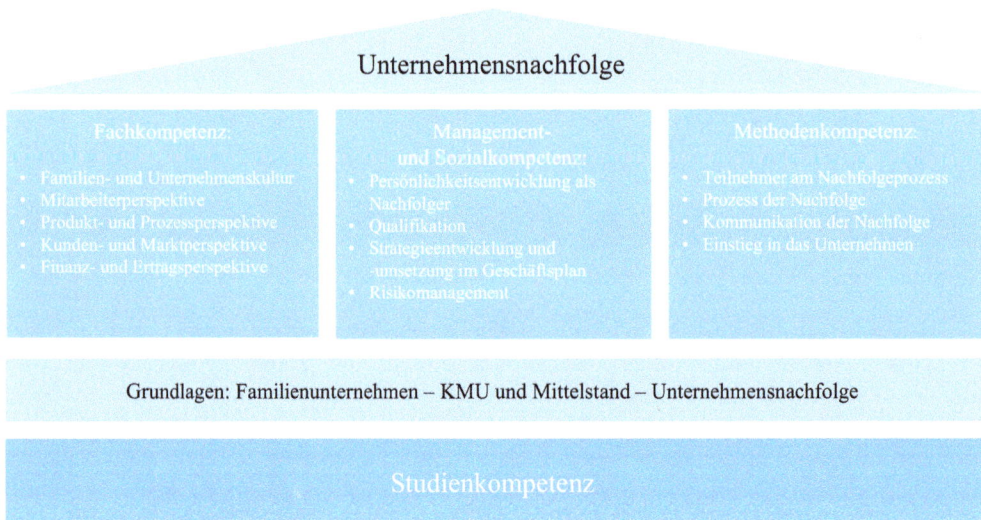

Abb.   *Die Inhalte des Buchs*

Das Fallbeispiel „Moritz GmbH"

Wie vermittelt man die vielfältigen Aspekte und Interdependenzen der Unternehmensnachfolge in knapper, aber dennoch gut verständlicher Form? Neben der Konzentration auf die wesentlichen Punkte und der durchdachten Darstellung der Inhalte ist dazu der Praxistransfer anhand möglichst konkreter Beispiele unverzichtbar.

In den einzelnen Kapiteln wird Ihnen die „Moritz GmbH" und die dahinter stehende Unternehmerfamilie Moritz vorgestellt. Dieses Fallbeispiel ist fiktiv, speist sich jedoch aus den konkreten Erfahrungen der Autoren aus einer ganzen Reihe von Nachfolgefällen, die in verfremdeter Form hier Eingang gefunden haben. Übereinstimmungen mit tatsächlichen Personen oder Vorkommnissen sind rein zufällig und nicht beabsichtigt, auch wenn Ihnen vieles sehr bekannt vorkommt.

Das Fallbeispiel zieht sich durch das Buch, viele Themen werden anhand der Familie Moritz erläutert und mit Leben gefüllt. Obwohl wir natürlich versucht haben, insbesondere die relativ oft auftretenden und damit „typischen" Verhaltensweisen darzustellen, ist damit ausdrücklich nicht der Anspruch einer Ideallösung, eines Leitfadens oder einer Empfehlung verbunden. Jede Unternehmensnachfolge ist einzigartig, und jede Nachfolgeregelung erfordert eine eigene Lösung, die den beteiligten Personen und Unternehmen wirklich gerecht wird. Das Fallbeispiel soll Schlaglichter auf bezeichnende Phänomene und gebräuchliche Strukturen werfen und damit zu einem vertieften Verständnis beitragen und die Materie visualisieren.

Wer ist die Familie Moritz?

Die Familie

Horst (65) und Else Moritz (63) haben drei Kinder, von denen Heiko (32) und Veronica (30) bereits im Berufsleben stehen, während Kevin (25) noch studiert.
Die hohen Gewinne in den letzten Jahren haben dazu geführt, dass die Familie im privaten Bereich ein umfangreiches Vermögen aufbauen konnte und sich einen wohlhabenden Lebensstil leisten kann.

Das Unternehmen

Die Moritz GmbH ist im Bereich der Stahlverarbeitung tätig und entwickelt und produziert individuelle Kundenlösungen von Einzelprojekten bis zu Kleinserien, die insbesondere in den Branchen Entsorgungstechnik und Katastrophenschutz abgesetzt werden und international Verwendung finden. Die Firma ist ansässig in Brückstadt, einer kleinen Stadt mit 25.000 Einwohnern nördlich von Frankfurt am Main.
Nachdem in der Vergangenheit hohe Umsätze und Gewinne erwirtschaftet wurden, ist der Markt in den letzten drei Jahren schwieriger geworden. Verstärkter Wettbewerb und geändertes Kundenverhalten lassen erwarten, dass die goldenen Zeiten für das Unternehmen vorbei sind. Dennoch stehen der gute Ruf und die langjährigen Kundenbeziehungen, die Horst Moritz systematisch pflegt, für eine solide Zukunft des Unternehmens.

Die betriebsnotwendigen Immobilien, d h. ein großes Grundstück in attraktiver Stadtrand-
lage sowie die darauf befindlichen Firmengebäude, befinden sich im Besitz einer GbR, an
der Horst, Else und Horsts Schwägerin, Anna-Maria Moritz beteiligt sind. Im letzten Jahr
setzte die Moritz GmbH mit 32 Mitarbeitern ca. € 10 Mio. um, die Bilanzsumme beträgt
rund sieben Millionen Euro. Der Betrieb läuft profitabel, auch wenn sich die Ergebniszah-
len in den letzten Jahren verschlechtert haben. 2007 betrug der Gewinn € 750.000.

Die Geschichte

Hugo Moritz, der Vater von Horst, lernte vor dem 2. Weltkrieg Schmied, arbeitete dann
jedoch als LKW-Fahrer und Spediteur. Nach dem Krieg übernahm er eine verwaiste alte
Schmiedewerkstatt in Brückstadt und begann, seinen Beruf selbstständig auszuüben. Bald
arbeiteten mehrere Mitarbeiter für die junge Firma Moritz, die sich damals mit dem Bau
von landwirtschaftlichen Geräten, Anhängern und LKW-Pritschen beschäftigte. 1955
konnte Hugo Moritz ein großes Areal außerhalb der Stadt erwerben und dort in alten Bara-
cken der Wehrmacht seinen Betrieb kostengünstig ausweiten.
Der ältere Sohn Hartmut entschied sich entgegen dem väterlichen Wunsch für eine Laufbahn außerhalb des Unternehmens, er lernte Kfz-Schlosser, arbeitete bei Daimler-Benz
und studierte schließlich Maschinenbau.
Der jüngere Sohn Horst absolvierte eine Mechanikerausbildung beim Vater im Betrieb –
diesen Sohn wollte Hugo nicht auch noch verlieren. Umso alarmierter war dieser, als Horst
(dem Beispiel des großen Bruders folgend) ebenfalls ein Ingenieurstudium antreten wollte,
dies auch durchsetzte, und danach erst einmal eine Anstellung bei einem Großunternehmen
antrat. Der Betrieb wuchs in dieser Zeit kontinuierlich, 1967 wurde anstelle der alten Bara-
cken endlich eine zeitgemäße Werkhalle errichtet.
1974, nach der ersten Ölkrise und einem drastischen Einbruch des Geschäfts, gründete
Hugo auf Anraten seines Steuerberaters eine GmbH und gliederte die Immobilien in eine
Besitz-GbR aus. Aufgrund des hohen Handlungsdrucks trat Horst wieder ins Unternehmen
ein, wurde von seinem Vater zum zweiten Geschäftsführer bestellt und mit 30 % beteiligt.
Horst war zu diesem Schritt bereit, nachdem auch sein Bruder Hartmut angedeutet hatte, er
könne sich eine Rückkehr ins Unternehmen vorstellen.
1976 kam dieser dann auch zurück ins Unternehmen und wurde an GmbH und GbR beteiligt. Auch heute noch betrachtet Horst Moritz die Zeit Ende der 70er- und Anfang der 80er
als die „goldenen Jahre" der Firma. Gute Umsätze im lukrativen Bereich der Verteidi-
gungstechnik – eine von Horst Moritz neu hinzu gewonnene Branche – und ein gedeihli-
ches Miteinander in Familie und Unternehmen trugen zu sehr guten Ergebnissen bei. Neben Transportboxen mit militärischer Signal- und Nachrichtentechnik produzierte die Moritz GmbH Komponenten für Bunker, LKW-Aufbauten und mobile Nachschubeinrichtungen.
1983 verstarb Hartmut jedoch tragisch aufgrund eines Verkehrsunfalls. Seine Witwe Anna-Maria erbte die Anteile, allerdings bewog Horst sie im Folgejahr, ihm die GmbH-
Anteile und die Hälfte der GbR-Anteile abzutreten und sich mit den jährlichen Ausschüttungen aus den Mieteinnahmen zu begnügen. Diese 25 % des Immobilienbesitzes hält sie
auch heute noch, war jedoch nie im Unternehmen tätig.
Seit dem Tod von Hugo Moritz im Jahr 1993 zeichnet Horst alleine für das Unternehmen
verantwortlich, in dieser Zeit besonders unterstützt von seiner Frau Else. Nach dem Zu-

sammenbruch des Ostblocks und der Wiedervereinigung gelang es ihm auch, rechtzeitig zivile Nischen für die spezifischen Kompetenzen des Betriebs zu finden und einige Marktbereiche, die bislang ein Schattendasein führten, gezielt zu entwickeln.

Erst vor drei Jahren entschloss sich Horst Moritz nach langem Zögern, die alten und nicht mehr zeitgemäßen Produktions- und Verwaltungsräumlichkeiten komplett durch einen Neubau auf dem Firmengrundstück zu ersetzen. Der Bezug der neuen Gebäude im letzten Jahr wurde von allen Seiten als Ausdruck der ungebrochenen Kraft des Unternehmens und auch des inzwischen 64jährigen Unternehmers aufgefasst.

Die Nachfolge

Mit drei Kindern, davon zwei Söhnen, ging Horst Moritz wie selbstverständlich immer davon aus, dass mindestens eines davon das Unternehmen einmal weiterführen würde. Nachdem Heiko, der Älteste, eine passende berufliche Richtung einschlug, schien denn auch recht früh alles klar zu sein. Am liebsten hätte Horst seinen Sohn selbst ausgebildet, akzeptierte aber dessen Wunsch, zu einem anderen Betrieb am Ort zu gehen.

Nach der Lehre trat Heiko ins Unternehmen ein, verließ es jedoch relativ bald darauf wieder – nach einem Zerwürfnis mit dem Vater. Dieses Erlebnis hat Horst Moritz stark verunsichert und dazu bewogen, sich viele Gedanken um seine Nachfolge zu machen. Sein Stolz verbot es, Heiko um eine Rückkehr zu bitten. Tochter Veronica konnte er sich zu diesem Zeitpunkt als Alternative nicht richtig vorstellen – denn wie sollte dies mit einer Familiengründung zusammen gehen? Und der jüngste Sohn Kevin zeigte überhaupt keine Neigungen in Richtung Wirtschaft oder Technik.

Ein Jahr nach dem Ausscheiden von Heiko berief Horst Moritz daher seine zwei leitenden Mitarbeitern zu Mitgeschäftsführern und übergab ihnen jeweils 10 % der GmbH-Anteile. Sein altes Testament sieht noch vor, dass seine Frau im Falle seines Todes alle Firmenanteile erbt. Er konnte sich noch nicht dazu durchringen, dies zu ändern und bereits eine endgültige Entscheidung bezüglich der Vermögensnachfolge zu treffen. Es beruhigt ihn aber sehr, dass sein Betrieb in jedem Fall nicht handlungsunfähig ist, sondern von zwei erfahrenen Mitarbeitern weiter geführt werden kann. Dennoch ist sich Horst Moritz darüber im Klaren, dass er sich mit der Thematik weiter auseinander setzen muss. In jüngster Zeit bezieht er erstmals auch Veronica ernsthaft in seine Überlegungen mit ein, da ihm ihr erfolgreicher Berufsweg durchaus imponiert.

Die beteiligten Personen

Horst Moritz (65), Geschäftsführender Gesellschafter, Vater und Senior

Horst Moritz ist eine recht charmante, aber auch dominante Persönlichkeit mit unverrückbaren Wertmaßstäben. Wenn er von etwas überzeugt ist (persönlich oder unternehmerisch), dann geht er dafür notfalls durch jede Wand. Herr Moritz ist mit Leib und Seele Techniker, Unternehmer nur „nebenbei", allerdings sehr erfolgreich.

Er sieht auf der rationalen Ebene die Notwendigkeit für eine rechtzeitige Regelung der Nachfolge, tut sich aber naturgemäß schwer, Macht und Verantwortung loszulassen. Am liebsten würde er alle seine drei Kinder im Unternehmen sehen, idealerweise unter seiner eigenen weisen Leitung.

Else Moritz (63), Unternehmersgattin und „graue Eminenz", Mutter

Sie wollte eigentlich ein ruhiges Leben führen und heiratete einen Angestellten. Als sich ihr Mann bald danach selbstständig machte, arrangierte sie sich sehr schnell mit der neuen Situation und arbeitete tatkräftig am Aufbau der Firma mit. Dabei half es ihr sehr, dass sie selbst aus einer vielfältig unternehmerisch aktiven Familie stammt, auch wenn sie von dort eher negative Erfahrungen mit Nachfolgen mitbringt. Frau Moritz übernahm die Buchhaltung und das gesamte Personalwesen und die Lohnabrechnungen und sorgte stets für einen einwandfreien Ablauf. Bereits 2001 zwang sie ein langwieriges Rückenleiden jedoch, ihre Aktivitäten im Unternehmen stark einzuschränken. Seit daraufhin Ludwig Wonschack die kaufmännischen Aufgaben komplett übernahm, beteiligt sich Else nur noch informell an der Entwicklung des Unternehmens, insbesondere durch die Beratung und Unterstützung ihres Mannes.

Bis heute steht sie dem Unternehmerleben etwas ambivalent gegenüber. Sie hat das Gefühl, das Familienleben leide doch zu sehr unter der ständigen unsichtbaren Anwesenheit des Betriebes, und unter der ständigen sichtbaren Abwesenheit ihres Mannes. Sie selbst tat immer alles, um dies auszugleichen. Auch bei den Differenzen zwischen Horst und Heiko hat sie lange versucht, zwischen beiden zu vermitteln.

Derzeit steht sie etwas in Konflikt mit ihrem jüngeren Sohn Kevin, da dieser neben seiner allgemein lockeren Lebensführung nun auch eine – aus ihrer Sicht untragbare – Beziehung zu einer um mehrere Jahre älteren Polin mit einem unehelichen Kind unterhält.

Heiko Moritz (32), Diplom-Ingenieur, älterer Sohn

Heiko ist seinem Vater in Aussehen, Persönlichkeit und Charakter sehr ähnlich: immer sehr aktiv und extrovertiert, manchmal auch etwas cholerisch und engstirnig. Auch er ist ein enthusiastischer Techniker und Ingenieur, seine Unternehmerfähigkeiten wurden bislang nicht auf die Probe gestellt.

Heiko absolvierte nach dem Abitur eine Ausbildung als Werkzeugmacher in einem befreundeten Betrieb am Ort und kam danach ins Unternehmen seines Vaters, das er natürlich durch vielfältige Aktivitäten und Hilfsdienste seit der Jugend bereits gut kannte. Das Verhältnis zum Vater war von Anfang an etwas gespannt und verschlechterte sich rasch. Schließlich verließ Heiko im Streit das Unternehmen und ging an eine Fachhochschule, um dort ein praxisorientiertes Ingenieurstudium zu absolvieren.

Er schloss das Studium mit nur mäßigen Noten ab, da er parallel sehr viel für eine Softwarefirma arbeitete. Dennoch fand er sofort eine gute Anstellung bei einem großen Maschinenbaukonzern, wo er bis heute tätig ist. Für das nächste Jahr wurde ihm eine Stelle als Projektleiter zugesichert.

Privat ist er fest mit seiner langjährigen Freundin Laura liiert, einer Grundschullehrerin. Eine Heirat ist in ein bis zwei Jahren geplant. Laura hat deutliche Vorbehalte einem Leben als Unternehmerfrau gegenüber und ist froh über den damaligen Ausstieg von Heiko. Dieser traut sich eine Übernahme jederzeit zu, allerdings erst nach der Abdankung seines Vaters – eine gemeinsame Arbeit möchte er nicht mehr riskieren.

Veronica Moritz (30), Industriedesignerin, MBA, Tochter

Veronica ist ehrgeizig, ausdauernd und strebsam, dabei fleißig und detailorientiert. Sie legt Wert auf Gestaltungsmöglichkeiten und Freiheit für Ideen und Aktivitäten, und auch auf Anerkennung in Form von materieller Vergütung sowie Status und Titel.

Nach einem sehr guten Abitur ging sie ein Jahr als Au pair nach Kanada. Das nachfolgende Studium in Industriedesign umfasste auch Auslandssemester in den USA und in Kanada, dennoch schloss sie es in der Regelstudienzeit mit sehr guten Noten ab. Nach dem Studium arbeitete sie zuerst als Designerin, dann schnell als Projektleiterin bei einer Marketing-Agentur. Während dieser Zeit absolvierte sie zudem ein berufsbegleitendes MBA-Programm, ebenfalls mit sehr gutem Erfolg.

Seit drei Jahren ist sie als stellvertretende Leiterin der Marketing-Abteilung bei einem größeren Mittelständler angestellt und betreut hier vor allem die wichtigsten Key Accounts. Die Arbeit macht ihr Freude, aber auch einen Eintritt ins Unternehmen der eigenen Familie könnte sie sich unter Umständen durchaus vorstellen. Sie leidet etwas darunter, dass ihr Vater immer nur Heiko als Nachfolger sieht und ihre eigenen Qualifikationen und Leistungen demgegenüber nicht richtig würdigt.

Kevin Moritz (25) Student und zweiter Sohn

Kevin ist passionierter Musiker, er studiert derzeit Klavier und Gitarre an einem Konservatorium. Mit dem Unternehmen oder einer Tätigkeit darin hat er nichts am Hut, obwohl er vage Erwartungen an ein künftiges Erbe und einen Status als Gesellschafter hat. Die Vorteile daraus genießt er teilweise bereits heute: sein BMW wird aus steuerlichen Gründen als Firmenwagen geführt.

Außerdem interessiert er sich mehr für schnelle Autos und hübsche Frauen. Als Hobby betreibt er – sehr zum Ärger von Frau Moritz – intensiv Motorsport.

Mit Kevin Moritz hat der Vater eher Schwierigkeiten, wenn er an die Nachfolge denkt. Zum einen ist dieser mit Mitte 20 noch zu jung für die Übernahme von Managementaufgaben – so seine Einschätzung. Zum anderen weist derzeit nichts darauf hin, dass er entsprechende Neigungen oder Aktivitäten entwickeln würde.

Anna-Maria Moritz (62) Gesellschafterin und Tante von Heiko, Veronica und Kevin

Anna-Maria war verheiratet mit Hartmut Moritz, dem früh verstorbenen Bruder von Horst und hält 25 % der Anteile des Besitzunternehmens. Sie ist heute eine verbitterte Person, fühlt sich vom Leben ungerecht behandelt, und engagiert sich stark in kirchlichen und sozialen Aktivitäten, sie leitet den Gesangsverein von Brückstadt, sie malt und organisiert auch Vernissagen und Ausstellungen. Ihr Kontakt zum Rest der Familie ist seit vielen Jahren auf das Notwendigste reduziert, als Gesellschafterin hat sie sich jedoch immer kooperativ verhalten – allerdings war die jährliche Ausschüttung durch die Vermietung der Immobilien an die Firma nie gefährdet. Anna-Maria hat im Kreis vertrauter Freunde bereits laut mit dem Gedanken gespielt, ihren Firmenanteil der Kirche oder einem Künstlerverein zu vermachen.

Manfred Groß (55), Betriebsleiter

Manfred Groß hat bereits unter dem Vater von Horst Moritz das Schmiedehandwerk erlernt und ist der dienstälteste Mitarbeiter der Moritz GmbH – er kennt buchstäblich jede

Schraube im Betrieb. Er behält auch in kritischen Zeiten immer die Ruhe und stellt so einen guten Gegenpol zu seinem immer dynamischen Chef dar, mit dem ihm nicht nur die lange Geschichte, sondern inzwischen auch eine gewachsene Freundschaft verbindet.

Die Welt von Herrn Groß ist die Produktion, hier macht ihm keiner etwas vor. Um die kaufmännischen oder unternehmerischen Fragen hat er sich allerdings nie wirklich gekümmert. Auch seinen Firmenanteil von 10 %, den er seit einigen Jahren hält, betrachtet er mehr als symbolisches Zeichen der Dankbarkeit und der Verbundenheit mit dem Inhaber und weniger als Auftrag zu einer aktiven Mitunternehmerschaft.

Mit Heiko kam er nicht gut zurecht und ist insgeheim froh, dass dieser das Unternehmen verließ. Veronica dagegen hält er für die ideale Nachfolgerin „im Büro".

Ludwig Wonschack (42), Kaufmännischer Leiter

Herr Wonschack ist dagegen erst sechs Jahre im Unternehmen. Er ist gelernter technischer Zeichner, hat aber seit Jahren eher in kaufmännischen und vertrieblichen Aufgabengebieten gearbeitet. Herr Moritz warb ihn bei einer Messe direkt von einem Wettbewerber ab. Sehr methodisch und akribisch brachte er das bis dahin recht hemdsärmelig geführte Rechnungswesen und den gesamten kaufmännischen Bereich der Firma schnell auf Vordermann und konnte auch in Verhandlungen mit den kreditgebenden Banken wesentliche Konditionsverbesserungen heraushandeln, was seinen Chef sehr beeindruckte.

Ein Jahr, nachdem Heiko das Unternehmen verließ, und nachdem sich Horst Moritz eine neue Nachfolgestrategie zurecht legte, wurde Ludwig Wonschack zum kaufmännischen Geschäftsführer berufen und mit 10 % beteiligt. Seit diesem Zeitpunkt denkt Wonschack auch immer wieder über eine komplette Übernahme nach. Wonschack versteht sich auch sehr gut mit dem Betriebsleiter Groß und könnte sich eine gemeinsame Lösung mit diesem gut vorstellen.

So, nun haben Sie einen ersten Eindruck der Unternehmerfamilie Moritz gewinnen können, die Sie durch dieses Lehrbuch begleiten wird.

Ein derartiges Lehrbuch kann nicht ohne die Hilfe eines tatkräftigen und verständnisvollen Umfeldes entstehen. Ein erster Dank geht in diesem Sinne an Dipl.-Kfm. Christian Baal, der als Forschungsassistent für Prof. Dr. Birgit Felden an der FHW Berlin intensive Literaturrecherchen durchführte, Manuskriptentwürfe erstellte und die mühevolle Kleinarbeit der Fußnotenbearbeitung erledigte. Auch zu großem Dank verpflichtet sind wir Frau Anja Maiellaro, Vorstandsassistentin, und Frau Dr. Susanne Hartmann, Leiterin Unternehmenskommunikation der TMS Unternehmensberatung AG aus Köln, die wichtige Lektorats- und Kommunikationsaufgaben zwischen Berlin, Pforzheim, Köln und Karlsruhe übernommen haben. Herzlichen Dank auch an Herrn Dipl.-Ing. Gerd Felden, der das Schlusslektorat übernommen und den letzten kritischen Blick auf das Manuskript geworfen hat. Das oftmals ernste und emotionale Thema Unternehmensnachfolge kann nicht besser aufgelockert werden als durch die Cartoons von Dirk Meissner. Einen ganz besonderen Dank dafür, dass er uns diese Cartoons zur Verfügung gestellt hat. Schließlich richten wir unseren Dank an das Team des Oldenbourg-Verlags, stellvertretend an Herrn Rainer Berger.

Alle Beteiligten haben sich der Fehlervermeidung verpflichtet. Eventuell verbleibende Fehler, Formulierungsungenauigkeiten oder Unstimmigkeiten gehen selbstverständlich allein zu Lasten der Autoren.

Aus Gründen der besseren Lesbarkeit haben wir darauf verzichtet, weibliche und männliche Formen parallel oder abwechselnd zu verwenden – selbstverständlich sind beispielsweise mit „Unternehmer" auch immer „Unternehmerinnen" gemeint.

Nun wünschen wir Ihnen viel Erfolg, aber vor allem viel Vergnügen mit diesem Lehrbuch für Praktiker.

Birgit Felden und Armin Pfannenschwarz

Inhalt

1   Grundlagenkompetenz

Dieses Buch ist als Lehrbuch konzipiert. Deshalb stellen wir Ihnen zu Beginn des jeweiligen Kapitels zusammen, was Sie nach der Bearbeitung der Thematik aus studentischer Perspektive kennen sollten.

In diesem Buch sollen die Kompetenzen eines Nachfolgers systematisch beschrieben werden, um für ein Studium oder die konkrete Nachfolge-Situation einen umfassenden Überblick zu geben. Für jede wissenschaftliche Arbeit ist es unerlässlich, den Kontext des Themas klar zu umreißen und die wesentlichen Begriffe zu definieren. Nur so ist gewährleistet, dass alle Beteiligten sich im gleichen Thema bewegen und auch das gleiche meinen, wenn sie von Gleichem sprechen. Dies gilt umso mehr bei Themen, die sich nicht lediglich in einer wissenschaftlichen Disziplin bewegen. Unter dem Begriff „Machbarkeit" versteht ein Techniker typischerweise die Realisierbarkeit einer Aufgabe, während der Betriebswirt fragt, ob eine Aufgabe mit den gegebenen finanziellen oder personellen Ressourcen zu steuern ist. Und wenn der Jurist von „grundsätzlich" spricht, hat er – anders als der Psychologe – immer sofort die Ausnahme im Kopf.

Das Thema Unternehmensnachfolge ist ein derartig disziplinübergreifendes Thema. Neben betriebswirtschaftlichen, rechtlichen und steuerlichen Aspekten spielen vor allem soziologische und psychologische Faktoren eine Rolle. Die Erfahrung zeigt, dass unter anderem die Begriffe Mittelstand, KMU und Familienunternehmen mitunter synonym, aber auch scharf abgegrenzt verwendet werden. Aber auch der Begriff der Unternehmensnachfolge wird – je nach Verwender – unterschiedlich definiert.

Daher dient das erste Kapitel nicht nur dazu, in die Materie einzuführen und den wissenschaftlichen (und praktischen) Rahmen abzustecken. Es soll auch einen Überblick über die in diesem Kontext verwendeten Begriffe und ihre Bedeutungen (oder auch die Unzulänglichkeiten ihrer Definitionen) aufzeigen.

Lernziele

- Sie verstehen die typische Erscheinungsform des heutigen, industriell geprägten Familienunternehmens vor dem Hintergrund früherer Manifestationen in anderen ökonomischen Kontexten.

- Sie kennen verbreitete Entwicklungsmuster von Unternehmerfamilien und familiären Gesellschafterstrukturen im Verlauf mehrerer Unternehmergenerationen und verstehen die wichtigsten Faktoren einer nachhaltigen und erfolgsorientierten Entwicklung.

- Sie können zwischen den verwandten Begriffen Familienunternehmen, Mittelstand und KMU (Kleine und Mittlere Unternehmen) differenzieren und die unterschiedlichen Implikationen verstehen. Sie kennen außerdem die aktuellen Definitionsansätze und die Konsequenzen, die sich daraus für Wissenschaft und Praxis ergeben.

- Sie überblicken den wirtschaftlichen und gesellschaftlichen Stellenwert von Familienunternehmen in entwickelten Volkswirtschaften und die aktuellen Entwicklungstendenzen im Verhältnis zu Konzernstrukturen.

- Sie kennen die beiden Hauptdimensionen der Unternehmensnachfolge, die Führungs- und die Eigentumsnachfolge, und können konkrete Nachfolgen anhand dieser Struktur klassifizieren sowie typische Gemeinsamkeiten und Unterschiede von Unternehmensnachfolgen herausarbeiten.

1.1   Familienunternehmen

Der Begriff des Familienunternehmens ist relativ neu. Die ersten Nennungen in der Literatur finden sich ab den 30er und 40er Jahren, zuvor wurde anscheinend weder in den Wirtschaftswissenschaften noch in der Öffentlichkeit zwischen Familien- und Nichtfamilienunternehmen unterschieden[1]. Dies ist einerseits nachvollziehbar, denn vor dieser Zeit waren praktisch alle Unternehmen in Familienbesitz, so dass sich die Notwendigkeit einer begrifflichen Differenzierung nicht stellte. Andererseits stellt sich die Frage, warum wir heute Familienunternehmen von „normalen" Unternehmen unterscheiden. „Normal" bedeutet in diesem Sinne nicht im Besitz eines Eigentümers oder einer Familie, sondern als Publikumsgesellschaft im Streubesitz.

Dies hängt mit der Entwicklung der Betriebswirtschaft als eigenständige akademische Disziplin zusammen, die sich in jener Zeit und bis heute vornehmlich der Erforschung, Unterstützung und Beratung des vermeintlich modernsten Unternehmenstyps verpflichtet fühlt: des großen, multinationalen Konzerns, dessen Eigentümer als Aktionäre anonym bleiben und sich institutionell vertreten lassen. Familienunternehmen galten dagegen lange Zeit eher als Auslaufmodell[2], als letztes Überbleibsel einer eher mittelständischen Ordnung, die über kurz

---

[1]   vgl. Schumpeter (1912), Hengstmann (1935), Paulsen (1941), Winschuh (1955)

[2]   vgl. Wimmer (1996)

oder lang von den überlegenen Systemen ohne individuale Prägung verdrängt würden[3]. Sie wurden damit sozusagen im vorauseilenden Gehorsam als Sonderfälle klassifiziert.

Heute erkennen wir, dass diese These nicht haltbar erscheint. Auch in den hochentwickelten, international agierenden Volkswirtschaften der Globalisierungsära stellen kleine und mittlere Familienunternehmen den Großteil der registrierten Firmen, der Arbeits- und Ausbildungs-plätze, der Wertschöpfung sowie der Innovationsleistungen. Zudem weisen neuere Forschungsergebnisse darauf hin, dass eignergeführte Unternehmen langfristig sogar eine höhere Performance erreichen als ihre öffentlichen Pendants. Dennoch befasst sich nach wie vor nur ein sehr kleiner Teil der Wirtschaftswissenschaften mit Familienunternehmen oder mittelständischen Betrieben.

1.1.1   Entstehung der Familienunternehmen

Ebenso wie seine Bezeichnung ist auch das Familienunternehmen heutiger Prägung eine relativ moderne Erscheinung. Typischerweise entstanden diese Unternehmen im Verlauf der Industrialisierung, also ab etwa Mitte des 18. Jahrhunderts in England, etwas später auch in anderen europäischen Ländern. Kennzeichnend ist eine starke Prägung durch den arbeitsteilig organisierten industriellen Wertschöpfungsprozess, auch wenn das Unternehmen im landwirtschaftlichen Bereich oder im Handwerk tätig ist[4].

Auch zuvor gab es wirtschaftlich selbstständig agierende Teile der Bevölkerung sowie Betriebe und Firmen im Besitz von Einzelnen und Familien. Diese dürfen jedoch nicht ohne weiteres als Familienunternehmen im heutigen Sinne verstanden werden. Allen gemeinsam war die jeweils eigentümliche Dynamik, welche durch die Verknüpfung von privaten Leben und Eigentum mit öffentlichem wirtschaftlichem Engagement entsteht. Je nach sozialem und ökonomischem Hintergrund bildeten sich jedoch stark unterschiedliche Erscheinungsformen aus. Ein Vergleich dieser historischen Muster erhellt die spezifischen Umweltbedingungen, die Familienunternehmen heute berücksichtigen müssen, um erfolgreich zu sein.

Landwirtschaft

Eine Betrachtung der klassischen landwirtschaftlichen Strukturen ist aus mehrerlei Sicht interessant. Trotz aller historischen Brüche und Verwerfungen wie Krieg, Besitzwechsel, Epidemie oder technologischen Neuerungen zieht sich in Europa ein relativ kontinuierlicher

---

[3]   Interessanterweise stellt jedoch bereits Max Weber, der Entdecker und Fürsprecher des modernen Organisationssystems 1921 fest: „Ueberlegen ist der Bueraukratie an Wissen· Fachwissen und Tatsachenkenntnis innerhalb seines Interessensbereichs, regelmäßig nur: der private Erwerbsinteressent. Also: der kapitalistische Unternehmer. Er ist die einzige wirklich gegen die Unentrinnbarkeit der bureaukratischen, rationalen Wissens-Herrschaft (mindestens: relativ) immune Instanz. Alle anderen sind in Massen-Verbänden der bureaukratischen Beherrschung unentrinnbar verfallen, genau wie der Herrschaft der sachlichen Präzisionsmaschine in der Massengüterbeschaffung." (Weber 1980 (1921), S. 129). Der Unternehmer als kapitalistischer Frodo gegen die dunklen Schicksalsmächte?

[4]   vgl. Mitgau (1952) S. 13 ff.

Entwicklungsstrang durch diesen Sektor[5], so dass sich verschiedene Formen des Generationswechsels entwickeln konnten.

Dabei brachten regionale Differenzen unterschiedliche Lösungsvarianten hervor: So entstanden unterschiedliche Erbfolgevarianten in Nord- und Süddeutschland. Während im Süden (auch Österreich und teilweise Schweiz) über mehrere Jahrhunderte lang eine Realteilung der landwirtschaftlichen Güter, also eine kontinuierliche Aufsplitterung der Flächen über eine gleichmäßige Vererbung an alle Söhne erfolgte, dominierte in den nördlichen und östlichen Landesteilen das Erbhofprinzip: der älteste Sohn bekam den ganzen Hof als arbeitsfähigen Betrieb. Die Folgen sind heute noch an den unterschiedlichen Größen der landwirtschaftlichen Nutzflächen sowie den Kraftakten der Flurbereinigungsmaßnahmen in Baden-Württemberg und Bayern zu erkennen.

Drittens etablierte sich im ländlichen Raum eine der wenigen bekannten institutionellen Formen eines geregelten Generationswechsels: das Altenteil oder „Ausgedinge". Aus historischen Quellen ist bekannt, dass auch damals der Nachfolgeprozess für Aufregung, Meinungsverschiedenheiten und Konflikte sorgte. Als Korrektiv diente jedoch eine gewohnheitsrechtlich praktizierte Form der Übergabe: zu einem bestimmten Zeitpunkt – meist nach der Heirat des ältesten, manchmal auch jüngsten Sohnes – übernahm dieser den Hof als Ganzes, während die Eltern auf einen getrennten kleinen Hofteil zogen. Diese räumliche, territoriale und damit auch emotionale Trennung des Lebensalltags, verbunden mit der Lösung der Altersversorgung der Senioren durch deren Bewirtschaftung eigener Flächen des Altenteils, sorgte langfristig für einen hinreichend stabilen Ablauf der meisten Nachfolgen.

Ähnliche Standards sind in heutigen Familienunternehmen nur in Ansätzen bekannt, bzw. entwickeln sich derzeit erst langsam. Die zuvor geschilderte traditionelle Struktur zu kopieren dürfte unter heutigen Umständen wenig Sinn machen, auch landwirtschaftliche Familienbetriebe gehen heute anders mit ihrem Eigentum um: Die richtige Gestaltung der Nachfolge bleibt also vorerst eine gesellschaftliche Herausforderung.

Zünftiges Handwerk

Auch die ab dem Mittelalter immer weiter ausdifferenzierten Handwerksbetriebe können mit gewisser Berechtigung als Familienunternehmen betrachtet werden. Der Handwerksmeister als Besitzer von Haus und Arbeitsstätte, als Quelle aller fachlichen Kompetenzen sowie als Institution gesellschaftlicher Verantwortung stellt sicher einen frühen Typus des patriarchalischen Unternehmers dar. Auch die eng verzahnte Organisation von Lebens- und Arbeitswelt, der Einbezug anderer Familienmitglieder, z.B. der Meistersfrau als Mitunternehmerin und Führungskraft im Innenverhältnis, die Quasi-Aufnahme von Gesellen und Lehrlingen in die Familie oder die ehrwürdige Rolle von Tradition und ständischem Selbstbewusstsein erinnern in vielen Aspekten an heutige Familienunternehmen[6].

---

[5]   vgl. Mitterauer (1990), Hildenbrand et.al. (1992), Fliege (1998), Stone (1978) sowie weitere Beiträge in Rosenbaum (1978)

[6]   vgl. hierzu insbesondere Mitterauer (1990), Rosenbaum (1978), Sinz (1982)

Ein interessanter Unterschied ergibt sich jedoch in der Frage der Nachfolge. Im Gegensatz zur Landwirtschaft hatten Handwerksmeister nicht die Möglichkeit, sich am Lebensabend aus dem Betrieb zurückzuziehen und diesen der nächsten Generation zu überlassen, da weder der Verdienst aus der Handwerkstätigkeit ausreichte, um eigene Reserven für den Ruhestand aufzubauen, noch tragfähige Sozialsysteme hierfür existierten. Der Handwerker war also aus rein ökonomischen Gründen dazu gezwungen, bis ans Ende seines Lebens selbst in der Werkstatt zu stehen. Auf der anderen Seite hatten Abkömmlinge aufgrund der zunftmäßig strikt kontingentierten Meisterstellen nicht die Möglichkeit, sich irgendwo anders einfach selbstständig zu machen.

Dies führte in vielen Gewerken zu folgendem aufschlussreichen Standard: Der Sohn des Meisters erlernte zwar beim Vater den Beruf und folgte damit sowohl wirtschaftlichen Zwängen (kostenlose Mitarbeit von Familienmitgliedern) als auch gesellschaftlichen Normen. Er ging danach jedoch während der Gesellenzeit für mehrere Jahre „auf die Walz", und dies nicht nur aus Gründen einer komplettierten Berufsausbildung. In aller Regel fand sich früher oder später die verwitwete Frau eines verstorbenen Handwerksmeisters, die der Jungunternehmer ehelichen und damit einen Anspruch auf den vakanten Zunftplatz erheben konnte. Selbstredend spielten emotionale Faktoren bei diesen Arrangements höchstens eine untergeordnete Rolle: Altersunterschiede bis zu 30 Jahren waren keine Seltenheit.

Diese Strukturen wurden dann ab dem 18. Jahrhundert in einigen Bereichen in dem Maße in Frage gestellt und aufgelöst, in dem ein Betrieb mehr Kapital erforderte und je wichtiger Eigentum und Vermögen gegenüber der reinen Arbeitsqualifikation wurde. Dies weist bereits in die Richtung moderner Familienunternehmen, in der ein überragendes fachliches oder technisches Wissen und Können meist noch die Grundlage der Gründergeneration ist, danach jedoch die Schlüsselqualifikation mit wachsender Größe in Richtung professioneller Unternehmensführung, Vermögensanlage und Wertsicherung tendiert.

Else Moritz berichtet ihren Kindern: „Mein Großvater Gustav Thälmann war ebenfalls Unternehmer, er hatte 1898 eine Herrenschneiderei eröffnet, die mein Vater übernehmen sollte. Meine Mutter hat mir oft aus dieser Zeit erzählt. Auch die zurückliegenden Generationen kamen wohl aus dem Schneiderhandwerk. Allerdings wurde damals auf eine Betriebsführung, wie wir sie heute kennen, wenig Wert gelegt. Meinem Großvater war es immer wichtiger, dass die Leute seine Arbeit lobten, als dass sie ihn gut bezahlten. Sonntags ging es immer in die Kirche, und danach war der Großvater immer genau darüber informiert, wer seine Anzüge trug, und wer irgendwo anders schneidern ließ."

Handel und Banken

Mit fürstlichen Privilegien ausgestattete Familien übernahmen ab Ende des 15. Jahrhunderts gewichtige Aufgaben im Dienstleistungsbereich, z.B. im internationalen Handel (Fugger), im Postwesen (Thurn und Taxis) oder im Bankbereich (Sal. Oppenheimer oder Rothschild)[7].

---

[7]   vgl. Herre (2005), Ahlsen (1983), Stürmer (1994), Rügemer (2006)

Welchen ökonomischen Stellenwert diese frühen Familienunternehmen potenziell besaßen, zeigt ein Blick auf die Geschichte der Fugger: auf dem Höhepunkt ihrer Macht verantwortete diese Familie ca. 10 % der gesamteuropäischen Wertschöpfung, besaß Bergwerke, Ländereien, Faktoreien und andere Betriebe in vielen Ländern und gestaltete über die Finanzierung von Fürsten bis hinauf zum Kaiser die internationale Politik nachdrücklich mit.

Sowohl vom gesellschaftlichen Habitus als auch von der dynastischen Planung her fühlten sich diese Familien stark dem Vorbild des Adels verpflichtet. Da jedoch dessen primär militärisch ausgerichteten Aufgaben wegfielen, blieb deutlich mehr Raum für eine professionelle wirtschaftliche Ausbildung und Vorbereitung der jüngeren Generation. Beispielsweise wurden Abkömmlinge der Familie Oppenheimer strategisch auf verschiedene Bankniederlassungen in ganz Europa verteilt, einerseits um das Geschäft möglichst ganzheitlich zu erlernen, andererseits zur Besetzung möglichst aller Schlüsselpositionen mit Vertrauenspersonen. Diese Strukturen finden sich später bei bürgerlich-industriellen Unternehmerfamilien wieder.

Adel

Auch der Adel ist in mehrerer Hinsicht im Themenumfeld „Nachfolge" interessant. Zum einen kristalisierte sich das noch heute übliche „Kronprinzenmodell" der Thronfolge durch den ältesten Sohn erst im späten Mittelalter endgültig heraus. Zuvor gab es durchaus eine Reihe von Experimenten mit Realteilung: Die Vererbung der aus Märchen bekannten „halben Königreiche" führte jedoch regelmäßig zu dynastischen Konflikten und Kriegen, so dass sie aufgegeben wurde. Auch diese anscheinend ewige Institution ist also als Ergebnis eines gesellschaftlichen Entwicklungsprozesses zu verstehen, der auch heute noch laufend den Erfordernissen der Zeit angepasst werden muss (wie z.B. die Erweiterung der Erbfolgebefähigung in einigen der noch existierenden Monarchien in Nordeuropa auf Töchter zeigt)[8].

Zum anderen stand gerade beim mittleren und niederen Adel oft ein wirtschaftlicher Betrieb als ökonomische Grundlage für Macht und Ansehen im Zentrum, meist land- oder forstwirtschaftlicher Natur, seltener auch Bergwerke, Faktoreien oder Manufakturen. Dessen Besitz, Führung und Vererbung erzeugte ebenfalls gesellschaftlich normierte Verhaltensweisen, die den Einzelnen einerseits einschränkten, andererseits jedoch auch individual entlasteten: Beispielsweise hatte ein zweitgeborener Sohn kaum Chancen auf das Erbe, und für jeden adeligen Vater stellte eine Enterbung des Erstgeborenen zugunsten des Zweiten eine schwerwiegende Entscheidung dar, auch wenn dieser weit fähiger schien. Dies führte jedoch sehr selten zu den heute bekannten Vater-Sohn-Konflikten, denn jeder Beteiligte wusste von Geburt an, welches Schicksal auf ihn wartete: auf den Zweitgeborenen der Militärdienst, der Dritte ging ins Ausland, der Vierte ins Kloster etc. es gab keinen Anlass, dies als mangelnde Liebe des Vaters oder der Eltern auszulegen[9].

---

[8]   vgl. Rosenbaum (1978), Stone (1978), Klein (2002) S.23ff.

[9]   vgl. Simon (2002) S. 18ff.

Bürgertum

Mit dem Aufkommen des Bürgertums als zunächst revolutionäre, dann gesellschaftlich tragende Schicht ab dem 18. Jahrhundert entstand auch der heute bekannte Urtyp des patriarchalen Unternehmers. Das Bürgertum definierte sich selbst in Abgrenzung zum noch herrschenden Adel über Faktoren wie Leistung, Fleiß, Ausbildung und Qualifikation, sowie selbst erwirtschafteten Besitz und Gewinn. Neben der akademischen Laufbahn und dem Beamtentum stellte eine erfolgreiche unternehmerische Betätigung den Hauptpfad für gesellschaftlichen Aufstieg dar[10].

Es verwundert nicht, dass gerade in der Frühzeit der Industrialisierung viele Muster und Werte vom Adel, der nach wie vor als gesellschaftlich überlegen galt, übernommen wurden. Dies betraf sowohl die herrschaftliche Lebensweise großer Industrieller, als auch die Ausbildung von ausgeprägt dynastischen Denk- und Verhaltensweisen.

Zusammenfassung

Bei diesem kurzen Rückblick auf frühere Arten von Familienunternehmen wird zweierlei deutlich: Viele der typischen Phänomene heutiger Familienunternehmen besitzen gewachsene historische Wurzeln und sind damit also keine Zufälligkeiten, sondern das Ergebnis eines langen sozialen Evolutionsprozesses mit all seinen Versuchen und Irrtümern. Wenn heute eine Unternehmerfamilie beispielsweise entscheidet, den Betrieb nur einem Kind zu übergeben, um dieses damit materiell besser als die anderen, nicht erbenden Kinder zu stellen, dann widerspricht dies einerseits den heute gültigen Vorstellungen von Gerechtigkeit und Liebe in der Familie. Andererseits blickt diese Lösung auf eine jahrhundertealte Tradition zurück. Sie scheint also einen Nutzen zu stiften, der sich in verschiedenen Zeiten und verschiedenen sozialen Schichten immer wieder durchgesetzt hat: in diesem Fall die Erhaltung der Funktionsfähigkeit eines Betriebes. Diese Frage besitzt beispielsweise vor dem Hintergrund der aktuellen Diskussion über die Besteuerung von Unternehmensübergaben erhebliche Relevanz.

Zum zweiten wird jedoch auch deutlich, wie variabel und flexibel die Form des Familienunternehmens ist, und wie sehr sie sich den jeweils vorherrschenden Rahmenbedingungen anpassen kann und muss. In diesem steten Spannungsfeld zwischen individualem wirtschaftlichem Erfolgsstreben, ökonomischem Selektionsdruck und gesellschaftlichen Umweltfaktoren befinden sich auch die Familienunternehmen heutiger Prägung.

Horst Moritz spricht mit seiner Frau: „Ich will keinen Kronprinzen in meinem Unternehmen sitzen haben. Jeder muss sich durch Leistung beweisen, egal welchen Nachnamen er trägt. Und wenn eines unserer Kinder nicht das notwendige Engagement zeigt, dann wird es für die Zukunft der Firma eben keine Rolle spielen."
Else Moritz darauf: „Aber es ist doch unser Unternehmen, wir haben uns jahrzehntelang dafür abgearbeitet. Und nach uns soll es doch vor allem für unsere Kinder da sein, oder

---

[10]   vgl. Köhler (2000) S. 116ff, Schäfer (2000) S. 144ff. , Rosenbaum (1978)

etwa nicht? Du willst doch nicht etwa einfach so alles an einen Fremden verkaufen, nur weil der möglicherweise ein noch besserer Unternehmer ist, oder?"

Horst Moritz: „Ich bin mir nicht sicher, ob sich das Unternehmen in Zukunft so viel Familiensinn leisten kann. Wir werden sicher noch internationaler, noch globaler arbeiten müssen, und genauso, wie der Wettbewerbsdruck von außen auf das Unternehmen wächst, wird auch der künftige Unternehmer diesen Druck spüren. Nur echte Profis werden damit auch gut zurecht kommen."

Else Moritz: „Das ist ja eine schöne neue Welt, in die wir uns da hinein bewegen. Ob es in Zukunft überhaupt noch Familienunternehmen, wie wir sie kennen, geben wird?"

1.1.2   Definitionsversuche

Was ist ein Familienunternehmen?

Auf den ersten Blick scheint diese Frage leicht beantwortbar: Schließlich wird dieser Begriff in der Alltagssprache ganz selbstverständlich verwendet. Sogar Menschen, die sich nicht mit wirtschaftlichen Fragestellungen beschäftigen, können sich aufgrund ihres alltäglichen Vorverständnisses sofort ein intuitives Bild des Gemeinten machen. Testen Sie dies selbst: lassen Sie in beliebiger Runde den Passus „Familienunternehmen" ohne weitere Erläuterungen fallen – alle Zuhörer werden verständnisvoll nicken.

Bei näherer Betrachtung wird diese Frage schon etwas komplexer. Der Maschinenbaubetrieb mit 50 Mitarbeitern im nahen Industriegebiet, geführt vom Inhaber: sicher ein Familienunternehmen. Auch die Pizzeria um die Ecke, betrieben von der italienischen Großfamilie – eindeutig ein Familienunternehmen. Aber der Baumarkt, den eine Familie als Franchise-Projekt einer Kette führt, und über dessen strategische Ausrichtung und Marktauftritt sie nicht selbst entscheiden kann? Oder die Aktiengesellschaft, deren Aktien zu 60 % im Streubesitz sind, und bei der dennoch die Familie, die die restlichen 40 % hält, einen ganz entscheidenden Einfluss besitzt?

Das Definitionsproblem

Familienunternehmen kommen also nicht nur historisch gesehen in unterschiedlichen Formen vor, auch heute wird ein breites Spektrum von sehr verschiedenen Betrieben und Strukturen unter diesem Begriff subsumiert. Jeder Wissenschaftler entwickelt in dieser Situation sofort den Impuls, eine Definition aufzustellen, um eindeutige Verhältnisse zu schaffen und den Begriff bearbeitbar zu machen.

Dies wurde in den zurückliegenden etwa 20 Jahren ernsthafter Familienunternehmensforschung auch vielfach versucht. Im Unterschied zu den meisten anderen Forschungsgebieten führte es jedoch (noch) nicht dazu, dass sich eine Definitionen (oder auch nur mehrere verschiedene) als Quasi-Standard durchgesetzt hätten. Der Begriff scheint sich einer schnellen Fixierung also zu entziehen. Fast jeder Forscher erstellt seine eigene Definition, was naturgemäß die Diskussion nicht vereinfacht. Dies erstaunt umso mehr, als die Definitionen inhaltlich recht ähnlich erscheinen. Faktoren wie Eigentümerschaft der Familie, Führung durch Eigentümer oder Generationswechsel kommen beinahe überall vor, während die konkrete Grenzziehung zwischen Familienunternehmen und Nicht-Familienunternehmen jeweils unterschiedlich verläuft.

Die Frage „Was ist ein Familienunternehmen" erscheint vorerst also nicht endgültig lösbar. Zur Orientierung ist es jedoch wichtig, die verschiedenen Ansätze zu einer Begriffsbildung einander gegenüberzustellen, um aus dieser Abwägung neue Erkenntnisse zu ziehen.

1. Ansatz: Katalogisierung

Naheliegend wäre eine Auflistung aller vorhandenen Definitionen, um aus diesem Katalog eine kritische Schnittmenge zu ermitteln. Eine erste Sammlung von Definitionsversuchen ergab 49 verschiedenartige Angaben im englischsprachigen Bereich sowie 74 weitere alleine aus der deutschsprachigen Literatur. Die „herrschende Meinung" der Wissenschaft zu Familienunternehmen kann etwa folgendermaßen daraus destilliert werden[11]:

- Das Eigentum liegt komplett, überwiegend, oder zumindest zu einem nennenswerten Teil in den Händen einer oder mehrerer Familien.

- Die Familie kann über die Gesellschaftsanteile oder abweichend davon gestaltete Stimmrechte tatsächlich einen wesentlichen Einfluss auf das Unternehmen ausüben.

- Die Familie arbeitet aktiv im Unternehmen, üblicherweise in Form mindestens eines Gesellschafter-Geschäftsführers, manchmal auch zusätzlich auf der Mitarbeiterebene.

- Die Inhaberfamilie betrachtet den Betrieb als längerfristiges, meist generationsübergreifendes Projekt und hat bereits einen Generationswechsel hinter sich oder einen solchen zumindest in Absicht.

- Die beiden Lebensbereiche „Familie", also die eher persönlich gefärbte Lebenssphäre des täglichen Miteinanders unter Blutsverwandten, und „Unternehmen" als ökonomisch rationale Sphäre durchdringen und beeinflussen sich fortlaufend gegenseitig, daraus entsteht eine gemeinsame „Koevolution", die zu jeweils einzigartigen Formen und Lösungen für beide Systeme führt.

Zwei Probleme bleiben indes offen:

- Die konkrete Benennung einer Merkmalsausprägung als Entscheidungspunkt für die Einordnung „Familienunternehmen/Nicht-Familienunternehmen" ist für alle Kriterien strittig. Beispielsweise fordern manche Autoren eine hundertprozentige Eigentümerschaft der Inhaberfamilie, die meisten begnügen sich mit 51 %, also einer Stimmenmehrheit in der Gesellschafterversammlung, während einige sich mit 25 % begnügen: der potenziellen Möglichkeit der Einflussnahme über eine Blockade mancher Entscheidungen per Sperrminorität. Ebenso ließe sich die Frage stellen, ob es genügt, wenn der alleinige Inhaber im Unternehmen arbeitet, während der Rest der Familie strikt davon getrennt lebt, oder ob ein

---

[11]   vgl. Flören (2002) S. 17ff, Pfannenschwarz (2006a) S. 22ff sowie S. 328-349

weitergehender Einbezug notwendig ist. Oder wie wären die typischen Start-Ups der New Economy zu sehen, deren Gründer von einer rasanten Entwicklung und einem Verkauf oder Börsengang nach spätestens fünf Jahren ausgingen? Eine langfristige Perspektive, gar eine Nachfolge in 30 oder 40 Jahren stand hier sicher nicht im Vordergrund[12].

- Selbst wenn diese Fragen gelöst wären, müsste noch eine willkürliche Entscheidung getroffen werden, wie viele dieser fünf Kriterien denn erfüllt sein müssen, damit wir sicher von einem Familienunternehmen sprechen können. Im anspruchsvollsten Fall, der Erfüllung aller Kriterien, würden viele der spontan als Familienunternehmen wahrnehmbaren Betriebe sofort durch das Raster fallen. Beispielsweise werden viele der großen und reifen Familienunternehmen inzwischen durch angestellte Geschäftsführer, also familienfremde Manager geleitet, was ein Verstoß gegen Kriterium 3 bedeutet. Trotzdem hält die Inhaberfamilie auch in diesen Fällen alle Macht und Verantwortung in ihren Händen, entscheidet über Strategie und Ausrichtung, setzt die Fremdgeschäftsführer ein und überwacht sie. Reduziert man umgekehrt die Anzahl der zu erfüllenden Kriterien, dann reduziert sich der Gehalt der damit getroffenen Aussage ebenso.

2. Ansatz: Analogisierung

Ein nahe liegender Ausweg liegt im Verzicht auf eine einzige, harte Definition, die nur die beiden Ergebnisvarianten „ist ein Familienunternehmen" und „ist kein Familienunternehmen" zulässt. Stattdessen könnte man beispielsweise von „Familienunternehmen im engeren Sinne" und „Familienunternehmen im weiteren Sinne" sprechen. Grafisch dargestellt sähe dies folgendermaßen aus:

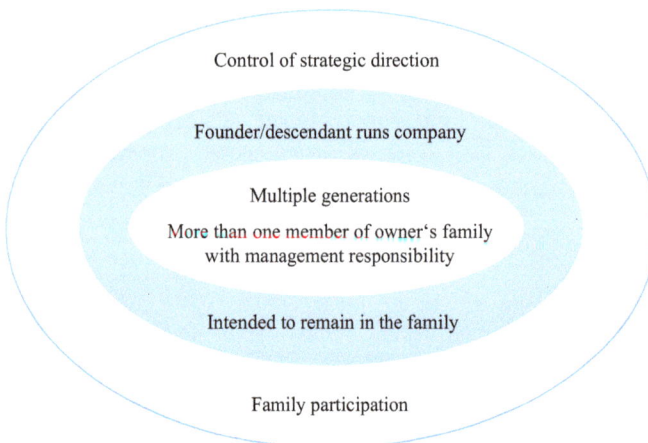

Abb. 1   The Family Business Universe (aus Astrachan/Shanker 2003, S. 212)

---

[12] Interessanterweise ist derzeit der Trend zu beobachten, dass viele der überlebenden Projekte der New Economy nach dem Scheitern aller überzogenen Hoffnungen sich inzwischen zu „ganz normalen" mittelständischen Unternehmen entwickeln, und in den ersten davon stellt sich durchaus bereits die Nachfolgefrage!

Dieser Übergang zu einem Spektrum bietet augenfällig bessere Möglichkeiten, die komplexe Wirklichkeit angemessen abzubilden. In ähnlicher Form argumentiert auch eine andere Autorin, die in die nachfolgende Grafik bereits einige empirische Zusammenhänge eingearbeitet hat:

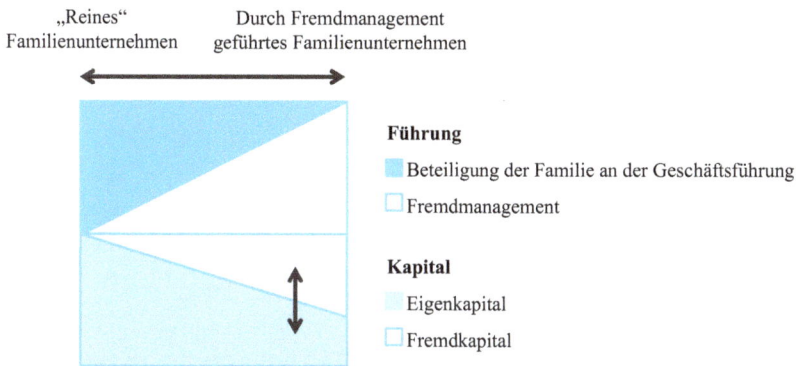

Abb. 2   Formen der Familienunternehmung (aus Bechtle 1983, S. 32, Grafik aus Köppen 1999 S. 35)

3. Ansatz: Skalierung

Die vorgenannten Begriffe von Familienunternehmen „im engeren" und „im weiteren Sinne" leiden jedoch unter ihrer Unschärfe: wann genau kann man welche Bezeichnung verwenden? Eine Antwort läge in einer Skalierung des aufgespannten Spektrums, d h. einer möglichst genau bezeichneten Abstufung. Dieser Gedanke wurde mit der F-PEC-Skala umgesetzt[13]. Sie misst die Stärke des Familieneinflusses auf das Unternehmen und berücksichtigt dazu folgende Faktoren:

---

[13]   vgl. Astrachan et.al. (2002), S. 45-54, Klein et.al. (2005) S. 321-339

```
                          ┌─────────────────────┐
                          │   The F-PEC Scale   │
                          └─────────────────────┘
```

F-PEC Power Subscale	F-PEC Experience Subscale	F-PEC Culture Subscale

```
┌──────────────────┐   ┌──────────────────┐   ┌─────────────────────┐ ┌─────────────────┐
│    Ownership     │   │   Generation of  │   │  Overlap between    │ │ Family business │
│ (direct and      │   │     ownership    │   │  family values      │ │   commitment    │
│  indirect)       │   │                  │   │ and business values │ │                 │
└──────────────────┘   └──────────────────┘   └─────────────────────┘ └─────────────────┘

┌──────────────────┐   ┌──────────────────┐
│   Governance     │   │ Generation active│
│ [family and      │   │   in management  │
│ nonfamily        │   │                  │
│ (external)       │   │                  │
│ board members]   │   │                  │
└──────────────────┘   └──────────────────┘

┌──────────────────┐   ┌──────────────────┐
│   Management     │   │ Generation active│
│ [family and      │   │     on the       │
│ nonfamily        │   │ governance board │
│ (external)       │   │                  │
│ board members]   │   │                  │
└──────────────────┘   └──────────────────┘

                       ┌──────────────────┐
                       │   Number of      │
                       │ contributing     │
                       │ family members   │
                       └──────────────────┘
```

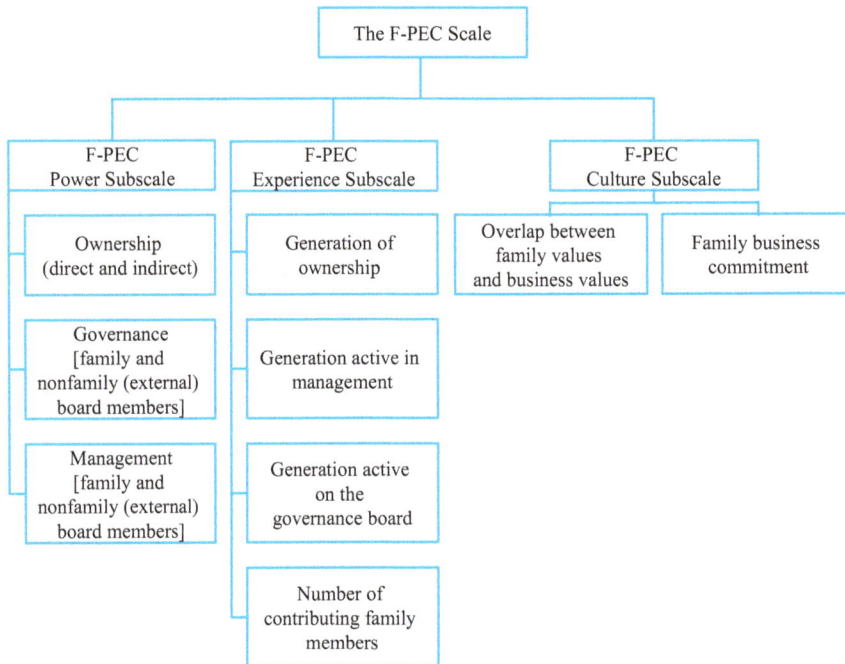

Abb. 3   The FPEC Scale (aus Astrachan et al. 2002, S. 52)

"The FPEC measures the extent of family influence on any enterprise. In marked contrast to previous work in this field, the FPEC is not concerned with arriving at a precise or allencompassing definition of family business or with differentiating this type of business from its counterparts."[14]

Wenn diese Skala einmal komplett operationalisiert und umgesetzt ist, kann man damit Aussagen treffen wie „Dieses Unternehmen befindet sich zu einem Ausmaß von 70 im Einfluss der Familie". Das ist für die Forschung sehr nützlich, um Unternehmen einander gegenüber zu stellen, um Vergleichsgruppen zu bilden, oder um zulässige Bandbreiten für Befragungen oder andere Forschungsvorhaben festzulegen. Ob auch die Praxis einen Nutzen diese Methodik ziehen kann, bleibt abzuwarten.

4. Ansatz: Systematisierung

Einen etwas anderen Ansatz verfolgen systemische Modelle.

---

[14]   Astrachan et.al. (2002), S. 51

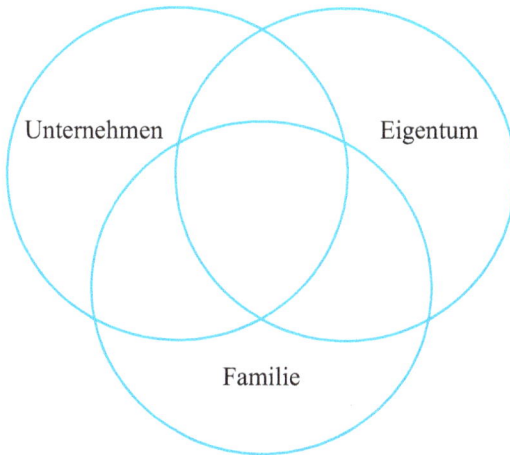

Abb. 4   Drei-Kreis-Modell des Familienunternehmens (Pfannenschwarz 2006a, S. 30, in Anlehnung an Gersick et al. 1997 S. 6, sowie in leicht unterschiedlicher Nomenklatur auch bei Wimmer 2004 S. 4)

Jeder Betrieb besteht demnach aus den beiden Systemen „Unternehmen" im Sinne der Organisationsstrukturen und Prozesse, der Mitarbeiter, des Marktauftritt etc., und „Eigentum", also gewissermaßen der Passivseite der Bilanz; den Besitzern des Unternehmens. Hierzu zählen insbesondere die Eigentümer des Stammkapitals, in einer weiteren Betrachtung jedoch auch alle übrigen Finanziers, insbesondere Banken und andere Fremdkapitalgeber.

Diese beiden Systeme berühren und durchdringen sich, behalten dabei jedoch ihre unterschiedliche Funktion und ihren eigenen Systemsinn bei. Der Sinn des Unternehmens ist „wirtschaftlicher Erfolg": Umsatz, Gewinn, Größe, Marktbesitz (ansonsten wäre es ein Non-Profit-Unternehmen), den Eigentümern geht es dagegen vorrangig um die Verzinsung, also die Anlagerendite. Aus Sicht des Eigentumssystems ist das Unternehmen lediglich eine alternative Anlageform mit einem hoffentlich interessanten Risiko/Ertrags-Profil.

Diese Trennung lässt sich sehr gut bei den großen Aktiengesellschaften nachvollziehen. Hier gibt es einerseits das Unternehmen selbst mit dem Vorstand als oberste Managementhierarchie, die für den wirtschaftlichen Erfolg verantwortlich ist. Andererseits wählen die Eigentümer, also die Aktionäre, in der jährlichen Hauptversammlung den Aufsichtsrat als ihre Interessensvertretung und als Kontrollorgan gegenüber dem Vorstand.

Primärer Auftrag des Vorstandes ist es, den „Shareholder Value" zu steigern, also die Verzinsung des eingesetzten Kapitals der Aktionäre zu maximieren. Allerdings ist der Vorstand explizit nicht weisungsgebunden, und wie die Praxis zeigt, unterscheiden sich die Ziele von Vorständen mitunter deutlich.

Familienunternehmen zeichnen sich nun dadurch aus, dass ein drittes System ständig mit den andern beiden interagiert: die Familie. Auch die Familie bleibt als eigene Entität durchaus erhalten: Der Unternehmer, seine Ehefrau, seine Kinder und andere Verwandte begreifen sich selbst meist als mehr oder minder „normaler" Familienverbund. Dennoch bewirkt die kontinuierliche Verquickung mit dem Unternehmen und dem Eigentumssystem andere Verhaltensweisen als dies in Nicht-Unternehmerfamilien zu beobachten ist. Durch die laufende Koevolution beeinflusst die Familie einerseits das Unternehmen, beispielsweise in Form von familiären Werten, die dort gelebt werden. „Jeder Mitarbeiter gehört bei uns zur Familie" ein häufig zu hörendes Statement von Unternehmern. Andererseits konstelliert sich auch die Familie um das Unternehmen herum, dieses wird oft zentraler Bezugspunkt für Selbstdefinition, Identität, Werte und Lebensentwürfe.

Bereits an dieser Stelle wird einsichtig, dass sowohl die bekannten Stärken als auch die typischen Schwächen von Familienunternehmen sich aus genau dieser Verbindung speisen. Vereinfacht ausgedrückt: Funktioniert diese hybride Kombination von Familie und ökonomischer Einheit gut, dann ziehen beide Seiten ihren Nutzen daraus. Das Unternehmen kann mit Wettbewerbsvorteilen wie stabilen Eigentümerstrukturen, langfristigen Entwicklungsperspektiven, schnellen Entscheidungswegen oder Mobilisierung von außergewöhnlichen familiären Ressourcen in Krisenzeiten rechnen. Die Familie erzielt nicht nur materiellen Wohlstand, sondern auch entsprechendes gesellschaftliches Prestige, und ihren Mitgliedern bietet sich die Chance auf eine potenziell attraktive Karriere.

Auf der anderen Seite ist es nichts Ungewöhnliches, dass sowohl Unternehmen als auch Unternehmerfamilien komplett zerfallen und untergehen, wenn dieser Balanceakt nicht mehr glückt. Außenstehende Beobachter sind sich einig: sobald familiäre Probleme nicht dort, wo sie entstanden sind und hingehören (also in der Familie) behandelt, sondern im Unternehmen ausgelebt werden, sind beide Systeme höchst gefährdet.

Auf der Folgeseite finden Sie das Genogramm der Familie Moritz. Ein Genogramm ist ein Stammbaum mit zusätzlichen Informationen zu den Personen und den Unternehmen. Ein Genogramm ist eine nützliche Form, um einen Überblick über Familienstrukturen zu gewinnen und potenzielle Verwicklungen und Probleme für den Nachfolgeprozess abzuschätzen[15].

---

[15]   vgl. zu Genogrammen allgemein McGoldrick/Gerson (1990), zur Nutzung von Genogrammen für Unternehmerfamilien Pfannenschwarz (2006a), S. 216ff.

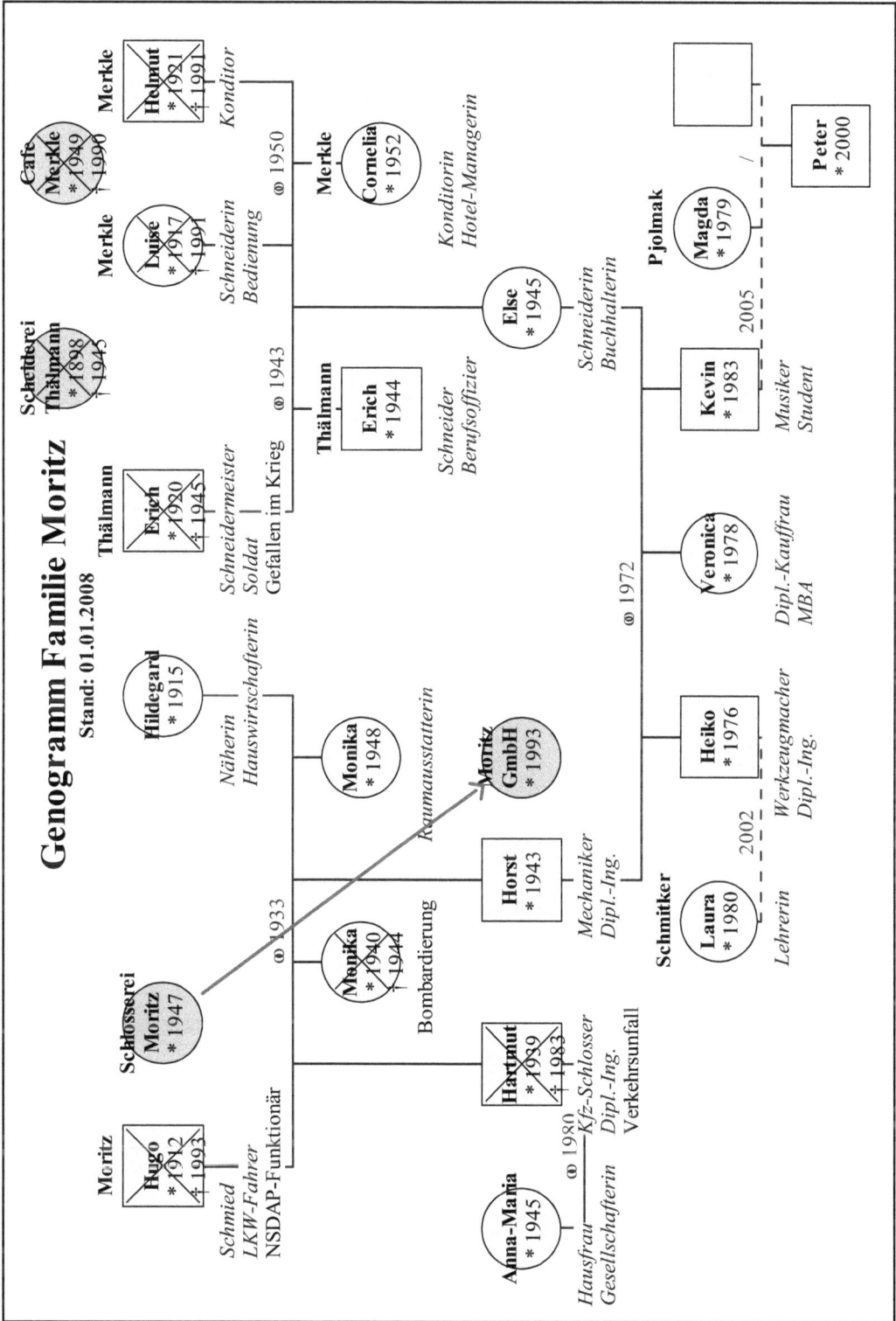

Genogramm Familie Moritz
Stand: 01.01.2008

1.1.3   Zahlen und Daten zu Familienunternehmen

Aus der Diskussion der Definitionsproblematik lässt sich direkt schließen, dass jede Art von Statistik zu Familienunternehmen unter Vorbehalt stehen muss. Unterschiedliche Untersuchungen nutzen unterschiedliche Grundlagen und Abgrenzungen, daher sind die daraus resultierenden Zahlen und Aussagen in ihrem definitorischen Kontext zu interpretieren[16].

Dennoch kommen weltweit Untersuchungen zu sehr ähnlichen Ergebnissen. In praktisch allen Volkswirtschaften stellen die eignergeführten Unternehmen den überwältigenden Anteil aller Firmen, mit entsprechenden Beiträgen zur Wertschöpfung und zur Schaffung und Sicherung von Arbeitsplätzen.

Für Deutschland ermittelt u.a. das Institut für Mittelstandsforschung in Bonn zuverlässige Daten zu Familienunternehmen (www.ifm-bonn.org). Nach der aktuellen Statistik aus dem Jahre 2005 existierten in Deutschland ca. 3,4 Mio. Unternehmen, davon werden 3,2 Mio. als Familienunternehmen (im Sinne von eignergeführt) betrachtet, also eine Quote von ca. 95 %.

1.1.4   Entwicklung und Perspektiven von Familienunternehmen

„Die erste Generation erstellt's, die zweite Generation erhält's, der dritten Generation zerfällt's." (Volksmund)

In diesem Kapitel geht es speziell um die typischen Entwicklungspfade und -strukturen von Unternehmen, die im Laufe ihrer Evolution mit ihrer Familie spezifische Formen annehmen, vorrangig manifestiert in den Gesellschafterverhältnissen.

Im angloamerikanischen Raum hat sich die folgende, inzwischen weit verbreitete Klassifizierung von Familienunternehmen anhand des Verwandtschaftsgrades der Gesellschafter herausgebildet. Obwohl diese Typologisierung nicht alle empirisch beobachtbaren Formen umfasst, sind doch viele der symptomatischen Verhaltensweisen und Problemstellungen daran abbildbar.

---

[16]   Beispielsweise ist es in Italien üblich, erst ab der zweiten Generation von einem „Familienunternehmen" zu sprechen, naheliegenderweise mit drastischen Auswirkungen auf die Statistik im Vergleich zu anderen Ländern, in denen nicht zwischen gründer- und nachfolgergeführten Unternehmen unterschieden wird.

Abb. 5   Entwicklungsstufen des Familienunternehmens (aus Lansberg 1999, S. 28)

Controlling Owner

In dieser, meist der ersten Entwicklungsphase, beherrscht ein einzelner Gründer bzw. Unternehmer die ganze Organisation, er ist quasi das Unternehmen (Controlling Owner). Er besitzt das Unternehmen komplett oder größtenteils, er trifft alle wesentlichen Entscheidungen, alle Informationen laufen bei ihm zusammen. Unschwer ist hier das Bild des klassischen Patriarchen auszumachen, auch wenn es hier vorrangig um die Funktion geht, die nicht notwendigerweise mit patriarchalem Impetus ausgefüllt werden muss.

Vor- und Nachteile dieser Lösung liegen auf der Hand. Solange der Controlling Owner seine Rolle ausfüllt und seinen Job beherrscht, gibt es kaum eine effizientere Führungsstruktur für überschaubare unternehmerische Einheiten[17]. Und auch die Familie kann auf eine klare Aufgabenverteilung zurückgreifen. Probleme ergeben sich vorzugsweise beim Ausfall des Unternehmers, entweder aufgrund unvorhergesehener Umstände (immerhin Ursache für mehr als ein Viertel aller Nachfolgen), oder aufgrund des normalen Generationswechsels aus Altersgründen. Insbesondere bei einer „Kronprinzenregelung", d h. bei einer Nachfolge durch einen neuen einzelnen Controlling Owner der nächsten Generation, hängt die volle Verantwortung für den künftigen Erfolg wiederum an einer einzigen Person. Wenn es auch Beispiele für bis zu sechs aufeinanderfolgende Generationsfolgen dieser Art gibt, so zeigt die Praxis, dass diese Kette früher oder später reißen wird.

Sibling Partnership

Die Alternative für die zweite Generation (manchmal auch schon in der ersten: gemeinsame Gründungen durch ein Brüderpaar sind keine Seltenheit) liegt im Einbezug mehrerer Ge-

---

[17] Die inhärenten Kosten fallen üblicherweise auf der Familienseite an, und werden durch die übrigen Familienmitglieder getragen, die den Unternehmer unterstützen und ihm „den Rücken frei halten". Die Erfahrung lehrt, dass dies nicht in allen Fällen ein langfristiges Erfolgsmodell ist.

schwister, die das Unternehmen gemeinsam besitzen und auch führen. Im Unterschied zu einer Perpetuierung der Controlling Owner-Struktur kann so die Verantwortung geteilt und unterschiedliche Qualifikationen und Persönlichkeitsprofile kombiniert werden, sprich: dem Unternehmen steht ein „Mehr" an familiären Ressourcen zur Verfügung.

Stabilisiert wird eine solche Zusammenarbeit durch die gemeinsame Sozialisation in demselben Elternhaus. Man teilt zwangsläufig ähnliche Werte und Vorstellungen, man versteht sich ohne viele Worte, und man hat auch die Geschichte des Unternehmens, seine Mythen und Erzählungen, in einer sehr ähnlichen Form erlebt bzw. kennen gelernt. Dies kann eine sehr nützliche Basis für ein so enges Miteinander sein, wie es in Sibling Partnerships notwendig ist.

Dieser Vorteil muss jedoch teuer erkauft werden: Bruderkriege sind nicht nur in der Historie ebenso berühmt wie berüchtigt, sondern genauso auch in modernen Familienunternehmen, wie ein schneller Blick auf Beispiele wie Bahlsen oder Aldi belegt[18]. Ein wesentlicher Faktor für den Ausbruch eines solchen Konflikts liegt in der völlig andersartigen Führungskultur, die eine funktionierende Sibling Partnership benötigt. Auch wenn die Kompetenzen und Befugnisse nicht völlig gleichmäßig verteilt sind, so ist ein stark teamorientierter, kommunikativer Umgang miteinander unabdingbar. Diese Teamkultur muss i.d.R. von erbenden Geschwistern jedoch erst entwickelt werden, denn das einzige vorhandene Vorbild ist das des Controlling Owners. Setzt hier keine gezielte Entwicklung ein, dann besteht die Gefahr, dass jedes Geschwisterkind unbewusst das alte Bild einer letztentscheidenden Instanz mitführt.

Besondere Brisanz gewinnt diese Konstellation durch die Tatsache, dass in dieser Entwicklungsstufe theoretisch jeweils ein einziger „nicht mitspielender" Gesellschafter zum existenziellen Problem für das Unternehmen wird. In Teams von meist zwei bis fünf Abkömmlingen eines Gründers halten diese zwischen 50 % und 20 % der Anteile, jeder einzelne ist also faktisch in der Lage, Entscheidungen zu blockieren oder zumindest deutlich zu verzögern.

Obwohl durchaus eine große Zahl von funktionierenden Sibling Partnerships zu beobachten ist, scheint dieser Form doch ein etwas höheres Zerfallsrisiko innezuwohnen. Nicht selten fällt letztlich alles an einen einzigen Gesellschafter, der seine Geschwister ausbezahlt oder herausdrängt. Damit ist einerseits die Situation vordergründig bereinigt, das Unternehmen wieder handlungsfähig. Die Folgen liegen entweder in einem hohen Finanzbedarf für die Übernahme der Anteile, oder auch in nachhaltig zerrütteten Familienverhältnissen.

Cousin Consortium

Die nächste Entwicklungsstufe ist typischerweise in der dritten Generation erreicht, sobald Cousins oder noch weiter miteinander verwandte Familienmitglieder gemeinsame Eigentümer und Unternehmer sind. Hier können durchaus bereits zweistellige Gesellschafterzahlen erreicht werden, und entsprechend viele Familienvertreter können und/oder wollen Führungspositionen besetzen.

---

[18]   vgl. Eglau (2001)

Dies ist aus zwei Gründen vorteilhaft. Zum einen fördert die gegenüber einer Sibling Partnership nochmals deutlich erweiterte Einzugsmöglichkeit für Führungskräfte aus der Familie die Professionalität der Entscheidungen, zum anderen führen die nun reduzierten Anteile der jeweils einzelnen Gesellschafter zu entsprechend geringeren Einflussmöglichkeiten und damit Durchsetzungsmöglichkeiten für Partikularinteressen. Empirische Untersuchungen ergaben eine hohe Stabilität, sobald eine Zahl von ca. 30 Gesellschaftern erreicht ist[19]. Ab dieser Entwicklungsstufe verhalten sich die Gesellschafter ähnlich den Anteilseignern einer AG.

Die Herausforderung im Übergang zu dieser Stufe liegt wiederum in der Entwicklung einer geeigneten Unternehmenskultur. Da die Protagonisten nicht mehr auf eine gemeinsame Kindheit mit ihren vielen gleichartigen Erfahrungen und Prägungen zurückgreifen, sondern aus teils sehr unterschiedlich strukturierten Kernfamilien stammen können, muss ein konstruktives Miteinander erarbeitet werden: die Familie organisiert sich!

Sehr deutlich ist dies an sehr großen, alten Unternehmerfamilien zu beobachten, z.B. an den Brenninkmeyers (C&A) oder den Haniels[20]. Diese Familien umfassen mehrere hundert Mitglieder und Gesellschafter.

In diesen werden die Prozesse nach schriftlich fixierten Regeln[21] organisiert. Das betrifft vor allem:

- Die Vererbung bzw. Weitergabe von Gesellschaftsanteilen innerhalb der Familienstämme oder auch nach außerhalb.

- Der Rekrutierung von Familienmitgliedern für die obersten Führungspositionen.

- Die Kommunikation innerhalb der Familie. Die gesamte Familie trifft sich regelmäßig, z.B. jährlich an einem Ort (oft dem Stammsitz oder einem anderen Traditionsort), um die gemeinsame Geschichte zu aktualisieren, sich näher kennenzulernen, junge Leute „einzuführen" und den gemeinsamen Wertekanon abzustimmen und zu erleben.

Auch in Cousin Consortiums kann es durchaus vorkommen, dass ein einzelner Vertreter der Familie ein besonderes Maß an Macht, Einfluss und Prestige auf sich vereinen kann und zu „dem" Unternehmer seiner Generation wird. Dennoch darf dies nicht mit einem Controlling Owner verwechselt werden, auch wenn der erste Anschein ähnlich ist. Während der Controlling Owner als Souverän nur sich selbst gegenüber verantwortlich ist, muss sich jeder Cousin seinen Weg in einer sehr komplexen Familienorganisation erkämpfen und ist damit das Produkt einer völlig anders strukturierten Umwelt.

---

[19] vgl. Redlefsen (2002)

[20] vgl. Weiguny (2007), James (2005), Simon (2005)

[21] Diese Fixierung kann juristisch bindend in Gesellschaftsverträgen oder Erbregelungen erfolgen, oder auch nur nominativ verpflichtend in Familienchartas, Familienstrategien oder schlicht durch Besprechungsprotokolle. Entscheidend ist nicht die Form, sondern die tatsächlich entfaltete Wirkung.

Mehrfamilien-Strukturen

Ein aus theoretischer Hinsicht sehr interessanter Sonderfall ist die Mehrfamilien-Organisation. Diese setzt eine gemeinsame Gründung eines Unternehmens durch zwei nicht verwandte Gründer voraus, der dann eine gemeinsame und einigermaßen gleichmäßige Entwicklung beider Unternehmerfamilien miteinander und mit dem Unternehmen folgt.

Für diese Form gibt es nur eine sehr begrenzte Anzahl von Beispielen, am bekanntesten dürfte die Firma Miele mit den beiden dahinter stehenden Familien Miele und Zinkahn sein. Empirisch ist hier gut zu beobachten, dass die Notwendigkeit eines Umgangs mit „Fremden" (der jeweils anderen Familie) dazu führt, dass eine sehr hoch entwickelte Kommunikations- und Konsenskultur gelebt wird. Viele der hoch emotionalisierten Faktoren, die ansonsten das Leben von Unternehmerfamilien bestimmen, werden hier sehr viel vorsichtiger, höflicher und professioneller gehandhabt. Es ist leicht nachvollziehbar, dass dies einen sehr positiven und disziplinierenden Einfluss auf die jeweiligen Familien und auch auf das Unternehmen ausüben kann. In gewisser Weise enthält diese Form bereits viele Aspekte, die ansonsten erst in reifen Cousin Consortiums erarbeitet werden müssen.

Besondere Relevanz hat diese Struktur für die vielen Fälle, in denen ein gemeinsames Gründungsprojekt zweier nicht verwandter Gründer in der zweiten oder dritten Generation nur noch von einer Familie weitergeführt wird, während die andere aufgibt, ausbezahlt wird oder in anderer Weise an Einfluss verliert. Während die damit verbundene Komplexitätsreduzierung zwar durchaus produktive Folgen haben kann, ist der damit einher gehende Verlust an Kompetenz auch als Verarmung interpretierbar.

Organisationales Erlernen des Nachfolgeprozesses

Im subjektiven Erleben der Beteiligten scheint der erste Generationswechsel, also der Übergang vom Gründer auf den oder die ersten Nachfolger, die größte Herausforderung zu sein. Berater und Wissenschaftler verzeichnen hier regelmäßig die heftigsten Auseinandersetzungen, während in Folgegenerationen bereits auf die bisherigen Erfahrungen zurückgegriffen wird. Symptomatisch sind dazu die Schilderungen von Übergebern, die einst selbst unter größten Schwierigkeiten von ihren patriarchalischen Vätern (oft den Gründern) übernommen hatten, und die später alles daran setzen, um ihren eigenen Kindern einen besseren Übergang zu ermöglichen. In noch späteren Generationen bildet sich dann ein Kondensat aus Verfahrensregeln, Verhaltensweisen, Geschichten und Mythen, die das Wissen um die Nachfolge bewahren und künftigen Aspiranten aus der Familie zur Verfügung stellen. Zudem entpersonalisiert sich das Verhältnis von Vater/Senior und Sohn/Junior bzw. Tochter/Juniorin, wenn sich beide als Glieder in einer generationenübergreifenden Kette begreifen können. Differenzen werden so eher als Sach- oder Rollenprobleme wahrnehmbar und fallen nicht zwangsläufig unter eine Struktur des Vater-Sohn-Konflikts. Die Möglichkeit des gemeinsamen Rückbezugs auf einen mythologisierten Gründer, der für die Familie eine quasispirituelle Funktion übernehmen kann, kommt ergänzend hinzu.

Astrachan et.al. verwenden diesen Zusammenhang in der Konstruktion des FPEC (vgl. Kapitel 2.1.2) und illustrieren den Lernprozess folgendermaßen:

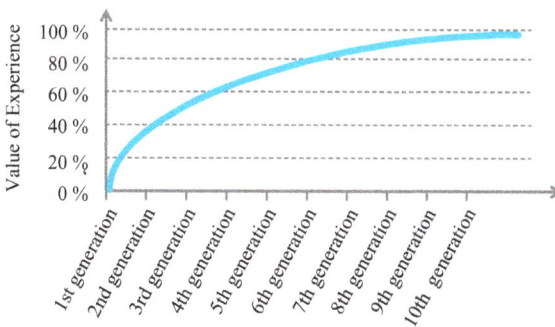

Abb. 6   The Experience of Succession Curve (aus Astrachan et.al. 2002, S. 52)

Manchmal träumt Horst Moritz davon, wie es heute wohl wäre, wenn sein Bruder Hartmut noch leben würde, und wenn sie das Unternehmen zusammen groß gemacht hätten. Er denkt, dass sie zu zweit (bzw. zu viert mit den Ehefrauen) es noch sehr viel weiter gebracht hätten als er es zusammen mit seiner Frau schaffen konnte. Außerdem könnte er dann seinen Kindern ein lebendiges Vorbild geben, wie gut man als Geschwister zusammen arbeiten kann. Da er sieht, dass seine Kinder jeweils sehr unterschiedliche Persönlichkeiten entwickelt haben und auch ganz verschiedene Berufswege einschlugen, hegt er nur geringe Hoffnungen, dass sie sich zu einer gemeinsamen Nachfolge zusammenraufen könnten. „Vielleicht liegt das ja auch daran, dass ich immer großen Wert auf Selbstständigkeit und Unabhängigkeit gelegt habe", vertraut er einem Unternehmerfreund beim Stammtisch an. „Da muss es mich nicht wundern, wenn meine Kinder genau so geworden sind. Heute wollen sie sogar von mir und voneinander unabhängig sein."

Auslaufmodell oder Erfolgstyp? Die Performance-Debatte

Die Frage, ob Familienunternehmen einen gegenüber „professionellen" Gesellschaften per se unterlegenen Typus von Wirtschaftsorganisation darstellen, oder ob sie mit diesen mithalten oder sie sogar überflügeln können, wird seit rund zehn Jahren erneut und intensiv diskutiert[22]. Während zuvor Familienfirmen ein ältlicher, unmoderner Beigeschmack anhaftete, zeigen jüngste Analysen, dass ihre Performance dauerhaft über denen ihrer anonymisierten Vettern liegen kann[23]. So ermittelte das IfM in Bonn, dass die 500 größten deutschen Familienunternehmen im Zeitraum zwischen 2003 und 2005 um jährlich 4,8 % wuchsen (gerechnet in Mitarbeitern, nicht in Umsatz). In der gleichen Zeit nahm gesamtdeutsch die Beschäftigung der Unternehmen um 1,5 % ab, die der DAX-Unternehmen sogar um 1,8 %[24].

---

[22]   vgl. Wimmer et.al. (1996)

[23]   vgl. May (2006), S. 15

[24]   vgl. IfM (2007)

Zudem gibt es Anzeichen, dass die relative Anzahl von Familienunternehmen gerade in wirtschaftlich schwierigen Zeiten wächst[25]. Dies erscheint aus zweierlei Perspektive auch plausibel. Erstens hängen Eigner in der Regel emotional stärker an ihrem Unternehmen und verfolgen eine Durchhaltestrategie deutlich länger und hartnäckiger als reine Kapitalgeber dies angesichts der Vielfalt anderer Anlagealternativen üblicherweise tun[26]. Und zweitens ist schlichte ökonomische Not traditionell ein Hauptanlass für einen Gründungsentschluss[27]. Es überrascht daher nicht, dass die Gründungsquote in Deutschland meist umgekehrt proportional zur allgemeinen Konjunkturentwicklung verläuft[28], und dass nicht wenige Gründungen aus einer tatsächlichen oder absehbaren Arbeitslosigkeit heraus erfolgen. Allerdings scheitern auch viele dieser Gründungen mangels Qualifikation, oder weil sich dem Gründer im Laufe der Zeit doch noch eine Alternative als Angestellter bietet.

Horst Moritz entwirft folgenden Text für seine Rede bei der anstehenden Weihnachtsfeier: „Wir sind ein typisches Familienunternehmen, und wir sind stolz darauf! Unsere Familie hat die Firma gegründet, sie leitet sie durch alle guten und schlechte Zeiten, sie achtet darauf, dass immer genügend Geld im Unternehmen bleibt, damit wir nicht den Banken zum Opfer fallen. Und auch Sie als unsere Mitarbeiter sind für uns Teil der Familie. Bei uns geht es eben nicht nur um einen Arbeitsplatz, oder um ein Gehalt am Monatsende. Wir alle haben immer zusammen gehalten, haben uns gegenseitig unterstützt und gemeinsam alle Schwierigkeiten gemeistert..."

1.2 Die Begriffe KMU und Mittelstand

Im Kontext der Unternehmensnachfolge sind neben Familienunternehmen zwei weitere Begriffe üblich und vor allem in den Medien präsent: KMU und Mittelstand. Eine kurze Gegenüberstellung illustriert Gemeinsamkeiten und Unterschiede.

1.2.1 Definition von Klein- und Mittelunternehmen

KMU (englisch SME: small and medium sized enterprises) ist bereits seit längerem ein sehr beliebtes Akronym der Wirtschaftswissenschaften. Ähnlich wie beim Begriff Familienunter-

---

[25] vgl. Klein (2004) S.128ff.

[26] Manchmal allerdings auch zu hartnäckig: es gibt durchaus Fälle, in denen ein schnellerer Ausstieg aus einem Geschäftsfeld oder einer Branche und eine Neuorientierung auch und gerade für die Eigentümer ratsam wäre.

[27] vgl. Pfannenschwarz (in Vorb.)

[28] Auf die Tatsache, dass Deutschland EU-weit mit die niedrigste Gründungs- und Selbstständigkeitsquote hat, soll hier nur am Rande verwiesen werden, vgl. Global Entrepreneurship Monitor 2006 Länderbericht Deutschland. Vgl. hierzu auch das Projekt „20 Prozent e.V." (www.20prozent.de), das eine Verdopplung der Quote bis zum Jahr 2020 zum Ziel hat.

nehmen wird dadurch eine Abgrenzung gegenüber „üblichen" Unternehmen, d. h. großen Konzernen getroffen, ein weiterer Beleg für die eher einseitige Ausrichtung der Wirtschafts-wissenschaften.

Inzwischen hat die Bezeichnung auch offiziellen Charakter gewonnen. Die EU verwendet sie zur Klassifizierung von Unternehmen und nutzt diese Unterscheidungen insbesondere als Zugangsvoraussetzung für Förderprogramme.

Als KMU kommen nach der EU-Definition nur Unternehmen in Frage, die zu maximal 25 % im Besitz von Nicht-KMU sind, also keine Tochtergesellschaften größerer Konzerne o.ä. Innerhalb von KMU wird nochmals nach folgenden Kriterien unterschieden:

Klasse	Beschäftigte		Umsatz		Bilanzsumme
Mittlere Unternehmen	< 250	und	≤ 50 Mio. €	oder	≤ 43 Mio. €
Kleine Unternehmen	< 50	und	≤ 10 Mio. €	oder	≤ 10 Mio. €
Kleinstunter-nehmen	< 10	und	≤ 2 Mio. €	oder	≤ 2 Mio. €

Abb. 7   KMU laut EU-Definition (Kommission 2003)

Ein Unternehmen muss also in der Tabelle nach unten hin gelesen mindestens die Mitarbei-terzahl und eine der beiden finanziellen Kennziffern unterschreiten, um sich für die entspre-chende Klasse zu qualifizieren. Dies ist insbesondere für Kleinst- und Kleine Unternehmen interessant, weil diese häufig überproportional gefördert werden[29].

Deutschland ist innerhalb der EU in gewisser Weise ein Sonderfall, weil hier überproportio-nal viele „große Mittelständler" zu finden sind, also Unternehmen in Privatbesitz und mit den typischen Verhaltensweisen von eignergeführten Firmen, die jedoch mehrere hundert bis mehrere tausend Mitarbeiter beschäftigen (siehe hierzu den folgenden Abschnitt). Die deut-schen Vertreter streben daher eine Korrektur der o.g. Zahlen nach oben hin an, ohne sich damit bislang durchsetzen zu können.

Innerhalb Deutschlands hat das Institut für Mittelstandsforschung (IfM) in Bonn daher eine abweichende Klassifizierung entwickelt, nach der mittlere Unternehmen bis 500 Mitarbeiter beschäftigen. Dies führt bei der Verwendung des Begriffs mitunter zu Diskrepanzen.

---

[29] Zumindest in der Theorie. Empirisch gesehen ergibt sich ein umgekehrter Verlauf: Größere Unternehmen haben weit mehr Möglichkeiten und Ressourcen, öffentliche Gelder in Anspruch zu nehmen.

Mit ca. € 7 Mio. Bilanzsumme und 30 Mitarbeitern ist die Moritz GmbH als kleines Unternehmen im Sinne der EU-Definition zu klassifizieren, auch wenn der Umsatz 2005 und 2006 über dem Grenzwert für die Kategorie „Kleine Unternehmen" lag. Damit kann die Moritz GmbH eine Reihe von EU-Förderprogrammen und Vergünstigungen nicht in Anspruch nehmen, die den Kleinstunternehmen vorbehalten sind.

1.2.2   Mittelstand

Auch „Mittelstand" ist ein Begriff, der sich einer schnellen und eindeutigen Einordnung entzieht. Ursprünglich stammt er aus den Sozialwissenschaften und diente zur ökonomischen Klassifizierung der tragenden bürgerlichen Schichten nach dem Ende des feudalen Zeitalters.

Die klassische mittelalterliche Ständeordnung umfasste die Bauern (hierzu zählten auch Arbeiter ohne Landbesitz), den Adel und den Klerus. Dazu kamen die Bürger, also die „freien" Einwohner selbstständiger Städte („Stadtluft macht frei"). Beim Aufkommen der Industrialisierung entwickelten sich insbesondere hieraus neue und durchaus heterogene Gruppen wie Akademiker, Unternehmer, Händler oder Beamte. Sie wurden unter dem Sammelbegriff „Bürgertum" schnell zu zahlenmäßig und gesellschaftlich relevanten Faktoren. „Mittelstand" verweist noch auf diese Einordnung zwischen Bauern und Adel.

Der Soziologe Helmut Schelksy prägte Anfang der 50er-Jahre den Begriff der „nivellierten Mittelstandsgesellschaft" für Deutschland. Er drückte die damals beobachtbare Entwicklung aus, dass sowohl bisherige Vertreter der unteren wie der oberen Bevölkerungsschichten zur Mitte hin tendierten, was sowohl die ökonomische Situation wie auch die Selbstwahrnehmung der Deutschen in der Wirtschaftswunder-Ära treffend beschrieb[30].

Heute wird der Begriff Mittelstand vorwiegend zur Bezeichnung von KMU verwendet, allerdings mit einer stärkeren gesellschaftlichen Konnotation. Hierunter fallen auch Handwerksunternehmen, Arztpraxen, Architektenbüros etc., nicht jedoch frühere Vertreter des „mittleren Standes" wie Professoren oder leitende Beamte.

Ökonomisch gesehen umfasst der Mittelstand somit kleine und mittlere Unternehmen (wie auch immer abgegrenzt) sowie die freien Berufe aus Handwerk und Dienstleistung, also Fachexperten, die ihr Gewerk mit eigenem unternehmerischen Risiko ausüben. Für alle prägend sind die typischen bürgerlichen Tugenden: Leistung, Fleiß und Sparsamkeit.

Quer über alle Parteigrenzen oder gesellschaftliche Gruppierungen hinweg gilt der Mittelstand als „gut", d.h. als positiv für Wirtschaft und Staat, da nur der Mittelstand dem volkswirtschaftlichen Idealbild einer polypolistischen Marktstruktur mit einer hinreichend großen Anzahl von Anbietern und Abnehmern nahe kommt, während eine zu starke Konzentration auf wenige große Unternehmen üblicherweise zur Problematik von monopolisierten bzw. kartellisierten Märkten führt. Die Wahrnehmungsdifferenz der Öffentlichkeit und

---

[30]   vgl. Schelsky (1953)

der Medien zwischen dem noch persönlich verortbaren individuellen Unternehmer und einem anonymen Management tut ein Übriges. Dies führte europaweit zu einer Förderstruktur, die insbesondere kleine Unternehmen unterstützen soll. Empirisch ist allerdings zu beobachten, dass es großen Unternehmen sehr viel einfacher fällt, die meist komplexe Förderbürokratie für sich in Anspruch zu nehmen.

1.3   Unternehmensnachfolge

Der Begriff der Unternehmensnachfolge wird sehr breit verwendet und umfasst den Nachfolgeprozess selbst, seine Voraussetzungen, Ziele und Eigenheiten.

Nachfolge

„Nachfolge" ist ein Begriff, der in sehr unterschiedlichen Kontexten eingesetzt wird, um einen zeitlich ausgedrückten Wechsel einer Instanz zu markieren. Dies kann sich auf die Nachfolge in einem Amt oder einer Funktion durch einen anderen (meist, aber nicht immer jüngeren) Menschen beziehen, auf eine juristische „Rechtsnachfolge", auf die Ablösung eines technischen Produkts durch eine verbesserte Version (ein „Update"), oder auch auf abstraktere Einheiten wie gesellschaftliche oder ökologische Systeme[31].

Unternehmensnachfolge

Unternehmensnachfolge (in älterer Schreibweise auch Unternehmernachfolge) bezieht sich auf den personellen Wechsel im Kontext eines Wirtschaftsunternehmens. Aber auch hier wird diese Bezeichnung nicht eindeutig auf recht verschiedene Vorgänge angewandt:

- den Übergang der Management-Verantwortung auf einen neuen angestellten Geschäftsführer oder Vorstand in einer Nicht-Familiengesellschaft,

- den Verkauf eines eignergeführten Unternehmens,

- die Errichtung einer Stiftung und der Einbringung eines Unternehmens,

- die Verpachtung eines Unternehmens

- sowie natürlich auf den „typischen" Fall, der Ablösung des Vaters als „Senior" durch seinen Sohn als geschäftsführenden Gesellschafter eines Familienunternehmens.

Nachfolge in Familienunternehmen

Um hier etwas Ordnung zu schaffen, verwenden wir die bereits vorgestellte Einteilung eines Familienunternehmens in die drei Systeme Unternehmen, Eigentum und Familie.

---

[31]   Ein theologisch existierender Wortsinn (z.B. „Nachfolge Christi") ist hier nicht gemeint.

Nachfolge im Unternehmen bedeutet in erster Linie Führungsnachfolge, also die Frage, wer die oberste Hierarchieebene besetzt. Die Notwendigkeit zur Führungsnachfolge stellt sich auch in Nicht-Familienunternehmen, dort jedoch üblicherweise professionalisiert und von der Familie losgelöst.

Aus Sicht des Kapitals interessiert nur die Frage, wem es wann gehört, also die Frage der Eigentumsnachfolge. Eine Nachfolge kann einerseits durch den Verkauf der Verfügungsrechte eintreten (was bei Aktien jeden Tag geschieht, ohne dass man hier an Nachfolge denken würde), oder in Form einer Rechtsnachfolge im Rahmen einer Vererbung, wobei unerheblich bleibt, ob diese beim Todesfall oder im Zuge einer vorweggenommenen Erbfolge realisiert wird.

Schließlich bedeutet Nachfolge in der Familie die Nachfolge des Familienoberhaupts. Dieser Vorgang ist subtiler und schwieriger zu fassen als die beiden vorgenannten, da er zumindest in unserer Kultur in keiner Weise formalisiert ist, und da er im Zuge der Auflösung patriarchaler Strukturen überlagert wird von den kurzen Lebenszyklen moderner Kernfamilien. Trotzdem gibt es in vielen Familien eine „graue Eminenz", eine Person, die aufgrund ihrer Erfahrung und ihrer Integrität allseitig Respekt und Vertrauen genießt, und deren Meinung bzw. Entscheidungen für das Funktionieren des Familiensystems sehr wichtig sind.

Obwohl gerade in Unternehmerfamilien überproportional häufig ein solches Familienoberhaupt zu finden ist, soll dieses Thema bei den nachfolgenden Ausführungen nicht im Vordergrund stehen. Wir beschränken uns also auf eine systematische Aufbereitung der Dimensionen Führungsnachfolge und Eigentumsnachfolge.

Generationswechsel

Ein weiterer, oft synonym gebrauchter Begriff, ist der des Generationswechsels, in älteren Publikationen auch „Generationenwechsels". Er verweist insbesondere auf die Abfolge menschlicher Lebenszyklen und wird daher vorrangig im Kontext von innerfamiliären Nachfolgen verwendet. In diesem Kontext wird dann vielfach auch von Junior und Senior im Sinne von übernehmender bzw. übergebender Generation gesprochen.

1.3.1   Erscheinungsformen von Unternehmensnachfolgen

In unserem Wirtschaftssystem stellt die Eigentumsnachfolge die nachhaltig entscheidende Dimension dar. Dies liegt vor allem an unserer Rechtsordnung: der Eigentümer jeder Sache (auch eines Unternehmens) hat sämtliche Verfügungsrechte daraus, insbesondere auch das zur Gestaltung der Führungsstrukturen.

Dies steht in gewissem Widerspruch zur äußeren Wahrnehmung und oft auch der Wahrnehmung der übernehmenden Generation, für die die Führungsnachfolge näher liegt und angestrebt wird, ohne zunächst zu realisieren, dass damit das letzte Wort in Machtfragen noch nicht gesprochen ist.

Die folgende Matrix gibt einen Überblick über die üblicherweise vorkommenden Formen einer Unternehmensnachfolge, jeweils in ihrem Verhältnis von Führungs- und Eigentums-nachfolge.

Nicht aufgeführt sind dabei folgende Fälle:

- Das Ende eines Unternehmens durch Insolvenz oder Liquidation: Hier kann kaum von einer Nachfolge gesprochen werden.

- Börsengang: Dieser ist als ganzer oder teilweiser Verkauf zu betrachten.

Führungsnachfolge durch:

Eigentumsnachfolge durch:	Familien- angehörige	Misch- formen	Familien- fremde
Familienangehörige	Traditionelle, rein familieninterne Nachfolge	Gemischte Geschäftsführung	Eigentumsnachfolge mit Fremd-GF, Verpachtungen
Mischformen	Partner, Venture Capital-Geber, Beteiligungsgesellschaft	Einbezug aktiver Partner	Stiftungslösungen
Familienfremde	Grenzfall: Weiterbeschäftigung von Familienangehörigen nach einem Verkauf		Verkauf: a)Strategisch b)Persönlich

Abb. 8   Formen der Unternehmensnachfolge (aus Pfannenschwarz 2006, S. 55)

Traditionelle rein familieninterne Nachfolge

Diese Kombination von Eigentums- und Führungsnachfolge innerhalb der Familie gilt nach wie vor als typisch, obwohl dies in weniger als der Hälfte der Fälle die realisierte Lösung darstellt[32].

Gemischte Geschäftsführung

Hier behält die Eigentümerfamilie alle oder fast alle Anteile und stellt einen Teil der obersten Hierarchieebene, rekrutiert jedoch zusätzlich familienfremde Manager für Führungsaufga-ben. Diese Entwicklung ist meist typisch für große oder schnell wachsende Unternehmen, deren Bedarf an hoch qualifizierten Führungskräften familienintern nicht mehr gedeckt wer-den kann.

Eine andere Veranlassung für diese Lösung liegt vereinzelt auch in der bewussten Neuaus-richtung der Führungsfunktionen im Rahmen einer Nachfolge. Wenn beispielsweise der Senior ein technisch ausgerichtetes Industrieunternehmen noch als ganzheitlich agierender Generalist geführt hat, weder Sohn noch Tochter sich für die Technologie interessieren,

---

[32]   IfM (2004), S. 73

bietet die Berufung eines Fremdgeschäftsführers für Produktion und Technik eine sinnvolle Lösung. Voraussetzung ist eine hinreichende Größe des Unternehmens, um die Kosten für diese zusätzlichen Kompetenzen auch tragen zu können. Dieser Weg steht also kleinen Unternehmen nur bedingt offen.

Eine weitere Variante besteht in der Interims-Geschäftsführung eines familienfremden Managers, bis die Tochter oder der Sohn soweit ist, die Leitung zu übernehmen. Für diese, zeitlich meist überschaubare Aufgabe wird häufig eine Führungskraft aus dem Unternehmen rekrutiert, seltener gezielt ein Geschäftsführer auf dem Markt gesucht. Die meisten Senior-Unternehmer, die diese Lösung wählen (müssen), bevorzugen ältere Führungskräfte, die in ihrem letzten Berufsabschnitt bereit sind, die eigene Karriereentwicklung zugunsten der Vorbereitung des Unternehmens auf die familieninternen Nachfolger zurückzustellen.

Eigentumsnachfolge mit Fremd-Geschäftsführung

„The wisest course for any business, family or nonfamily, is to move to professional management as quickly as possible."[33]

Insbesondere große, reife Familienunternehmen werden oft ausschließlich durch familienfremde Manager geführt, während sich die Familie auf die Eigentümerfunktion konzentriert. Dies bedeutet nicht notwendigerweise einen Rückzug der Familie aus der Verantwortung oder den ersten Schritt einer Degeneration, die zwangsläufig zum Ende des Familienunternehmens führt. Im Gegenteil zeichnen sich diese Unternehmen meist durch ein sehr professionelles Management und durch überproportionalen Erfolg aus[34].

Die Eigentümerfamilie ist in diesen Unternehmen verantwortlich für die Formulierung der Geschäftspolitik und der strategischen Ausrichtung, sowie für die Berufung und die Kontrolle des Managements. Das operative Geschäft steuern sie nicht mehr. Daraus ergibt sich zwangsläufig eine gewisse Entfremdung, die jedoch nicht notwendigerweise negativ sein muss, sondern sich auch in der Fähigkeit zur kritischen Einschätzung der eigenen Märkte, der Möglichkeiten und Grenzen der Entwicklung des Unternehmens äußern kann. In vielen Fällen zieht dies den Übergang zu einer Diversifizierung und damit Risikostreuung nach sich: Die Eigentümerfamilie engagiert sich auch in anderen Märkten, kauft oder gründet weitere Unternehmen, jeweils mit eigenem Management, und wächst so in eine Rolle als professioneller Vermögensverwalter hinein.

Manchmal ist zu beobachten, dass familienfremde Manager zu geringen Prozentsätzen auch am Unternehmen beteiligt werden. Dies geschieht jedoch überwiegend aus Gründen der Personalbindung und der Motivation (Erfolgsbeteiligung) und bedeutet aufgrund der geringen Anteilshöhe keine Beteiligung am Familienunternehmen selbst.

---

[33] Levinson (1971) S. 98. Dieses Zitat gibt die typische Meinung der Literatur in den 70er-Jahren wieder, als die Familie vor allem als Belastung des Unternehmens betrachtet wurde.

[34] vgl. IfM (2007)

Einbezug von Kapitalgebern wie stille Partner oder Beteiligungsgesellschaften

Diese, in Abb. 8 dargestellte Form auf der Eigentumsachse umfasst alle Fälle, in denen aus Finanzierungsgründen die Alleineigentümerschaft aufgegeben wird bzw. werden muss. Auch ein Börsengang mit dem Verkauf einer Minorität von Anteilen wäre hierzu zu rechnen. Diese Lösung kann aus sehr verschiedenen Gründen gewählt werden:

- Eine Wachstumsstrategie oder notwendige Entwicklungsleistungen erfordern die Mobilisierung höherer Kapitalressourcen, als die Familie bereitstellen kann, bzw. als das Unternehmen als Fremdkapital akquirieren kann.

- Eine Krise und finanzielle Verluste erzwingen die Aufnahme zusätzlicher Kapitalgeber.

- Im Rahmen einer Nachfolge erwartet die abgebende Generation eine Realisierung des Unternehmenswerts in Form eines Kaufpreises, der vom Management alleine nicht finanziert werden kann.

Die Führung liegt in diesen Fällen zumindest vorerst weiter in den Händen der Familie. Bei wirtschaftlichen Schwierigkeiten ist aber mit kritischen Nachfragen bzw. der Einbindung der familienfremden Kapitalgeber zu rechnen.

Einbezug aktiver Partner

In diesem Fall beteiligen sich familienfremde Führungskräfte finanziell in einer Höhe am Unternehmen, die gesellschaftsrechtlich eine Rolle spielt (i.d.R. ab 25 % der Stimmrechte der Fall). Diese Lösung ist in der Praxis nicht allzu häufig anzutreffen und dann meist eine Reaktion auf die Problemstellungen des Einzelfalls. Obwohl es hierzu noch keine tragfähigen Statistiken gibt, scheint diese Konstellation tendenziell instabil zu sein und früher oder später in eine andere Form überzugehen. Vielfach ist diese Form auch eine Vorform des vollständigen Unternehmensverkaufs an diese Partner oder andere (institutionelle) Erwerber.

Stiftungslösungen

Diese Variante soll hier nur sehr kurz gestreift werden, da sie sicherlich einen Sonderfall einer Unternehmensnachfolgelösung darstellt.

Bei dieser Nachfolge-Lösung gibt die Familie die Eigentümerposition endgültig auf. Üblicherweise wird das Unternehmen als Vermögensgegenstand bzw. dessen Anteile in die Stiftung eingebracht. Die Erträge werden dann an die sogenannten Destinatäre (die Nutznießer der Stiftung) ausgeschüttet. Das können sowohl Familienmitglieder sein als auch Nutznießer von gemeinnützigen, z.B. künstlerischen oder sozialen Zielsetzungen.

Weiterbeschäftigung von Familienangehörigen nach einem Verkauf

Diese Lösung tritt in der Praxis nur selten auf und ist oftmals ein Übergangsmodell. Beispielsweise legen viele Käufer Wert darauf, dass das bisherige Management ganz oder teilweise auch weiter zur Verfügung steht, entweder um den Übergang bis zum Antritt eigener Geschäftsführer zu bewältigen, oder auch, weil die Führungsqualitäten der Familienvertreter sehr gut beurteilt werden.

Umgekehrt versuchen auch manche Unternehmer bei einem Verkauf ihrer Firma, einzelnen Familienangehörigen eine temporäre oder auch unbefristete „Versorgung" durch eine vertraglich vereinbarte Weiterbeschäftigung mit dem neuen Eigentümer zu verschaffen. Es dürfte nicht verwundern, dass dies sowohl zu entsprechenden Nachlässen beim Verkaufspreis, als auch zu späteren Konflikten führen kann.

Unternehmensverkauf

Diese Form bedeutet die endgültige Trennung der Familie sowohl von der Eigentümer- als auch der Führungsfunktion. Für viele Unternehmer ist sie immer noch gleichbedeutend mit einem „Scheitern" ihrer dynastischen Bestrebungen, einer „Notlösung", falls keine familieninterne Nachfolge rekrutiert werden kann, oder sich diese als nicht fähig erweist, also dem „Aus" für das Familienunternehmen.

Aus einer Beobachterposition sind hier drei Varianten zu unterscheiden:

a) Verkauf an eine oder wenige Personen

Dies bedeutet quasi den Austausch des einen Familiensystems durch eine andere Familie oder mehrere Familien, deren Vertreter die Gesellschafter-Geschäftsführer-Position besetzen. Das Unternehmen kann also auch im Weiteren als Familienunternehmen betrachtet werden, lediglich unter anderer Leitung.

Die überwiegenden Fälle werden als

- MBO (Management Buy-Out), d.h. die Übernahme durch bisherige Mitarbeiter, i.d.R. Führungskräfte wie Manager oder, im Handwerk, Meister, und als

- MBI (Management Buy-In), d.h. eine Übernahme durch Führungskräfte von außerhalb des Unternehmens, die eine selbstständige Aktivität anstreben,

- oder als Kombination der genannten Fälle, als sogenannter BIMBO (Buy In Management Buy Out)

bezeichnet.

b) Strategischer Verkauf

In diesem Fall tritt als Käufer ein anderes Unternehmen auf. Das Unternehmen wird also in einen größeren Verbund eingegliedert, auch wenn es möglicherweise die eigene Rechtsform und den Marktauftritt etc. beibehält. Diese Lösung ist nur möglich, wenn das Unternehmen Werte besitzt, die es für einen strategischen Übernehmer interessant machen. Dies können beispielsweise sein:

- Marktposition oder wichtige Kundenbeziehungen,

- ein technologischer Vorsprung, Entwicklungsleistungen o.ä.,

- Verfügungsrechte wie Marken, Lizenzen, Patente etc.,

- seltener auch Schlüsselpersonen bei den Mitarbeitern.

Dies bringt den Veräußerer in ein typisches Dilemma: während strategische Käufer (sofern vorhanden) i.d.R. Willens und in der Lage sind, einen deutlich höheren Kaufpreis zu bezahlen, wird er aufgrund emotionaler Faktoren vielfach eher zu einer MBO- oder MBI-Lösung tendieren, da er hier eher davon ausgehen kann, dass das Unternehmen „in seinem Sinne" weitergeführt wird, also als eigenständiger Akteur am Markt, eventuell auch noch unter seinem eingeführten Namen, und nicht nur als beliebige Tochtergesellschaft in einer anonymisierten Struktur. Ein strategischer Verkauf gilt daher vielen als „Verrat" am Unternehmen.

c) Verkauf an einen Finanzinvestor

Schließlich ist der Verkauf an einen Finanzinvestor zu differenzieren. Dies ist insbesondere für Unternehmen interessant, die entweder in einer soliden Marktposition für Investoren attraktive Rendite erwirtschaften, oder ein außergewöhnliches Marktentwicklungspotenzial aufweisen, das die Übernahme aus finanziellen Gründen attraktiv erscheinen lässt. Diese Lösung setzt in jedem Fall eine funktionsfähige erste oder zumindest zweite Führungsebene voraus, die das Unternehmen erfolgreich weiterführt. Dies bedeutet vielfach die Lösung von klassischen Familienstrukturen hin zu einer an finanzwirtschaftlichen Zielen orientierten Unternehmensstrategie. Auch die Verkaufspreise liegen typischerweise unter denen eines strategischen Investors, da keine synergetischen Vorteile gehoben werden können.

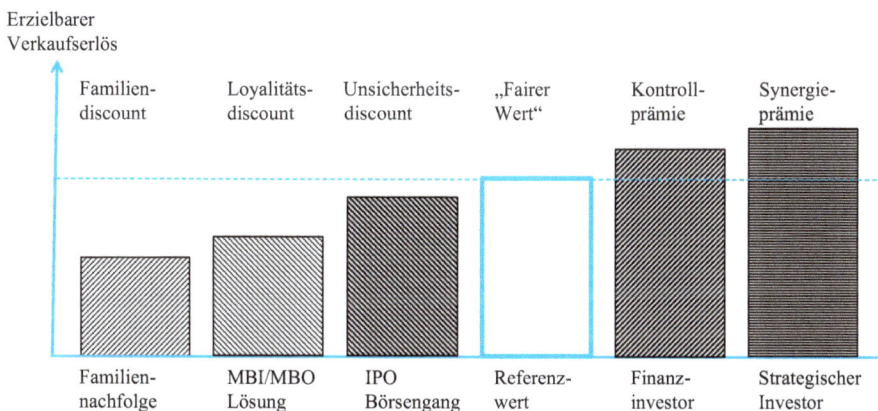

Abb. 9   Verkaufserlös in Abhängigkeit der realisierten Nachfolgelösung (aus UBS Private Banking AG UBS Outlook – Nachfolge im Unternehmen, 2005)

Was denken die verschiedenen Beteiligten bei der Moritz GmbH über die Nachfolge? Welche Varianten sind für sie denkbar oder erstrebenswert?

Vater Horst Moritz: „Entweder meine Kinder übernehmen den Betrieb und leiten ihn auch aus eigener Kraft, oder ich verkaufe den ganzen Laden entweder an meine Mitarbeiter oder an sonst jemand. Alle Zwischenlösungen sind doch faule Kompromisse: der Eigentümer muss selbst das Ruder in der Hand halten!"

Mutter Else Moritz: „Ein wenig bange ist mir ja schon vor dem Thema Nachfolge. Ein Versuch mit unserem ältesten Sohn Heiko ist ja schon einmal schief gegangen. Am liebsten wäre mir ja, wenn sie zu dritt das Unternehmen weiter führen, dann steht jeder einzelne nicht so im Sturm, sondern sie können sich gegenseitig unterstützen. Aber das ist ja wohl kaum absehbar. Ganz ehrlich, manchmal denke ich, wir sollten die Firma einfach verkaufen und unseren Kindern nur Geld hinterlassen. Wenn sich dann einer unternehmerisch betätigen möchte, kann er sich davon ja etwas Neues aufbauen!"

Sohn Heiko Moritz: „Ich verstehe nicht, warum es sich mein Vater so schwer macht. Er soll doch einfach alles mir in die Hand drücken, ich werde sicher etwas Tolles daraus aufbauen. Aber solange er jede noch so kleine Entscheidung selbst treffen will, da gibt es für mich keinen Platz."

Tochter Veronica Moritz: „Tja, mit dem Heiko hat es sich mein Vater schon verscherzt. Vielleicht denkt er ja tatsächlich auch einmal daran, dass ich auch noch da bin, und dass ich jetzt auch die Qualifikationen für eine Führungsfunktion habe. Ich könnte mir durchaus auch vorstellen, einen guten Techniker von draußen zu holen, und ihn zum Co-Geschäftsführer zu machen. Und wenn er gute Arbeit leistet, warum ihm dann nicht auch eines Tages ein paar Prozent der Anteile geben? Das motiviert doch mehr als nur Tantiemen. Schließlich haben wir ja auch schon zwei Mitarbeiter beteiligt!"

Sohn Kevin Moritz: „Ein Freund hat mir kürzlich gesagt: ´Du erbst ja einmal ein Drittel vom Unternehmen deiner Eltern, damit hast Du ja ohnehin ausgesorgt.´ Hm, ob das so stimmt? Muss ich dann auch in dem Laden arbeiten? Oder was fängt man sonst mit einem Unternehmensdrittel an? Ich glaube, ich muss mal meine Mutter fragen..."

Betriebsleiter Manfred Groß: „Meine Mutter ist ja jetzt ziemlich krank, die Ärzte geben ihr nicht mehr als ein Jahr. Traurig... aber: Ich werde einiges erben! Damit könnte ich ja möglicherweise meine Anteile im Unternehmen erhöhen. Vielleicht gibt der alte Herr es mir ja auch günstig, wenn seine anderen Kinder auch nicht wollen? Bei mir hätte er immerhin die Gewissheit, dass ich sein Lebenswerk in Ehren halten werde. Wenn der Wettbewerb die Firma in die Finger bekommt und wir nur ein weiterer Standort sind, dann sind unsere Tage hier in Brückstadt wohl gezählt."

Wettbewerber Karl-Heinz Kruwinkl (52), Inhaber eines ähnlichen Betriebes in Bayern: „Mal sehen, wie lange der alte Moritz noch kann. Das mit seinem Sohn scheint ja schief gegangen zu sein. Unsere Kriegskasse ist gefüllt, vielleicht ist er bald offen für ein gutes Angebot."

1.3.2   Zahlen und Daten zur Nachfolge

Nachfolge-Statistik für Deutschland

Für Deutschland veröffentlicht das Institut für Mittelstandsforschung in Bonn regelmäßig aktuelle Zahlen auf Basis eines eigenen Mikrozensus, das letzte Update stammt aus dem Jahr 2005[35]. Demnach werden im gesamten Land zwischen 2005 und 2009 pro Jahr 70.900 Unternehmen mit einem Mindestumsatz von 50.000 € zur Nachfolge an, d.h. die Anteile bzw. Werte wechseln in den Besitz eines neuen Eigentümers. Diese Unternehmen beschäftigen zusammen 678.000 Mitarbeiter, was ein Schlaglicht auf die volkswirtschaftliche Relevanz der Nachfolgefrage wirft. Die weitaus größere Brisanz besteht jedoch darin, dass die mehrheitlich sehr kleinen Unternehmen wesentlich schwerer einen geeigneten Nachfolger finden und die Übertragungsalternativen eingeschränkter sind als bei größeren Unternehmen.

Die Ursachen für den Vollzug der Übergabe liegen in folgenden Gründen:

- 46.500 Unternehmen (65,6 %) mit ca. 444.000 Beschäftigten wechseln aufgrund des Alters des Unternehmers: der klassische Grund für eine Nachfolge.

- 5.800 Unternehmen (8,1 %) mit ca. 55.000 Beschäftigten aufgrund eines Wechsels des Unternehmers in ein anderes Geschäftsfeld oder eine andere Tätigkeit.

- 18.600 Unternehmen (26,3 %) mit ca. 179.000 Beschäftigten aus ungeplanten Anlässen wie Tod, Unfall, Krankheit o.ä. Es bedarf keiner Erläuterung, dass dieses starke Viertel aller Nachfolgen besonders risikobehaftet ist.

Was geschieht mit diesen Unternehmen? Dazu folgende Zahlen:

- 31.00 Unternehmen (43,8 %) mit ca. 351.000 Beschäftigten werden innerhalb der Eigentümerfamilie übergeben.

- 7.300 Unternehmen (10,2 %) mit ca. 72.500 Beschäftigten werden von bisherigen Mitarbeitern im Rahmen eines „Management Buy-Out" übernommen und weiter geführt.

- 11.700 Unternehmen (16,5 %) mit ca. 107.000 Beschäftigten werden per „Management Buy-In" von Eigentümern übernommen, die nicht aus dem Unternehmen kommen.

- 15.000 Unternehmen (21,1 %) mit ca. 114.000 Beschäftigten verlieren durch einen strategischen Verkauf ihren Status als unabhängige Einheit und werden in andere Unternehmensstrukturen eingegliedert.

- 5.900 Unternehmen (8,3 %) mit ca. 33.500 Beschäftigten finden keine Nachfolgelösung, sondern werden stillgelegt.

---

[35]   IfM (2005)

Entwicklung der familieninternen Nachfolgequote

Bemerkenswert ist an diesen Zahlen vor allem der deutlich erkennbare Rückgang der familieninternen Nachfolge. Dieser wird unterlegt von einer Studie des ifm der Universität Mannheim im Auftrag der L-Bank Baden-Württemberg aus dem Jahre 2003[36]. Demnach ist auch in Zukunft von einer weiter zurückgehenden Nachfolgebereitschaft bzw. -fähigkeit der Unternehmerfamilien aus eigener Kraft zu rechnen. Die nachfolgende Grafik zeigt die Entwicklung in den letzten zwei Generationen und wagt einen Ausblick:

Wahrscheinlichkeit einer familieninternen Nachfolge in Deutschland

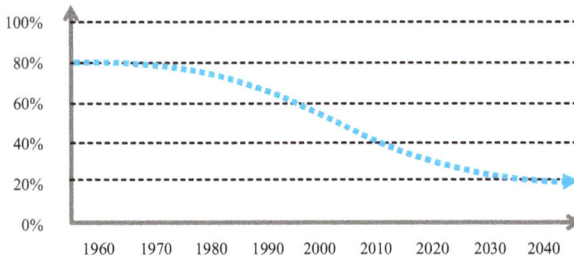

Abb. 10   Entwicklung der familieninternen Nachfolge, eigene Schätzungen, teilw. auf Grundlage von Kerkhoff 2004, IfM 1993, IfM 2003, IfM 2005

Obwohl wir aus den vergangenen Jahrzehnten nicht über statistisch belastbare Daten verfügen, können wir von einem relativ hohen Anteil gelungener familieninterner Nachfolgen ausgehen. Dies ändert sich in Folge des gesellschaftlichen Wertewandels sowie aufgrund demographischer Veränderungen: Nachfolge-Kandidaten bietet sich heute ein breites Spektrum an alternativen Lebensentwürfen und Karrierewegen.

Auch für die nähere Zukunft ist von einem Anhalten dieses Trends auszugehen, zumindest sind derzeit keine gegenteiligen Tendenzen festzustellen. Ob sich dies eines Tages umkehrt, oder auf einem niedrigeren Wert stabilisiert, ist noch völlig ungewiss.

Für die potenziellen Nachfolgekandidaten aus den Unternehmerfamilien hat diese Entwicklung ambivalente Folgen. Auf der einen Seite wächst, individuell gesehen, die Chance auf eine Nachfolge, da es weniger „Inhouse-Konkurrenz" durch Geschwister gibt. Davon profitieren derzeit vor allem die Töchter, die zum ersten Mal in nennenswerter Zahl auf Führungspositionen berufen werden und momentan ca. ein Viertel der Firmen übernehmen[37]. Beobachter gehen davon aus, dass diese Quote bald auf mehr als ein Drittel steigen wird. Wohlgemerkt: diese Entwicklung verdanken die Frauen nicht einer etwaigen aufgeklärten „gender"-Einstellung der abgebenden Generation, sondern sie werden immer dann als Alter-

---

[36]   IfM (2003)

[37]   vgl. Haubl/Daser (2006), S. 52-54, außerdem Isfan (2002)

native interessant, wenn entweder kein Sohn zur Verfügung steht, oder wenn dieser als zu schwach erscheint und gestützt werden soll.

Auf der anderen Seite wachsen allerdings auch der Druck und die Erwartungshaltung gegenüber den Kindern entsprechend proportional. Dies drückt sich heute meist in einer typischen doppelten Botschaft aus: verbal betonen die allermeisten Unternehmereltern, dass jeder seinen Lebens- und Berufsweg völlig frei nach eigenem Gusto wählen soll. Darunter wird jedoch oft ein subtiler Auftrag zur Übernahme mitvermittelt. Für die meisten Nachfolger ist daher schwer zu trennen, zu welchem Anteil eine Nachfolge eigener Entschluss ist, und zu welchem die unbewusste Beeinflussung durch die Eltern dahinter steht.

Interessant ist auch die Abhängigkeit der gewählten Nachfolgelösung von der Unternehmensgröße. Die nachfolgende Grafik des IfM zeigt deutlich, dass insbesondere mittelgroße Unternehmen in den Händen der Eigentümerfamilie verbleiben.

UNTERNEHMEN mit einem Jahresumsatz	Betriebe insgesamt	davon		
		familieninterne Nachfolge	Nachfolge durch Mitarbeiter oder Externe	Firmenstillegung/ Verkauf
50.000 € – 250.000 €	214.648	39%	30%	31%
250.000 € – 500.000 €	59.014	45%	30%	25%
500.000 € – 2 Mio. €	59.443	55%	24%	21%
2 Mio. € – 10 Mio. €	17.648	64%	24%	12%
10 Mio. € – 50 Mio. €	2.960	45%	35%	20%
50 Mio. € und mehr	467	45%	35%	20%

Abb. 11   Nachfolgelösung in Abhängigkeit der Firmengröße (IfM 2004)

Kleine Unternehmen scheinen vergleichsweise weniger interessant für die Eigentümerfamilie zu sein, sowohl aus fachlicher wie auch aus ökonomischer Perspektive. Sehr große Betriebe stellen dagegen so hohe Anforderungen an den oder die Nachfolger, dass die Wahrscheinlichkeit der Übernahme durch Familiennachfolger entsprechend sinkt.

Bei Deiner Qualifikation wäre es für
die Firma das Beste, Du würdest die
Geschäftsführung bei der Konkurrenz
übernehmen...

2 Fachkompetenz

Die Nachfolgeregelung ist ein ganzheitlicher Prozess, von dem alle Bereiche des Unternehmens in unterschiedlichem Ausmaß betroffen sind. Zur Gestaltung einer erfolgreichen Unternehmensnachfolge ist daher fachliche Kompetenz in vielen unterschiedlichen Themenbereichen notwendig.

Wichtig für alle Beteiligten ist zunächst eine möglichst detaillierte Bestandsaufnahme der derzeitigen Gegebenheiten des Übernahmebetriebs sowie seines externen Umfelds. Die Nachfolger müssen sich ein genaues Bild über die Erfolgschancen und Risiken der Übernahme verschaffen; die abgebende Generation interessiert sich für den Wert des Betriebs und seine langfristige Existenzsicherung.

Als Kompetenzfelder im fachlichen Bereich werden in diesem Kapitel daher die relevanten betriebswirtschaftlichen Themenbereiche und ihr Bezug zum Thema Unternehmensnachfolge skizziert. Diese sind in die folgenden Themenkreise untergliedert:

1. Familienperspektive und Unternehmenskultur

2. Mitarbeiter

3. Produkte und Prozesse

4. Kunden und Markt

5. Finanzen und Ertrag

Damit folgen wir der Logik einer sog. Balanced Scorecard (BSC))[38]. Die BSC ist besonders gut geeignet, als strukturierendes Analysetool den Prozess der Unternehmensnachfolge zu gliedern, da es sich um einen ganzheitlichen Ansatz handelt, der alle Unternehmensbereiche einbezieht. Nur wenige mittelständische Unternehmen haben aussagefähige Informationen über ihren Betrieb für den Nachfolgeprozess herausgearbeitet. Die BSC bietet mit einem

---

[38] Die BSC wurde im Wesentlichen von den US-amerikanischen Wissenschaftlern Robert S. Kaplan und David P. Norton entwickelt und in die betriebswirtschaftliche Diskussion gebracht. Sie ist ein Management-Instrument, das strategische Initiativen im Unternehmen messbar macht. Dazu wird die unternehmerische Tätigkeit aus verschiedenen Perspektiven analysiert und bewertet. Für jeden Bereich werden vor dem Hintergrund individueller Strategien geeignete Messgrößen definiert, die eine Bewertung im Hinblick auf materiell formulierbare Ziele ermöglichen. Die BSC bezieht somit im Gegensatz zu früheren Analysemethoden qualitative Kennzahlen ein. Vgl. Kaplan/Norton (1999), S. 30 f. Das Zusammenspiel der jeweiligen Einflussgrößen der Einzelperspektiven schließlich soll die Ausgewogenheit (Balance) des Unternehmens bei der Ausrichtung auf die Gesamtstrategie/Vision ermöglichen.

systematischen Analyseprozess für diese Unternehmen wertvolle betriebswirtschaftliche Informationen und neue Einsichten in das Unternehmen und sein Umfeld. Schließlich ist die BSC ein auf Dauer angelegtes Instrument, so dass sie auch nach einer Unternehmensübertragung zur Steuerung des Unternehmens eingesetzt werden kann.

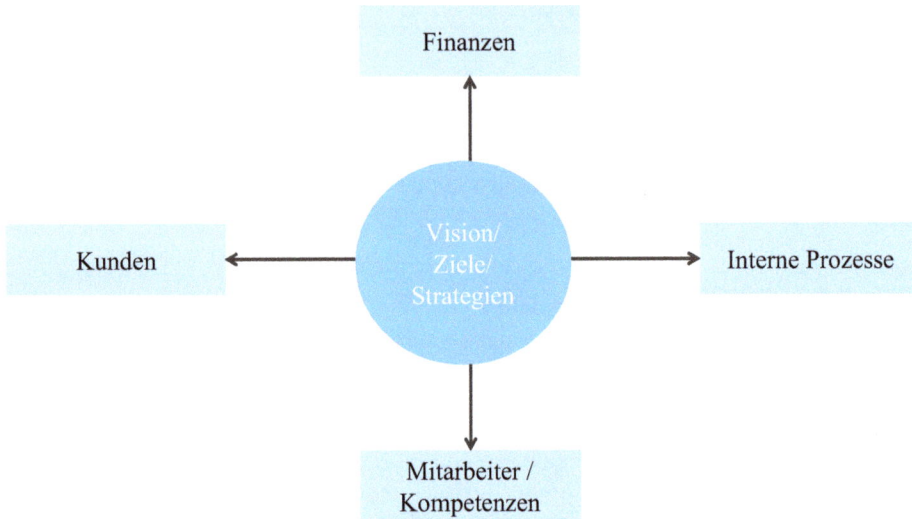

Abb. 12   Die Grundstruktur einer Balanced Scorecard

Wegen des Lehrbuch-Charakters hier einige Hinweise zur Bearbeitung aus studentischer Perspektive:

Lernziele:

- Fachkompetenz ist für den komplexen Prozess der Unternehmensnachfolge auf vielen Ebenen notwendig. Sie überblicken, welche betriebswirtschaftlichen Themen im Verlauf einer Unternehmensnachfolge relevant sind und können die erforderlichen Inhalte identifizieren, nachvollziehen und in ihrer Relevanz bewerten.

- Sie haben die Elemente der Balanced Scorecard zur Analyse und Darstellung komplexer betriebswirtschaftlicher Prozesse kennengelernt.

- Die kulturelle Perspektive in einem Unternehmen prägt die Identität der Organisation, die strategischen und betrieblichen Entscheidungen. Wie die sogenannten „weichen Faktoren" entstehen, ob und wie sie Bestand haben oder beeinflussbar sind, können Sie anhand praxisbezogener Beispiele einschätzen.

- In Familienunternehmen unterliegen die Strukturen des Personalwesens besonderen Voraussetzungen. Sie wissen, wie sich die Unternehmenskultur und das Wertesystem in einem Leitbild festschreiben lassen und welche Maßnahmen zur Mitarbeitermotivation und -bindung eingesetzt werden können.

- Die Grundlage eines zukunftsfähigen Unternehmens ist ein optimierter Produkt- und Prozessstandard. Sie kennen die unterschiedlichen Instrumente, mit denen der Status dieser Prozesse in einem Unternehmen analysiert und bewertet werden kann.

- Sie verstehen, wie Markt, Kunden und Wettbewerber auf Informationen über den Übergabeprozess reagieren und der zukünftige Erfolg dadurch beeinflusst wird. Sie kennen die unterschiedlichen betriebswirtschaftlichen Methoden, mit denen diese Gegebenheiten objektiv untersucht werden.

- Die Erfolgs-Zahlen und die finanzielle Situation sind ausschlaggebende Faktoren bei der Entscheidung für oder gegen ein Unternehmen. Sie können die wichtigsten betriebswirtschaftlichen Kennzahlen, Finanzierungsmodelle und Bewertungsmethoden sowie die unterschiedlichen Finanzierungsstrategien bewerten.

2.1   Familien- und Unternehmenskultur

Jedes Unternehmen ist durch bestimmte Wertvorstellungen, ein spezielles Unternehmensklima und eine eigene Unternehmenskultur gekennzeichnet. Unter einer Unternehmenskultur versteht man die bewusst gesteuerte Gesamtheit von Grundwerten, die in jedem Unternehmen durch die Zugehörigkeit zu einem jeweiligen Kulturkreis vorhanden ist[39]. Dazu gehören sowohl sichtbare Manifestationen der Werteskalen des Unternehmens, also etwa Kleiderordnung, Architektur und Einrichtung der Geschäftsräume, Vergabe von Dienstwagen, als auch das „Warum", also die zu Grunde liegenden Werte und Anschauungen[40]. Die Unternehmenskultur bildet also die vorhandene Basis in einem Unternehmen, die mit betriebswirtschaftlichen Instrumenten gesteuert werden kann.

Für jeden strategisch orientierten Entwicklungsprozess steht die Kenntnis der Unternehmenskultur – neben den Zielen des Top-Managements – an erster Stelle[41], da die vorhandene Kultur eines Unternehmens als relativ beständiger Faktor mit einer hohen Beharrungskraft gegenüber Veränderung beachtet werden muss.

Für Familienunternehmen gilt dies ganz besonders, da gerade die Ko-Evolution mit einer bestimmten Familie dem Unternehmen eine unverwechselbare Prägung und Geschichte verleiht und es als solches einzigartig macht. Augenfällig wird dies in der extremen Ausrichtung aller Aspekte des Unternehmens auf den Unternehmer, insbesondere wenn es sich um den Gründer handelt.

In Familienunternehmen prägen daher insbesondere die Inhaber durch ihre zentrale Rolle und Machtposition Traditionen, Werte und Grundsätze. Diese Rahmenbedingungen gehören

---

[39]   vgl. Schein (1980), S. 4; Schein (1985), S. 13 ff.; Bühner (2005), S. 309 f.

[40]   vgl. Müller-Stewens/Lechner (2003), S. 572 ff.; Gomez/Müller-Stewens (1994)

[41]   vgl. Venzin (2003), S. 115ff., Hinterhuber (2005), S. 99ff., Müller-Stewens (2003), S. 48ff.

jedoch zur Identität des Unternehmens und werden von allen Mitarbeitern gleichermaßen gelebt. Die nachfolgende Generation in einem Unternehmen kann daher nicht davon ausgehen, dass mit dem Wechsel an der Führungsspitze auch automatisch ein Wechsel der Unternehmenskultur möglich ist. Nachfolgeregelungen können daher nur funktionieren, wenn sich der oder die Nachfolger zumindest in Grundzügen mit den Werten des Unternehmens identifizieren und sie mit der bisherigen Unternehmenskultur umgehen können.

Der Nachfolger besitzt zwangsläufig eine andere Persönlichkeit. Das erzeugt mitunter bei seinem Eintritt bzw. spätestens bei der vollständigen Übernahme eine Spannung zwischen ihm und seiner Ausrichtung und dem Rest des Unternehmens, das nur auf seine gewachsenen Strukturen und vergangenen Erfahrungen zurückgreifen kann. Viele Nachfolger berichten denn auch, dass die Hauptprobleme, die sie im Rahmen ihrer Übernahme lösen mussten, weniger mit dem Markt, den Kunden, Finanzierungsquellen oder externen Geschäftspartnern zu tun hatten, sondern überwiegend die Auseinandersetzung mit der vorgefundenen Situation im Betrieb betraf, sei es in Form von Strukturen und Routinen, von Gewohnheiten und Befindlichkeiten, oder von Mitarbeitern und deren Einstellung.

Daher werfen wir nachfolgend einen gezielten Blick auf die Wahrnehmung dieser Kultur sowie auf die Möglichkeiten für Nachfolger, diese zu beeinflussen.

Als Kevin, der jüngere Sohn der Familie Moritz, das Abitur bestanden hatte und noch nicht genau wusste, was er studieren wollte, hatte sein Vater ihn genötigt, doch auch einmal ein wenig im Unternehmen zu arbeiten – in der Hoffnung, dass Kevin vielleicht doch noch Interesse daran entwickeln würde. Kevin stimmte schließlich zu, nachdem er auch dringend Geld für sein Auto brauchte.
Binnen kurzer Zeit war für alle deutlich erkennbar, dass dieser Versuch misslingen würde. Kevin erledigte zwar durchaus seine Aufgaben, zeigte jedoch in vielen Kleinigkeiten, dass er sich nicht mit dem Unternehmen und der hier gelebten Kultur identifizierte. Beispielsweise kam er jeden Morgen erst gegen halb zehn ins Büro, weil er „lieber in den Abend hinein arbeitete". Sein Vater, der trotz seines Alters immer noch jeden Morgen vor seinen Mitarbeitern im Betrieb war und auch von seinen Leuten extreme Pünktlichkeit forderte, hatte hierfür wenig Verständnis. Als Kevin schließlich beschloss, zum Musikstudium an ein Konservatorium zu gehen, hatte Horst seinen uneingestandenen Traum, vielleicht doch einmal alle seine Kinder ins Unternehmen zu holen, bereits beerdigt und erhob keine Einwände.

2.1.1 Erkennen der Kultur im Familienunternehmen

Manche Familienunternehmen haben ihre Unternehmenswerte beispielsweise in einem Leitbild festgeschrieben. Mit einem derartigen Leitbild setzt sich das Unternehmen einen Werterahmen, an dem sich idealerweise alle Entscheidungen und Handlungen messen lassen[42]. Das Leitbild beschreibt die Unternehmensvision: Was ist der Zweck, das Ziel, der Sinn des Unternehmens? Was ist die auf die Zukunft gerichtete Leitidee über die eigene Entwicklung, an der das Unternehmen seine Handlungen konsequent ausrichten sollte[43].

In mittelständischen Familienunternehmen ist die Existenz eines Leitbildes oder einer ausformulierten Unternehmensvision kein Standard. Dabei gibt es wohl in jedem Unternehmen eine Vorstellung des Inhabers darüber, welche Ziele und Wertvorstellungen er grundsätzlich mit seinem Unternehmen verbindet, teilweise sind diese Leitbilder jedoch unbewusst oder sie werden nicht kommuniziert. Von einer Unternehmensvision spricht man jedoch erst, wenn diese gezielt formuliert, schriftlich fixiert und an die verschiedenen Bezugsgruppen des Unternehmens kommuniziert wird.

Nachfolger, die aus dem Unternehmen kommen, haben dabei den Vorteil, dass sie mit der Unternehmenskultur und den informellen Strukturen vertraut sind. Gleichzeitig sind sie jedoch auch in der Rolle des ehemaligen Kollegen, der nun eine andere Position einnimmt.

Im Rahmen ihres MBA-Studiums hat sich Veronica auch mit Strategieentwicklung auseinander gesetzt und einmal als Übungsaufgabe versucht, ein Leitbild für das Unternehmen ihres Vaters zu formulieren:

1. „Als mittelständisches Unternehmen wollen wir die daraus resultierenden Vorteile bewusst nutzen und mit den daraus entstehenden Risiken bewusst umgehen.

2. Die Basis unseres Unternehmens ist seine Nähe zum Kunden und deren Zufriedenheit mit unseren Produkten und Leistungen. Dies soll sich auch in unserer Unternehmenskultur widerspiegeln.

3. Deswegen legen wir hohen Wert auf die Zufriedenheit unserer Mitarbeiter. Dies verstehen wir als die Grundlage einer nachhaltig hohen Kundenzufriedenheit.

4. Als Familienunternehmen wollen wir ein offenes und faires Verhältnis zu unseren Mitarbeitern pflegen. Wir erwarten hohe Einsatzbereitschaft und sind bereit, dies entsprechend zu würdigen.

5. Als mittelständisches Familienunternehmen wollen wir unsere Arbeitsprozesse und Strukturen so viel wie nötig fixieren, aber soweit möglich, flexibilisieren."

Als sie das Leitbild ihrem Vater gab, warf der nur einen flüchtigen Blick darauf und schob das Blatt in seine Schublade. Für derlei unnützes Geschwafel hat Horst Moritz keine Zeit,

---

[42] In der Praxis wird der Begriff Vision oft unpräzise und inflationär verwendet. Die Begriffe Vision (Hauptziele des Unternehmens) und Mission (Zweck des Unternehmens in der Außendarstellung) werden parallel verwendet; regelmäßig hinterfragt und angepasst werden die Ausformulierungen nur selten.

[43] Müller-Stewens/Lechner (2003), S. 235

und ohnehin ist er der Meinung, dass solche Dinge gelebt werden müssen, nicht an die Wand gehängt!

Seit dem Erkennen der Relevanz von „weichen Faktoren" und dem verstärkten Aufkommen des Begriffs der Unternehmenskultur in den 80er-Jahren wird dieser zwar oft und gerne verwendet, verbleibt jedoch relativ häufig in einer nebulösen Beschreibung von Beobachtungen und Sachverhalten, über die man zwar reden kann und die als mehr oder weniger bedeutungsvoll betrachtet werden, sich jedoch einer systematischen Analyse eher verschließen.

Edgar Schein entwickelte dagegen ein Konzept für die Beschreibung von Unternehmenskulturen, das sich zwischenzeitlich breit durchgesetzt hat[44]. Wir stellen es im Folgenden kurz dar und wenden es dann auf Familienunternehmen an.

Demnach kann Kultur in folgende Schichten unterteilt werden:

- Artefakte und äußere Erscheinungen
- Normen und Ansichten
- Werte
- Grundannahmen und Basisüberzeugungen

Diese vier Schichten können gut am Bild einer Seerose anschaulich gemacht werden. Artefakte wären in dieser Metapher die Blüten und Blätter, die auf dem Wasser treiben und dem Beobachter direkt zugänglich sind. Die Normen und Ansichten bilden den Blütenkopf darunter, der bereits unsichtbar ist, aber noch relativ einfach durch ein Umdrehen der Blüte zum Vorschein kommt. Die Werte stellen dann den Stängel dar, der sich in die Tiefe zieht, und der zu den am Grund des Tümpels im Schlamm verankerten Wurzeln führt. Diese sind die Grundannahmen, zu deren Freilegung einige Anstrengungen notwendig sind.

Nachfolgend wollen wir diese Schichten im Kontext von Familienunternehmen näher beschreiben.

Artefakte und äußere Erscheinungen

Als Artefakte können alle Dinge betrachtet werden, die direkt greifbar bzw. wahrnehmbar sind. Dies reicht von tatsächlich materiellen Objekten wie Gegenständen, Bildern und Symbolen bis hin zu immateriellen Dingen wie Logos, Geschichten oder Bräuche. Potenziell ist also alles und jedes im Unternehmen ein Kandidat für ein kulturelles Artefakt. Die Differenz zwischen einem ganz normalen Alltagsphänomen und einem Artefakt wird lediglich durch dessen Bedeutungsgehalt für die involvierten Menschen markiert. Beispielsweise könnte eine alte Schreibmaschine ein wichtiges Symbol für die erfolgreiche Vergangenheit eines Unternehmens sein – oder auch lediglich ein noch nicht rationalisiertes Residuum aus einer vordigitalen Zeit.

---

[44] vgl. Schein (1986), Schein (1995)

Normen und Ansichten

Die nächste Schicht stellen die in einer Kultur gültigen Normen sowie die geteilten Ansichten und Einstellungen der beteiligten Menschen dar. Hier befinden wir uns bereits in einem eher abstrakten Bereich, über den jedoch noch vergleichsweise einfach kommuniziert werden kann. Auf Nachfrage und entsprechendem Nachdenken können die meisten Personen noch recht gut angeben, welche Maßstäbe und Verhaltensregeln ihnen wichtig sind, und welche ihr Tun bestimmen.

Werte

Werte sind die grundlegenden handlungsleitenden Prioritätsdispositionen von Personen. Über Werte kann ebenfalls noch diskutiert werden, allerdings beschränkt sich dies meist im Austausch der Beschreibungen eigener Positionen und dem Versuch, gemeinsame Schnittmengen oder auch Differenzen zu identifizieren. Nachdem die westliche Kultur es als sehr positiv konnotiert, wenn ein Mensch auch gegen äußeren Widerstand bzw. Verlockungen zu seinen Werten steht und sich entsprechend verhält, ist die Veränderung einer individuellen Wertestruktur ein eher langwieriges, aufwendiges und oft schmerzhaftes Unterfangen. Werte sind also relativ beständig, insbesondere wenn sich die Werthaltungen mehrerer Personen gegenseitig stabilisieren. Sie können damit als ein wichtiger Faktor für die Konstanz und Dauerhaftigkeit einer Kultur betrachtet werden.

Grundannahmen und Basisüberzeugungen

Diese tiefste Schicht, die Wurzeln im Bild der Seerose, ist üblicherweise nicht direkt zugänglich. Es sind grundlegende, überwiegend unbewusste Haltungen und Weltsichten, die einerseits den Persönlichkeitskern eines Menschen ausmachen, andererseits die Basis für die vertretenen Werte und Ansichten bilden. Enthalten sind hier auch all die Vorstellungen, die in der umgebenden Kultur unhinterfragt als gültig gelten. Beispielsweise tendiert die westliche Kultur dazu, den Tod und alle mit ihm zusammenhängenden Aspekte als negativ zu bewerten und damit zu negieren bzw. zu verdrängen. Insofern ist es nur konsequent, wenn Unternehmer sehr ungern über ihr eigenes Ende und dessen Konsequenzen nachdenken.

Die Grundpfeiler dieser Schicht werden bereits im vorsprachlichen Bereich der Kindheit in den ersten Lebensjahren definiert und können ohne weiteres ein komplettes Menschenleben unverändert überdauern, wenn sie nicht durch irritierende Erfahrungen in Frage gestellt und so einer Bearbeitung zugänglich gemacht werden.

Dies geschieht beispielsweise überdurchschnittlich häufig bei Kontakt mit anderen, völlig anders strukturierten Kulturen. So könnte ein Unternehmer bei einer Urlaubsreise durch Indien und den dort beobachteten andersartigen Umgang mit dem Tod plötzlich vor der Frage stehen, ob seine bisherigen Verhaltensweisen zu dieser Thematik tatsächlich genau so sein müssen, oder ob es nicht auch Alternativen gibt.

Erstellen einer Kulturkarte

Auf der Grundlage dieser Struktur ist es nun möglich, eine Karte der spezifischen Unternehmenskultur zu erstellen. In einem ersten Schritt werden die Artefakte identifiziert, alle Dinge und Phänomene, die einem Beobachter als ungewöhnlich und daher als potenziell charakteristisch erscheinen. Zu jedem Artefakt werden jeweils mehrere plausible Annahmen über die zugrunde liegenden Normen und Ansichten sowie die vertretenen Werte gebildet. Diese Hypothesen können dann einerseits gegeneinander geprüft werden und ergeben typischerweise eine Art plausiblen Kern, andererseits können die individuellen Träger der Kultur gezielt befragt und die Hypothesen so untermauert oder verworfen werden. Im Idealfall kann auf diese Weise auf die Grundannahmen rückgeschlossen werden, welche die stabilsten Faktoren darstellen und Veränderungsbemühungen den größten Widerstand entgegen setzen würden.

Bei von Unternehmensnachfolgern wird spätestens an dieser Stelle ein weiterer Nutzen von Lebens- und Arbeitsabschnitten außerhalb des eigenen Unternehmens deutlich. Während Kinder die Grundannahmen, Werte und Normen der Eltern in Kindheit und früher Jugend automatisch übernehmen, werden diese üblicherweise in der Pubertät einer kritischen Prüfung unterzogen, wenn Jugendliche erstmals intensiv andere Wertesysteme, andere Familienstrukturen (meist über die ersten Partner) kennen lernen und so ihren Horizont weiten. Ganz ähnlich dürfte die Dynamik der Unternehmenskultur funktionieren. Oft fallen Nachfolgern viele Dinge im eigenen Unternehmen erst dann als außergewöhnlich auf, wenn sie in fremden Betrieben gesehen haben, dass es auch anders geht. Naturgemäß ist eine Entscheidung für oder gegen einen bestimmten kulturellen Aspekt erst dann möglich, wenn dieser bewusst wird.

Veronica besucht nach längerer Zeit einmal wieder ihre Eltern im Büro der Firma. Dabei fällt ihr erstmals auf, dass sämtliche Wände in dem Gebäude kahl sind, ganz im Gegensatz zu ihrer momentanen Arbeitsumgebung, wo überall Bilder, Fotos, Kalender, Notizen oder ähnliches zu finden sind, so dass kaum ein Fleckchen der Wand unbedeckt ist. Früher war ihr dies nie aufgefallen, obwohl in ihrem Elternhaus im privaten Umfeld durchaus verschiedenste Bilder an der Wand hängen.
Sie beschließt zu prüfen, ob dies ein Artefakt darstellen könnte und fragt ihre Eltern nach den Hintergründen. Es stellt sich heraus, dass der Vater bereits vor vielen Jahren eine Anweisung an alle Mitarbeiter herausgab, nach der möglichst nur die für die Arbeit relevanten Dinge wie Pläne, Zeichnungen etc. am Arbeitsplatz vorhanden sein sollten und private Dinge wie Fotos von Angehörigen etc. auf wenige Stellen beschränkt wurden. Diese Norm zeigt, obwohl seit Jahren nicht mehr aktiv vertreten und eingefordert, bis heute Wirkung.
Im Gespräch vertreten beide Eltern auch die explizite Wertauffassung, dass man sich im Arbeitsumfeld möglichst auf die Arbeit konzentrieren soll, und dass lediglich schmückendes Beiwerk dabei kritisch zu bewerten sei. Mit dieser Auffassung, berichtet der Vater, konnte er auch immer alle Mitarbeiter nachhaltig davon überzeugen, dass die direkte Beschäftigung mit dem Produkt und der Problemlösung für den Kunden die zentrale Aufgabe darstellt. Für Dekoratives sei genügend Raum im privaten Bereich.
Nach längerer Diskussion über dieses Thema waren auch beide Eltern in der Lage, für ihre Grundüberzeugung prägende Erfahrungen zu berichten. Für Horst Moritz war es die Lehrzeit in einem Unternehmen, in dem die Gattin des Inhabers allen Mitarbeitern ständig ihre selbstgemalten kitschigen Landschaftsbilder aufdrängte, bis der Betrieb eher einem Museum glich. Und Else Moritz übernahm von ihrem Stiefvater, der Konditor war, die Einstel-

lung, dass der Arbeitsplatz penibel sauber und frei von überflüssigen Dingen zu halten sei, alleine schon der Hygiene wegen.

Dieses einzelne Phänomen genügt sicher noch nicht, um hinreichende Einblicke in die Unternehmenskultur der Moritz GmbH zu gewinnen. Wenn Veronica nun jedoch noch eine Reihe weiterer Artefakte identifiziert und bis zu den Grundannahmen zurückverfolgt, dann ergibt sich daraus ein guter Einblick in die herrschende Kultur.

2.1.2 Beurteilen der Kultur im Familienunternehmen

Der nächste Schritt der Analyse der Unternehmenskultur besteht in der Abwägung, welche Aspekte auch künftig bestehen bleiben sollen, also zur künftigen Ausrichtung des Unternehmens und vor allem des Nachfolgers passen, und welche dieser entgegenstehen. Dies ist keine triviale Frage, denn sie setzt die Antwort auf zwei weitere Fragen voraus:

1. Wissen die Nachfolger, wohin sie mit dem Unternehmen möchten, also welche Strategie, welche Ausrichtung eingeschlagen werden soll?

Die bewusste Entwicklung der richtigen Strategie für ein Unternehmen gilt nicht zu Unrecht als Königsdisziplin des Managements[45]. In mittelständischen Unternehmen geschieht dies meist als intuitive Leistung des Inhabers aufgrund seiner langjährigen Kenntnisse des Marktes, der Technologie und der Produkte. Von einem Nachfolger, der noch relativ jung und/oder neu im Unternehmen ist, ist nicht zu erwarten, dass er diese Aufgabe sofort bewältigen kann. Auch hier helfen selbstverständlich alle Erfahrungen, die er aus anderen Unternehmen oder anderen Kontexten mitbringt.

2. Kennen sich der oder die Nachfolger selbst gut genug, um zu beurteilen, welche Kultur das Unternehmen zukünftig benötigt, damit der persönliche Führungsstil unterstützt wird?

Die Unterschiede zwischen abgebender und nachfolgender Generation, im Umgang mit den Mitarbeitern, in der Arbeitsweise und Führungssystematik betreffen, sind dagegen relativ schnell offensichtlich. Symptomatisch ist dabei, dass Nachfolger einen „moderneren" Stil anstreben, d.h. weniger autoritär, weniger patriarchal geprägt und oft auch weniger formal, dafür offener, mit mehr Verantwortung und Einflussmöglichkeiten für die Mitarbeiter, ggf. gepaart mit einem anderen Umgangsstil. Die wichtigsten Beweggründe dafür sind einerseits der übliche Einfluss des Zeitgeistes, andererseits auch die unausweichlichen Abgrenzungsbemühungen gegenüber den Vorgängern.

Veronica berichtet ihrem Bruder Heiko bei einem Familientreffen über ihre Beobachtungen zu den Artefakten und der Kultur der Firma. Heiko findet dies sehr interessant und kommt schnell zu dem Schluss, dass ihn die Reduzierung betrieblicher Inhalte auf die Arbeitsaufgaben schon immer gestört hat (obwohl es ihm bislang nie aufgefallen war). Viel

---

[45] vgl. Nagel (2007), Vorwort. Nagel/Wimmer (2002)

besser findet er eine Integration auch von persönlichen und privaten Dingen mit der Arbeit, schließlich sind die Mitarbeiter nicht nur Arbeitskräfte, sondern Menschen.

Er betrachtet diese Haltung positiv im Sinne der Unternehmensleistung, denn die Mitarbeiter ließen ihm gegenüber deutlich durchblicken, dass die strikte Trennung zwischen Arbeit und Privatleben, die seine Eltern vertreten, nicht immer motivierend wirkt. Er nimmt sich also vor: sollte er jemals doch noch die Nachfolge seines Vaters antreten, wird er diesen Punkt der Kultur gezielt verändern.

2.1.3   Verändern der Kultur im Familienunternehmen

„Nachfolgen brechen entweder als Naturkatastrophen über Unternehmerfamilien herein, oder sie finden schleichend statt, fast nicht wahrnehmbar." (T. C. Plonner)

Jede Kultur befindet sich in einem ständigen Veränderungsprozess. Alle Ereignisse, Entscheidungen und Entwicklungen der Umgebung und der Kulturträger werden zwar einerseits von der herrschenden Kultur deutlich beeinflusst, umgekehrt spüren die Menschen dabei auch, wenn gewisse Aspekte einer Kultur keine „Passung" mehr besitzen. Dann wird die Diskrepanz zwischen herrschenden Normen und Gewohnheiten und individuellem Empfinden auf psychischer Ebene als Belastung oder als Einschränkung spürbar. Wenn nun die ersten Betroffenen nicht nur private Lösungen finden, sondern ihre veränderte Einstellung offen kommunizieren, bewirkt dies eine Rückkopplung, die einen Auseinandersetzungsprozess anstößt. Als Ergebnis kann sich die Kultur in diesen Punkten ändern, und neue Normen werden herausgebildet.

Die Erarbeitung eines (neuen) Unternehmensleitbildes kann zur Motivation und Identifikation mit einem Unternehmen beitragen; als Nachfolger betritt man jedoch unter Umständen schwieriges Terrain. Eine Vision erfüllt nur ihren unternehmerischen Zweck, wenn sie von den Mitarbeitern getragen wird. Ein aufgezwungenes Leitbild wird seinen Zweck nicht erfüllen, es wird nicht gelebt und wirkt eher kontraproduktiv. Daher müssen die Mitarbeiter in die Erarbeitung eines Leitbildes eingebunden sein. Gleichzeitig bietet diese Ausarbeitung jedoch die Chance, unterschiedliche Vorstellungen im Unternehmen zu erkennen, aufzudecken und das Team (neu) für die Zukunft des Unternehmens aktivieren.

Wie lässt sich nun die Kultur in einem Familienunternehmen von einem Nachfolger gezielt beeinflussen? Sicherlich übt jede Handlung und jede Entscheidung des Nachfolgers Einfluss auf die Kultur aus. Wichtig dabei ist jedoch das Verständnis von Kultur als andauernden, dynamischen und komplexen Prozess. Dieser Prozess ist bis zu einem bestimmten Grad durch gezielte Impulse zu „irritieren". Der Versuch einer umfassenden Gestaltung im Sinne eines Planes vom Reißbrett dürfte dagegen kaum Aussicht auf Erfolg haben. Ob die Kultur „lernt", hängt von sehr vielen Faktoren ab, die von einem Einzelnen nicht erzwungen werden können – auch wenn es sich um den dominanten und durchsetzungsstarken Unternehmer handelt.

Wie man die Kultur in einem Unternehmen gezielt beeinflussen kann, zeigen beispielhaft zwei Vorgehensweisen:

Kommunikation mit Symbolen

Eine Kultur mit direkter, verbaler Kommunikation zu beeinflussen, dürfte rasch an Grenzen stoßen. Der Unternehmer kann zwar zu seinen Mitarbeitern sagen: „Ich habe festgestellt, dass unser Betrieb unmodern ist und möchte dies ändern. Ab sofort sind wir alle Neuem gegenüber aufgeschlossen und veränderungsbereit." Eine Wirkung wird zwar eintreten – hochgezogene Augenbrauen und eine erste Verunsicherung, was durchaus konstruktiv für einen anstehenden Wechsel sein kann – aber damit ist die Unternehmenskultur noch nicht nachhaltig verändert.

Sinnvoller ist dagegen die Kommunikation mit symbolischen Mitteln, d.h. mit gezielten einzelnen Aktionen oder Entscheidungen, die für alle Beobachter mehr ausdrücken als die Formulierung von Wünschen. Die Nachfolger könnten also – völlig ohne Worte – sich selbst die modernsten Computer auf seinen Schreibtisch stellen, chromblitzend und mit einem großen Bildschirm. Oder besser noch: ihrem Assistenten, da er an dieser Stelle noch besser sichtbar sein dürfte. Ein anderes Beispiel wäre im Falle einer Unternehmenssanierung die Abschaffung der gewohnten Oberklassenlimousinen für die Geschäftsführung und der Kauf von preiswerteren Fahrzeugen für diesen Zweck. Selbst wenn dies praktisch keinen Einfluss auf das Unternehmensergebnis hat, ist es ein starkes Signal in Richtung Sparsamkeit und Einschränkung – genau die Qualitäten, die bei einer Sanierung eminent wichtig sind.

Heiko Moritz bieten sich im geschilderten Fall mehrere Möglichkeiten zu einer gezielten Beeinflussung. Im einfachsten Fall könnte er anfangen, wieder Bilder und Fotos selbst aufzuhängen und die Mitarbeiter ebenfalls dazu ermutigen. Nachdem es ihm jedoch nicht um die Dekorationswirkung geht, sondern um den ganzheitlichen Einbezug der Belegschaft, könnte er sich vornehmen, jeden Tag mindestens ein Gespräch mit einem Mitarbeiter über private Dinge in der Firma zu führen. Wenn dies keine einmalige Aktion ist, sondern über eine längere Periode anhält, werden die Mitarbeiter den Unterschied sicher bemerken.
Eine andere Möglichkeit wäre die Unterstützung in kritischen Situationen. Sollte beispielsweise ein Mitarbeiter in finanzielle Schwierigkeiten geraten, so dass eine Lohnpfändung eintritt, dann könnte Heiko aktiv darauf reagieren, den Mitarbeiter an dieser Stelle finanziell und ggf. durch Beratung unterstützen und so signalisieren, dass er sich auch für Dinge interessiert, die nicht direkt zur beruflichen Sphäre gehören. Dies dürfte sich in der Firma sehr schnell herum sprechen – umso eher, je stärker eine solche Handlung im Widerspruch zur bisherigen Kultur steht.

Einsatz von Ritualen

Rituale sind „kulturell gebundene menschliche Handlungen, die durch geplante strukturierte Mittel die Wandlung eines Lebensbereiches in über den Alltag hinaus reichende Zusammenhänge bewirken."[46]

---

[46] vgl. Wallace (1966)

Wir alle kennen Rituale aus unserer täglichen Erfahrung. Die bekanntesten dürften dabei die aus religiösen und spirituellen Zusammenhängen sein: Taufen, Hochzeiten, Trauerfeiern, aber auch Weihnachts- oder Osterbräuche, Erntedank und ähnliche jahreszyklische Anlässe. Sie markieren wichtige Entwicklungsschritte, entweder in der persönlichen Biographie, oder im Ablauf des Jahres. Letzteres war für von der Landwirtschaft abhängige Gesellschaften eminent wichtig, verliert bei uns jedoch zunehmend an Bedeutung.

Die Funktion von Ritualen besteht in der öffentlichen Bestätigung bzw. Anerkennung eines neuen Status bzw. einer veränderten Lebenssituation. Daraus ergeben sich zwei Effekte: einerseits ein Bezugsrahmen für den Einzelnen, der durch Veränderungen in seinem Leben tendenziell verunsichert ist – Angstreduktion also. Andererseits auch eine gemeinschaftsbildende Funktion für alle Beteiligte durch das gemeinsame Feiern.

Eine Hochzeit soll zur kurzen Illustration dienen. Der juristisch bedeutsame Akt besteht in der Unterschrift auf einem Dokument im Standesamt. Aber damit „fühlt" man sich in den seltensten Fällen auch verheiratet, im Sinne von anders als zuvor. Der emotionale Unterschied wird durch das kirchliche Ritual (oder ähnliche, frei gestaltete Formen der Feier) erzeugt, indem in einer berührenden Zeremonie „vor Gott und der Welt" das Paar zusammen gebracht wird.

Auch im betrieblichen Kontext sind Rituale durchaus üblich, wenn auch meist nicht in der ausgefeilten Form, sondern historisch gewachsen. Dazu könnte die jährliche Betriebs- oder Weihnachtsfeier mit der Ansprache des Chefs, der Ehrung der langjährigen Mitarbeiter, der traditionellen Gulaschsuppe um Mitternacht sowie dem kollektiven Alkoholrausch der Vertriebsabteilung gehören. Oder auch das große Jubiläum zum 65. Geburtstag des Seniors mit vielen geladenen Gästen, in dessen Rahmen die anstehende Nachfolge offiziell verkündet wird.

Diese Anlässe sind geeignete Gelegenheiten zu einer nachhaltigen Beeinflussung der herrschenden Kultur, da erstens alle oder zumindest viele der Betroffenen direkt anwesend sind und erreicht werden können, und zweitens die Intervention in einer emotional aufgeladenen Situation erfolgt und dadurch tiefer geht als eine rein sachliche Sicht. Nicht umsonst werden in vielen Fällen Unternehmensnachfolgen durch eine entsprechende Feierlichkeit unterlegt.

In der Moritz GmbH ist bislang nur eine relativ förmliche Weihnachtsfeier am Nachmittag des letzten Arbeitstages im Dezember üblich. Eingeladen und anwesend sind dabei zwar immer alle Mitarbeiter, nicht jedoch Partner oder Angehörige. Dies führt möglicherweise auch dazu, dass die Feier meist schon am frühen Abend zu Ende ist und alle nach Hause gehen.
Heiko beschließt: sollte er die Nachfolge antreten, dann wird er als Ergänzung ein Sommerfest einführen, zu dem explizit auch die Familien der Mitarbeiter eingeladen werden, und bei dem im lockeren Rahmen genau der persönliche Kontakt hergestellt werden kann, den er im Moment vermisst.

2.2　Mitarbeiter

Die Mitarbeiter eines Unternehmens spielen im Nachfolgeprozess eine wichtige Rolle. Sie stellen eine starke Säule für die Stabilität des Betriebes bei wechselndem Management dar. Vereinfacht ausgedrückt: Je leistungsfähiger und stabiler die Mitarbeiterstruktur, desto einfacher können unvermeidbare Friktionen im Management aufgefangen werden, ohne dass die Zukunftsperspektiven des Unternehmens beeinträchtigt werden. Langfristig muss das Management jedoch in der Lage sein, seine Führungsaufgaben erfolgreich wahrzunehmen.

Im ursprünglichen Balanced Scorecard Modell von Kaplan/Norton (1997) entsprechen die folgenden Ausführungen Inhalten aus der Lern- und Entwicklungsperspektive. Diese soll beurteilen, in wie weit das Unternehmen einer lernenden, wachsenden und leistungsfähigen Organisation entspricht. Nur so kann laut Kaplan/Norton die Infrastruktur für alle anderen Anforderungen von Markt oder Kunden bereitgestellt werden. Dahinter steht die Annahme, dass durch Einsparungen, beispielsweise im Prozessmanagement und bei der Weiterbildung der Mitarbeiter, zwar kurzfristige Ertragssteigerungen realisierbar sind, langfristig aber ein anhaltender Schaden der finanziellen Wachstumsziele droht. Also stellen nach Kaplan/Norton Investitionen in die Bereiche Personal, Prozesse und Systeme langfristig eine wichtige Basis für den Unternehmenserfolg dar[47]. Dies gilt umso mehr in Phasen des Wandels wie bspw. bei der Unternehmensnachfolge.

Das Balanced Scorecard Modell soll bei diesem Themenkomplex sowohl die Perspektive auf das Unternehmen aus Sicht der Mitarbeiter als auch die Perspektive der Nachfolgebeteiligten auf die Mitarbeiter strukturieren.

Bei der Perspektive auf die Mitarbeiter eines zur Übernahme anstehenden Unternehmens rücken aus der Sicht des Nachfolgers vor allem folgende Fragen in den Vordergrund:

- Welche Organisationsstruktur hat das Übernahmeunternehmen und passt sie zu den Zukunftsplänen?

- Welche Kompetenzen und Altersstruktur bringen die derzeitigen Mitarbeiter ein?

- Existieren Lücken und Ausfallrisiken bei der bisherigen Belegschaft?

- Welche Personalbedarfsplanung resultiert daraus für den Übergabezeitraum und danach?

Aus Sicht der Mitarbeiter sind folgende Themen bei einer Unternehmensübergabe relevant:

- Welche Unternehmensvisionen und welche Unternehmenskultur wird es zukünftig geben?

- Welche Elemente der Personalpolitik werden beibehalten bzw. eingeführt (Mitarbeiterentwicklung/-motivation/-bindung/-beteiligung)?

- Wie wird die zukünftige Entlohnung aussehen?

---

[47]　vgl. Kaplan/Norton (1999), S. 23 ff.

- Gibt es Differenzen im Führungsstil der Nachfolgepartner während der Übergabephase?

- Welche Rechte habe ich als Mitarbeiter bei der Übertragung eines Unternehmens?

Die Geschäftsleitung der Moritz GmbH besteht seit 2004 aus Horst Moritz, Manfred Groß, dem Betriebsleiter sowie dem kaufmännischen Leiter Ludwig Wonschack. Die Zusammenarbeit klappt gut. Wichtige Entscheidungen werden meistens einstimmig getroffen.
Herr Groß und Herr Wonschack kennen die betrieblichen Abläufe und Strukturen gut und könnten das Tagesgeschäft theoretisch ohne Herrn Moritz weiter führen.
Auf lange Sicht ist jedoch fraglich, ob Herr Groß oder Herr Wonschack die vertrieblichen Kontakte zu den Großkunden und auch die Innovationskraft und den Ideenreichtum von Herrn Moritz ersetzen können.
Sowohl Herr Moritz als auch Herr Groß und Herr Wonschack sind unter den Mitarbeitern akzeptiert.
Das Unternehmen weist eine funktionale Organisationsstruktur auf. Die 33 Mitarbeiter verteilen sich auf
3 Geschäftsführer
18 gewerbliche Mitarbeiter und
12 Angestellte (davon 3 in der Verwaltung, 5 in der Konstruktion und 1 als QM-Beauftragter)

2.2.1   Personalwesen in Familienunternehmen

Familienunternehmen weisen im Vergleich zu nichtinhabergeführten Unternehmen Besonderheiten auf:

Die Einheit von Eigentum und Management, die meist mittelständische Ausrichtung und die eher geringe Planungstiefe sind Merkmale, die typische Familienunternehmen charakterisieren. Dementsprechend sind die Strukturen des Unternehmens eher informell und im Laufe der Jahre natürlich gewachsen.

Dualität und Interdependenz zwischen Familie und Unternehmen
Die gleichzeitige Dualität und Interdependenz zwischen Familie und Unternehmen bewirkt in Familienunternehmen ein hohes Risikobewusstsein im Management[48] und eine langfristige und nachhaltige Ausrichtung, da der Wohlstand der Familie mit dem langfristigen Erfolg des Unternehmens in Zusammenhang steht.

Der Managementstil ist demzufolge von gesellschaftlichen Werten und Nachhaltigkeit geprägt, wobei das Wertesystem der Familie teilweise in das Unternehmen übertragen wird.

---

[48]   vgl. Wittberg, V. / Granzow, A. (2006)

Daraus resultiert oftmals eine hohe Erwartungshaltung an die Loyalität der Mitarbeiter, die auch durch entsprechende Gegenleistungen entlohnt wird. Während Mitarbeiter in großen Publikumsgesellschaften oftmals organisiert sind und das Verhältnis des Leistungsaustauschs anhand von Tarifverträgen und Betriebsvereinbarungen geregelt ist, ist in Familienbetrieben vielfach zu beobachten, dass Mitarbeiter quasi ohne vertragliche Verpflichtung Leistung in das Unternehmen „investieren" [49]. Die Entlohnung enthält ebenso häufig freiwillige und unbürokratische Komponenten.

Bedingt durch dieses emotional geprägte Miteinander ist die Betriebszugehörigkeit von Angestellten in Familienunternehmen oft länger als in anderen Unternehmen, ihre Identifikation mit dem Unternehmen – ja oft sogar mit der Unternehmerfamilie [50] – ist vergleichsweise hoch; betrieblich notwendige Kündigungen werden durch das Management oft nur zögerlich umgesetzt.

Familienunternehmen können damit wichtige Wettbewerbsvorteile gegenüber anderen Unternehmensformen generieren. Vor allem die spezielle Wendigkeit und Flexibilität stellt für Familienunternehmen oft einen besonderen Wettbewerbsvorteil dar. Die Verquickung des familiären und unternehmerischen Sozialsystems birgt aber auch Gefahren und Nachteile: Der Grad der Identifikation der Unternehmerfamilie mit dem Unternehmen, das gleichzeitig auch der entscheidende Faktor des familiären Wohlstandes ist, führt nicht zuletzt vor dem Hintergrund einer Lebenszyklusbetrachtung von Familienunternehmen regelmäßig zu Problemen.

Dies lässt sich am deutlichsten aufzeigen, wenn man exemplarisch das kleine Familienunternehmen betrachtet, dessen Gründer aufgrund von Wachstum und Ausdifferenzierung der Leistungen oder aufgrund von persönlichen Faktoren, wie Alter oder Krankheit, gezwungen ist, Verantwortungsbereiche abzugeben und Arbeit zu delegieren. Bedingt durch die enge Verzahnung haben viele Unternehmer dann Schwierigkeiten mit dem „Loslassen". Dies ist nicht nur emotional begründbar, sondern auch monetär: Da die Abgabe von Entscheidungsmacht über die Betriebsressourcen einen Kontrollverlust bedeutet, legt der Unternehmer seine wirtschaftliche Zukunft in andere Hände.

Oft ist der Familienunternehmer daher bestrebt, Führungspositionen im familiären Kontext zu besetzen, um so die Vertrautheit und familiäre Stabilität beizubehalten. Das führt teilweise dazu, dass diese Positionen nicht mit dem objektiv Besten besetzt werden, sondern „nur" mit dem oder der familienintern Besten. Eine weitere Schwierigkeit ist das Festhalten an familiär besetzten Stellen, die nach wirtschaftlichem Ermessen nicht mehr wertschöpfend sind.

Diese Faktoren erschweren die Situation für nicht familienzugehörige „Fremdmanager". Deren Entscheidungen werden neben höchstpersönlichen Motiven eher durch betriebswirtschaftliche Kriterien und strategischen Zielvorgaben beeinflusst.

---

[49] vgl. Felden, B. /Menke, M. (2006) in: Böllhoff, Christian / Krüger, Wolfgang / Berni, Marcello (Hrsg.)

[50] vgl. Baus, K. (2006) in: Böllhoff, Christian / Krüger, Wolfgang / Berni, Marcello (Hrsg.)

Führungskräfte in Familienunternehmen – seien es familieninterne oder familienexterne – müssen daher in der Lage sein, zwei divergierende Positionen auszugleichen: Auf der einen Seite die Vertretung der Mitarbeiter und Unternehmensinteressen, auf der anderen Seite der Einsatz für die Belange der Unternehmerfamilie[51].

Familienstrategie

Mitunter wird deshalb die Entwicklung einer „Familienstrategie" empfohlen. Darunter versteht man eine Zusammenfassung der Werte und Strukturen der Unternehmerfamilie. Ziel der Familienstrategie ist es, die grundsätzlichen Fragen von Beteiligung, Führung und Mitarbeit auf Basis der familiären Werte systematisch auszuarbeiten[52]. Wird die Familienstrategie als bewusstes Instrument eingesetzt, hat sie vor allem den Zweck, Streitigkeiten in der Familie zu verhindern. Eine solche, vorsorgende Maßnahme kann integrierend auf Mitarbeiter und Führungskräfte innerhalb und außerhalb der Unternehmerfamilie wirken.

Heiko lernt bei einer Weiterbildung einen Berater kennen, der sich auf die Unterstützung von Unternehmerfamilien bei der Erstellung einer Familienstrategie spezialisiert hat. Bei einem angeregten abendlichen Gespräch skizzieren die beiden einen ersten Entwurf für eine Familienstrategie der Moritz GmbH – natürlich noch ohne Wissen des Vaters, der hierfür vermutlich wenig Verständnis aufbringt.

Selbstverständnis:
- Die Moritz GmbH ist ein Familienunternehmen.
- Die Beteiligung auch familienfremder Führungskräfte und Gesellschafter kann unter Umständen sinnvoll sein und wird nicht grundsätzlich ausgeschlossen.
- Die Mehrheit an Führung und Eigentum soll aber auch in Zukunft in Familienhand bleiben.
- Als Unternehmerfamilie wollen wir Konflikte offen austragen und so eine Einheit bleiben und dem Zerfall in verschiedene Gruppen begegnen.

Ausrichtung:
- Wir bleiben im bisherigen Kerngeschäft aktiv, versuchen aber, vorhandenes Know-how und Verfahren auch auf andere Branchen zu übertragen.
- Dabei soll vor allem eine zu große Abhängigkeit von Großkunden vermieden werden.
- Wir wollen eine vorsichtige Investitionspolitik verfolgen und streben dabei an, langfristig eine Eigenkapitalquote von 40 % zu halten.

---

[51] vgl. zum Nachteil von Familienunternehmen bei der Führungskräfterekrutierung auch Albach, H. / Freund, W. (1989), S. 103 f.

[52] Zitat: ebda.

Beirat:
- Die Familie beruft einen Beirat ein. Dieser soll familieninterne und -externe Mitglieder enthalten. Der Vorsitz soll aber bei einem Familienexternen liegen.
- Der Beirat soll das Management unterstützen, insbesondere bei Fragen zu unternehmensweiten Strategieentscheidungen und bei der Unternehmensnachfolge.

Unternehmensnachfolge:
- Jedes Mitglied der Familie Moritz ist eingeladen, sich aktiv im Unternehmen zu engagieren.
- Für die Übernahme von Führungsaufgaben gelten qualifikatorische Grundvoraussetzungen:
    - Hochschulstudium
    - 5 Jahre Berufserfahrung
    - 2 Jahre Führungserfahrung

Vermögensnachfolge:
- Die Vererbung von betriebsnotwendigem Immobilien-Vermögen erfolgt nur in der Familie. Die Entscheidung über Verteilung und Gestaltung obliegt dem jeweiligen Besitzer.
- Ein Verkauf von Anteilen an Familienexterne ist nur mit einstimmiger Zustimmung der aktiven Familiengesellschafter zulässig.

Familientreffen:
- Zur Wahrung der Kontinuität und Verbundenheit der Familie treffen sich alle Familienmitglieder mindestens einmal pro Jahr für 3 Tage außerhalb des Unternehmens.

Diese Regelungen, wie z.B. das Familientreffen wurden noch nicht formal umgesetzt. Auch ein Beirat ist noch nicht eingesetzt. Allerdings haben die Streitigkeiten, die zum Austritt von Heiko aus dem Unternehmen geführt haben gezeigt, dass ein Beirat als neutrale Instanz hilfreich gewesen wäre. Heiko kann sich zwar nicht recht vorstellen, dass es über ihm als künftigem Unternehmer noch eine Instanz geben soll, aber der Berater zeigt ihm Statistiken, nach denen Betriebe mit Beirat signifikant erfolgreicher sind als die ohne.

2.2.2   Entwicklung der modernen Unternehmensführung

Zu Beginn der Industrialisierung herrschte in Unternehmen eine Vorstellung von Mitarbeiterführung, die vom Taylorismus und dem Begriff des „scientific management" geprägt war. Diesem Führungsbegriff lag die anfängliche industrielle Produktionsweise zu Grunde, die komplexe Produktionsvorgänge in sehr kleine, standardisierte Einzelschritte zerlegte. Dies machte Mitarbeiter in höchstem Maße ersetzbar. Die persönlichen Vorlieben, Wünsche, Talente und Motivationen der Mitarbeiter spielten für die Leistungserstellung keine Rolle. Organisationsstrukturen waren streng hierarchisch und auf der Basis von formalen Machtbeziehungen gegliedert. Entsprechend verstand man unter Personalführung vor allem Personalverwaltung, das Planen von Personalbedarf sowie die Kontrolle der erreichten Arbeitsergebnisse.

In mittelständischen Familienbetrieben entwickelte sich demgegenüber auch früher schon ein paternalistischer Führungsstil. Typisch ist dabei eine Konzentration der Macht und Wissenskompetenzen auf den Unternehmensführer, der im „Idealfall" auch Verantwortung für die Angestellten übernimmt und damit sein Handeln nicht nur auf das Wohl des Betriebs, sondern auch auf das der Mitarbeiter ausrichtet. Dieses Verständnis von Führung ist auch heute noch in vielen inhabergeführten Unternehmen anzutreffen und wird von den oftmals langjährigen Mitarbeitern durch hohe Loyalität und Zuverlässigkeit honoriert.

Diese in beiden Fällen zu unmündigen Mitarbeitern erziehenden Strukturen haben sich durch den Wandel der Produktionsweisen in der zweiten Hälfte des Zwanzigsten Jahrhunderts und dem steigenden Bedarf an höher qualifizierten und unternehmerisch denkenden Mitarbeitern deutlich geändert. In der neueren Vergangenheit weitet sich diese Entwicklung zu einem Wettbewerb der Unternehmen um die besten Mitarbeiter aus. Auch das Personalwesen in den Betrieben hat sich dieser Entwicklung angepasst: Die Personalstrategie ist heute ein eigenständiges Teilgebiet des Managements, dessen Aufgaben Mitarbeitermotivation, -bindung und -entwicklung heißen.

Diesem Wandel im Führungsverständnis liegt ein grundlegender Wandel im Verständnis der Wechselbeziehung zwischen Mensch und Arbeit zugrunde. Im modernen Human Ressource-Ansatz ist die Arbeit natürlicher Bestandteil des Lebens[53], was sich auch im Verhalten der Mitarbeiter niederschlägt: hoch qualifizierte Mitarbeiter lassen sich immer weniger in eine straffe Hierarchie im Unternehmen einbinden, was ein radikales Umdenken auch für Familienunternehmen in diesem Bereich erfordert.

Führungsverständnis in der Moritz GmbH

Der 1993 verstorbene Firmengründer und Großvater Hugo Moritz war ein typischer Vertreter der Generation der Nachkriegsunternehmer. Der Betrieb war unter seiner Führung komplett auf seine Person ausgerichtet. Er selbst hat die wichtigsten Produkte und speziellen Produktionsverfahren entwickelt, alle Kundenkontakte liefen über ihn und sämtliche Entscheidungen wurden von ihm selbst getroffen. Dass er seinem Sohn bei dessen Eintritt in die Firma Anteile übertragen hat, geschah vor allem aus dem Hintergrund, dass er ihn als Nachfolger an die Firma binden wollte. Schließlich hatte Horst Moritz durch seine erste Anstellung bei einem großen Industrieunternehmen vorgelebt, dass es für ihn auch Alternativen geben kann. Anfangs hatte Horst es schwer, eigenen Ideen und Entscheidungen durchzusetzen. Da er sich aber im unternehmerischen Alltag gut bewährte und viele seiner Anregungen zu Erfolgen führten, hat der Senior Hugo nach und nach Verantwortung an seinen Sohn abgeben können. Dies geschah allerdings nur auf informeller Ebene. Formal blieb der Senior bis zu seinem Tode durch die Mehrheit der Gesellschaftsanteile Hauptentscheidungsträger.

Horst Moritz ist stark durch den Führungsstil seines Vaters geprägt. Zwar fällt es ihm leichter, Verantwortung abzugeben und Aufgaben zu delegieren, aber dem Lebens- und Arbeitsstil seiner jüngeren Mitarbeiter steht er prinzipiell misstrauisch gegenüber. Er ist

---

[53] vgl. Bühner, Rolf (2005), S. 258 ff.

der Meinung, dass man nur durch ständige harte Arbeit und Einsatz erfolgreich sein kann. Seiner Ansicht nach braucht es eine Person an der Spitze, die „sagt, wo es lang geht." Für seine Firma schwört er auf das große Können seiner Mitarbeiter und glaubt, dass „ordentliches Handwerk durch nichts zu ersetzen ist."

Manfred Groß teilt diese Auffassung uneingeschränkt. Ludwig Wonschack dagegen würde den Mitarbeitern gerne mehr Verantwortung geben, um die allgemeine Produktivität im Unternehmen zu steigern. Nach längeren Diskussionen mit seinem Chef ist ihm jedoch klar, dass er diese Vorstellungen vorerst noch nicht in die Realität umsetzen kann.

Heiko hat sich noch wenig Gedanken um Führungsstile gemacht, sondern geht Herausforderungen jugendlich-dynamisch an. In der kurzen Zeit, in der Heiko im Unternehmen tätig war, hat er – aus Sicht des Vaters – zwar alles umkrempeln wollen, dabei aber die langjährigen Mitarbeiter und deren Erfahrungen völlig außer Acht gelassen. Deren eher ablehnende Reaktion hatte schließlich auch dazu geführt, dass Heiko das Unternehmen nach nur zwei Jahren wieder verließ.

Veronica Moritz leitet bei ihrem derzeitigen Arbeitgeber ein kleines Team und ist auch für die Anleitung von Auszubildenden und Praktikanten zuständig. In ihrer Branche ist sie gewohnt, ihren Mitarbeitern Freiheit zu lassen, um deren kreative Potenziale voll auszuschöpfen. Sie pflegt ein eher freundschaftliches Verhältnis zu ihren Mitarbeitern und versucht Entscheidungen für diese verständlich zu kommunizieren und, soweit möglich, deren Meinung dazu zu berücksichtigen.

2.2.3 Organisationsstrukturen

Die Organisationsstruktur beschreibt die Aufgabenverteilung, Verantwortungsbereiche und Verfügungsgewalten in einem Unternehmen und die jeweiligen Beziehungen der einzelnen Organisationselemente. Klassischerweise wird zwischen der sogenannten Aufbauorganisation und der Ablauforganisation unterschieden. Die Aufbauorganisation regelt die Aktivitäten des Unternehmens je nach Arbeitsteilung und Zuständigkeiten, die Ablauforganisation gliedert sie nach räumlichen und zeitlichen Aspekten.

Diese beiden grundlegenden Strukturformen existieren mit unterschiedlichen Gestaltungsmöglichkeiten, die sich auch nach der Größe und Form des Unternehmens richten. Für kleine und mittlere Familienunternehmen gelten andere Voraussetzungen als für Großkonzerne. Grundsätzlich nimmt die Komplexität der Aufbauorganisation mit der Größe des Unternehmens zu.

Bei kleinen Unternehmen mit nur wenigen Angestellten findet sich in der Praxis nur bedingt eine planvoll gestaltete Aufbaustruktur[54]. Diese Unternehmen sind fokussiert auf die Person des Unternehmers, der die Wissens- und Entscheidungsmacht für das gesamte Unternehmen trägt. Er verteilt die Aufgaben und beurteilt, welcher Mitarbeiter für welche Aufgaben geeignet ist. Klare Funktionsbereiche und Verantwortlichkeiten sind oftmals nicht auszumachen.

---

[54] vgl. Müller-Stewens, Günter / Lechner, Christoph (2003), S. 445

Mit zunehmendem – auch personellen – Wachstum des Unternehmens wird diese Struktur den Anforderungen nicht mehr gerecht. Spätestens wenn die Komplexität und Quantität der Aufgaben eine zweite Managementebene erfordert, werden geplante Organisationsstrukturen erforderlich.

Im Bereich der Aufbauorganisation lassen sich zwei Grundprinzipien unterscheiden: die Strukturierung anhand der Funktion im Unternehmen oder nach Objektgruppen.

Funktionale Organisationsstrukturen

Typisch für funktionale Organisationsstrukturen ist eine Untergliederung in Forschung und Entwicklung, Beschaffung, Produktion, Distribution, Marketing und Rechnungswesen, also Organisationseinheiten anhand ihrer Funktion in der Wertekette des Unternehmens. Die Verbreitung dieser Organisationsform beruht auf ihrer Klarheit: Die Kompetenzen für verschiedene Aufgabenbereiche sind eindeutig geregelt und es besteht die Möglichkeit zur Spezialisierung auf die jeweiligen Aufgabengebiete. Außerdem hat das Management leichten Zugriff auf alle für die Kontrolle der Gesamtaktivitäten relevanten Bereiche. Bei kleinen oder mittleren Familienunternehmen findet man diese Struktur sehr häufig.

Gleichzeitig gibt es bei einer funktionalen Organisationsstruktur aber auch Nachteile, die es in bestimmten Fällen auch für Familienunternehmen sinnvoll macht, eine andere Organisationsform zu wählen: Die Gefahr bei der Spezialisierung auf Funktionsbereiche besteht im Ausblenden der unternehmerischen Gesamtzusammenhänge, die sich nur noch von der Unternehmensleitung als Kontroll- und Leitungsinstanz überblicken lassen. In der Praxis funktioniert auch das Zusammenspiel zwischen den einzelnen Abteilungen nicht immer reibungslos. Das führt zu Konflikten, die wiederum nur durch die Unternehmensleitung als Kommunikator und Schlichter gelöst werden können. All das erfordert einen hohen Koordinationsaufwand, der mittelständische Familienunternehmen in ihrer Produktivität behindern kann. Viele Familienunternehmen bevorzugen dennoch diese Struktur und gleichen die Nachteile durch hohe Freiheitsgrade und informelle Duldung des Überschreitens der Funktionsbereiche für die Mitarbeiter aus, die dann mitunter durch spontane und informelle Initiativen mehr Marktpotenzial ausschöpfen, als dies bei starren Strukturen möglich wäre.

Strukturierung nach Objektgruppen

Typisch für eine nach Objektgruppen aufgebaute Organisationsstruktur sind Sparten, Divisionen und Unternehmensbereiche. Beispiele sind etwa die Strukturierung nach Produkten/gruppen, Kunden/gruppen oder (Absatz/Kunden)Regionen. Die übergeordneten Funktionsbereiche der funktionalen Organisation werden bei Objektorganisationen auf die verschiedenen Sparten aufgeteilt. Jede Struktureinheit hat dann also z.B. ihre eigene Beschaffungs- oder Marketingabteilung. Damit sollen die negativen Effekte der funktionalen Organisation durch die konsequente Ausrichtung aller Funktionen auf das jeweilige Strukturierungsobjekt verhindert werden.

Eine Produktgruppenorganisation ist dabei vor allem bei Unternehmen mit einer stark diversifizierten Produktpalette anzutreffen, die unterschiedliche Erwartungen an die einzelnen Unternehmensfunktionen stellt. Kundengruppenorganisationen sind entsprechend für Unternehmen interessant, die eine sehr heterogene Kundenstruktur aufweisen. Regionalorganisationen sind bei international tätigen Unternehmen sinnvoll, die auf die Nähe zu den regionalen Absatzmärkten angewiesen sind. Tendenziell finden sich objektgruppenorientierte Organisationsstrukturen eher in größeren Betrieben.

Strukturierung nach Prozessen

Als Alternative zu Strukturen, die sich an den Aufbaukriterien eines Unternehmens orientieren, können Unternehmensstrukturen auch an kundenrelevanten Prozesskriterien ausgerichtet werden. Die Ablauforganisation wird damit zum primär strukturbildenden Element der Unternehmensorganisation. Koordinationsaufwand und Informationsverluste, die bei der Abstimmung der vielen Schnittstellen einer Aufbauorganisation entstehen, können so minimiert werden.

In mittelständischen Familienbetrieben wird die prozessuale Organisation der Unternehmensstrukturen oft als „natürlich gegeben" gesehen – der Druck des täglichen operativen Geschäfts überwiegt hier und fördert eine „Jeder macht alles-Mentalität". Die positiven Effekte sind trotzdem in vielen Betrieben spürbar: Durch die knappen Zeit- und Personalressourcen sind die Mitarbeiter mit vielfältigen Aufgaben konfrontiert, die ein gutes Gespür für das Gesamtunternehmen bewirken und unternehmerisches Denken fördern.

Anmerkung: Nicht umsonst scheuen die meisten mittelständischen Unternehmer klare Stellenbeschreibungen mit eindeutiger Aufgabenzuordnung für die Mitarbeiter. Dann könnte ja jemand auf eine Anweisung des Chefs antworten: „Das gehört nicht zu meinen Aufgaben, dafür bin ich nicht verantwortlich."

Organigramme zur Visualisierung von Organisationsstrukturen

Organisationsstrukturen werden durch Organigramme dargestellt. Das Organigramm erfüllt wichtige Funktionen bei der internen und externen Kommunikation der Organisationsstruktur: Sowohl die Mitarbeiter, als auch externe Partner – wie z.B. die kreditgebende Hausbank bei der Bonitätsprüfung – erhalten einen visualisierten Einblick in das Unternehmen. Bei einer Unternehmensnachfolge ist die Analyse des Organigramms eine wichtige Informationsquelle für die Nachfolger.

Gerade in kleineren Familienbetrieben sind die Organisationsstrukturen – wie bereits oben dargestellt – eher organisch gewachsen, denn systematisch geplant. Ausgearbeitete Organigramme gibt es daher entweder nicht oder die im Organigramm dargestellten Organisationsstrukturen entsprechen nicht den tatsächlich praktizierten. Das muss nicht unbedingt negative Auswirkungen auf den Unternehmenserfolg haben – wie oben bereits dargestellt. Gerade für den unternehmensfremden Nachfolger ist es jedoch wichtig, neben den formellen auch die informellen Strukturen zu erkennen und zu beurteilen.

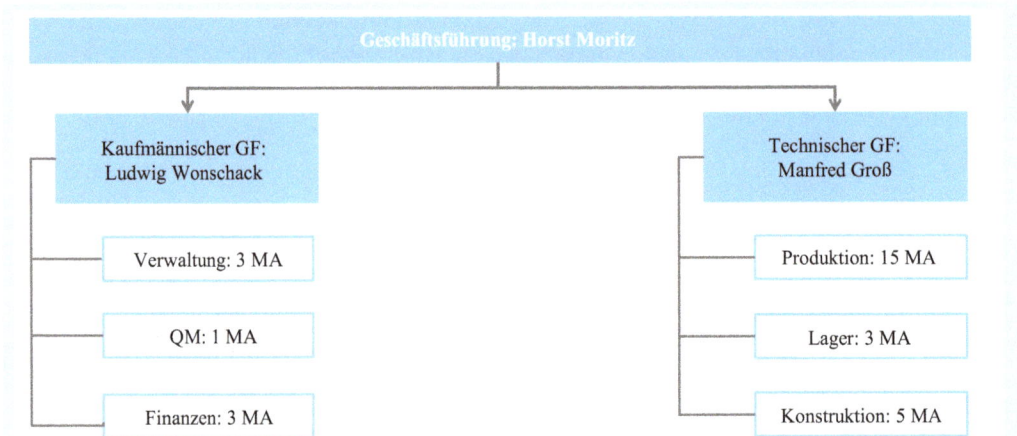

Abb. 13   Organigramm der Moritz GmbH

Das aktuelle Organigramm des Unternehmens zeigt deutlich die Dominanz von Horst Moritz – trotz der Existenz von drei Geschäftsführern.

2.2.4   Personelle Ressourcen und Kompetenzen

Für den Nachfolger gibt das Organigramm einen ersten Aufschluss darüber, welche personellen Ressourcen im Unternehmen vorhanden sind. Die Analyse der vorhandenen Kompetenzen ist ein wichtiger zweiter Schritt bei der Vorbereitung einer Unternehmensnachfolge, weil sie die Basis für alle zukünftigen Aktivitäten darstellen. Dabei reicht es nicht aus, nur die fachliche Abdeckung der Aufgabenbereiche zu betrachten[55]. Eine umfassende Analyse betrachtet folgende Kompetenzfelder:

- Fachkompetenz: Das durch Ausbildung und Übung erworbene Wissen in bestimmten Themenbereichen (z.B. Maschinenbau, Controlling, etc.),

- Methodenkompetenz: Das Wissen über die Anwendung der persönlichen Kompetenzen in der betrieblichen Praxis (z.B. Selbstorganisation, Systematik, etc.)

- Sozialkompetenz: (z.B. Empathie, Ausstrahlung, etc.)

Kompetenzprofil des Unternehmens

Aufbauend darauf muss analysiert werden, ob durch die vorhandenen Kräfte alle erforderlichen Kompetenzen abgedeckt sind und wo ggf. – mit Blick auf die nahe Zukunft Anpassungen vorgenommen werden müssen. Hierfür muss, abgeleitet aus der Geschäftsplanung des

---

[55]   vgl. Nagel (1994), S. 139 ff.

Nachfolgers ein Soll-Unternehmens-Kompetenzprofil aufgestellt werden, das dann mit den tatsächlich vorhandenen Kompetenzen abgeglichen werden kann[56].

Bei diesem Abgleich muss berücksichtigt werden, welche Wissensressourcen des Unternehmens auch nach der Übertragung im Unternehmen verbleiben. Zum einen sind in kleineren Familienunternehmen viele Kompetenzen an das bisherige Management gebunden: Je kleiner das Unternehmens ist, desto größer ist im Regelfall die Abhängigkeit vom Know-how des leitenden Inhabers[57]. Sein Austritt aus dem Unternehmen bedeutet also in der Regel einen Kompetenzverlust, der schwer zu ersetzen ist. In der Praxis wird dies nicht eins zu eins durch die nachfolgende Generation aufgefangen. Typischerweise verschieben sich die Aufgabenbereiche, so dass leitende Angestellte aus der zweiten Führungsebene einzelne Aufgaben übernehmen.

Zum anderen zeigt die Praxis auch, dass langjährige Mitarbeiter einen Führungswechsel zum Anlass nehmen, sich ebenfalls selbst neu zu orientieren – zum Beispiel, indem sie vorzeitig in den Ruhestand oder zu einem anderen Unternehmen wechseln. Auch die daraus entstehenden Kompetenzlücken müssen antizipiert und bei der Planung der Nachfolge berücksichtigt werden[58].

Schließlich ist auch zu prüfen, welche weiteren Personalausfälle im Zuge der Nachfolgeregelung entstehen können. Umstrukturierungen können sowohl von Mitarbeiterseite als auch von Unternehmerseite zu Kündigungen führen.

Personalbedarfsplanung

Alle bisher genannten Aspekte sollten bei der Nachfolgeregelung in eine detaillierte Personalbedarfsplanung eingehen. Ebenfalls wesentlich sind in diesem Zusammenhang die möglichen Auswirkungen auf die Personalkosten – neben dem Personalwechsel fallen unter Umständen auch Gehaltsanpassungen an.

Bei allen personellen Anpassungen während einer Unternehmensübernahme spielen rechtliche Themen eine wichtige Rolle. Neben der unbedingten Einbindung des Betriebsrats in personelle Angelegenheiten sind arbeitsrechtliche Fragestellungen von wesentlicher Bedeutung. Exemplarisch soll hier § 613a BGB angesprochen werden.

Nach § 613a BGB sind die Mitarbeiter bei einem Vermögensübergang (z.B. in Form eines Unternehmensverkaufs) vor Vertragsänderungen geschützt. Notwendige Kündigungen oder Anpassungen der Arbeitsverträge sollten daher möglichst vor der Eigentumsübertragung durch die Altgesellschafter geregelt werden. Darüber hinaus müssen Mitarbeiter seit dem 1. April 2002 bei einer Unternehmensübergabe durch den bisherigen Arbeitgeber und/oder den neuen Inhaber über folgende Punkte schriftlich unterrichtet werden:

---

[56] Einen Ansatz zur wissenschaftlichen Analyse von Unternehmenskompetenzen liefern z.B. Klein/Hickocks (1994), S. 207, mit dem Skill-Cluster.

[57] vgl. Berg, H. / Koch, Lambert T. (2005) in: Brost, Heike / Thedens, Cathrin / Faust, Martin (2005)

[58] vgl. dazu auch Albach, H. / Freund, W. (1989), S. 95

- genauer oder geplanter Zeitpunkt der Übergabe

- Begründung für die Übergabe

- Zukunftsplanungen, die alle Beschäftigten betreffen

- rechtliche, wirtschaftliche und soziale Folgen für den Arbeitnehmer

Die Mitarbeiter haben einen Monat lang das Recht, dem wechselnden Arbeitsverhältnis bei Übergeber oder Übernehmer schriftlich zu widersprechen. Bei einer nicht ordnungsgemäßen Mitteilung haben die Mitarbeiter über die Monatsfrist hinaus Zeit für den Widerspruch. Um daraus resultierende Probleme wie unerwünschte Lohnfortzahlung oder Weiterbeschäftigung zu vermeiden, sollten sich Nachfolger und Übergeber rechtzeitig über die korrekte Abwicklung des Verfahrens informieren und alle diesbezüglichen Vorgänge dokumentieren. Eine rechtlich fundierte Beratung ist in diesen Fällen sinnvoll und notwendig.

Schließlich muss jeder Nachfolger die personellen Herausforderungen und die besonderen Potenziale von kleinen und mittleren Betriebe nach der Übergabe managen. Bedingt durch den Managementwechsel bestehen dabei zwei besondere Herausforderungen: Zum einen wird das Personal sich auf neue Strategien und zum anderen auf einen geänderten Führungsstil einstellen müssen. Vorbehalte gegen den Wandel kommen ggf. hinzu.

Kleine und mittlere Betriebe stehen jedoch in besonderem Maße unter dem Zwang, sich dem immer schneller werdenden Wechsel von Märkten und Technologien zu stellen. Die geringe Größe und begrenzte Ressourcen fördern jedoch gerade ein flexibles Reagieren auf Umwelteinflüsse und das Erkennen von Gelegenheiten am Markt als unabdingbare Voraussetzung für langfristigen Erfolg[59]. Diesen hohen Grad an Anpassungsfähigkeit erreichen aber nur Organisationen, die eine anpassungs- und lernfähige Struktur besitzen und behalten[60].

Promotoren

Bei der Unternehmensnachfolge ist es wichtig, hierfür im Mitarbeiterkreis Promotoren[61] zu finden. Als Promotoren werden Personen verstanden, die auf besondere Weise geeignet sind, Wissen innerhalb des Unternehmens zu verbreiten und zu nutzen. Dies kann sowohl auf der Ebene fachlichen Know-hows geschehen, als auch auf der sozialen Ebene. Promotoren sind auf allen Organisationsebenen unabhängig von ihrer hierarchischen Einordnung zu finden. Der Nachfolger hat die Aufgabe, Promotoren zu identifizieren, die zu seiner zukünftigen Strategie passen und durch diese geeignete, individuell zugeschnittene Entwicklungsmaßnahmen zu fördern. Damit wird das Unternehmen immer mehr zu einer lernenden Organisation.

---

[59]   vgl. dazu De Geus, Arie P. (1988) in: Harvard Business Review, Heft: 1/1988, S. 71

[60]   vgl. Stäbler, Samuel (1999), S. 24

[61]   vgl. ausführlich zum Promotorenmodell z.B. Gaulhofer, M. (1989), S. 141 ff.; Scholz, C. (1993), S. 720 ff.

Die Kompetenz von Herrn Moritz bestand bisher vor allem in der hohen Problemlösungskompetenz, die er sich durch die langen und guten Kundenkontakte aneignen konnte. Herr Groß und Herr Wonschack sind zwar, was das Wissen um technische Verfahren und Produktionsweisen bzw. das kaufmännische Know-how angeht, noch ein wenig besser qualifiziert als Herr Moritz, waren bisher allerdings weniger daran beteiligt, dies in konkrete Kundenlösungen umzusetzen.

Außerdem ist die Büroleiterin Frau Ehlers bereits 63 Jahre alt. Sie hat schon mehrfach angedeutet, dass sie nur noch Horst Moritz zuliebe im Unternehmen arbeitet und spätestens in zwei Jahren ausscheiden möchte.

Im Zuge der Nachfolge der Moritz GmbH sind daher folgende Aspekte bei den Personalressourcen zu berücksichtigen:

Nach der Übergabe wird eine Neueinstellung für die Büroleitung fällig. Die gesuchte Person sollte sowohl Erfahrung in Büroorganisation in kleinen und mittleren Betrieben haben, als auch Führungserfahrung, da sie einem kleinen Team von zwei bis drei Mitarbeitern vorsteht. Das Gehalt wird wahrscheinlich höher als bisher anzusetzen sein, da Frau Ehlers Gehalt seit langem nicht an aktuelle Standards angepasst wurde.

Mit dem Ausscheiden von Herrn Moritz fehlen dem Unternehmen bisherige Schlüsselkompetenzen im Bereich Produktentwicklung und Vertrieb, die aufgefangen werden müssen. Für den Vertrieb ist geplant, Herrn Groß und Herrn Wonschack mehr in die Kundenkontakte einzubeziehen.

2.2.5 Mitarbeitermotivation und -bindung

Bei einer Nachfolgeregelung ändert sich für die Mitarbeiter viel: ein neuer Inhaber schürt Ängste über die Sicherheit des Arbeitsplatzes, die Unsicherheit über die zukünftigen Aufgaben und die Bedenken gegen einen neuen Führungsstil kommen hinzu. Vordringliche Aufgabe des neuen Managements ist es, diese Ängste zu nehmen und die Mitarbeiter als tragende Kraft des Unternehmens für die neuen Aufgaben zu motivieren. Es gilt vor allem für mittelständische Familienunternehmen im Wettbewerb um die besten Human Ressourcen, die vorhandenen Mitarbeiterpotenziale optimal zu nutzen und zu sichern.

Als Motivation bezeichnet man allgemein zu Motiven aktivierte, unbefriedigte Bedürfnisse[62]. Im unternehmerischen Kontext gilt es darüber hinaus, die Unternehmensziele und die persönlichen Ziele des Mitarbeiters weitestgehend in Übereinstimmung zu bringen, so dass der Mitarbeiter auch einen persönlichen Mehrwert erfährt, wenn die angestrebten Unternehmensziele erreicht werden[63].

---

[62] zur weiteren Vertiefung vgl. Heckhausen (1974), Neuberger (1978), Rotter (1966), Wunderer/Grunwald (1980), Vroom (1995), Lawler (1973), Campbell/Pritchard (1976)

[63] vgl. Bühner (2005), S. 268

Neben der Identifikation mit dem Unternehmen durch eine ausgeprägte Unternehmenskultur sind Personalentwicklungsmaßnahmen und moderne Entlohnungsformen in der Praxis die wesentlichen Instrumente zu Sicherung von Mitarbeitermotivation und Mitarbeiterbindung.

Personalentwicklung

Unter Personalentwicklung versteht man „die planmäßige Erweiterung der fachlichen methodischen, sozialen und persönlichen Qualifikation der Mitarbeiter im Hinblick auf Organisations- und Individualziele."[64] Die Organisationsziele repräsentieren dabei die Unternehmensstrategie. Personalentwicklung bedeutet nicht nur die Entwicklung von Maßnahmen, die Kompetenzlücken im Unternehmen schließen sollen (s.o.). Vielmehr ist damit der langfristige Aufbau der Ressourcen gemeint, die in der gesamten Belegschaft vorhanden sind[65].

Ein weiterer Bestandteil der Mitarbeitermotivation und -bindung ist die Entlohnung.

Zu der Frage, an welchen Kriterien die Höhe der Entlohnung festgemacht werden soll, bestehen verschiedene Ansätze: Von der anforderungsgerechten Entlohnung über eine qualifikationsgerechte Entlohnung bis hin zur leistungsgerechten Entlohnung. Leistungseinheiten können z.B. Zeiteinheiten, Stückzahlen (Output) oder auch das Erreichen bestimmter Ziele sein. In der Praxis gibt es viele Formen und Mischformen, die nur in wenigen Familienunternehmen genutzt werden.

Mitarbeiterbeteiligung

Ein sehr weitgehendes Entlohnungsmodell, das gerade im Zuge von Nachfolgeregelungen interessante Optionen bietet, ist die Mitarbeiter(kapital)beteiligung. Bereits in den 50er und 60er Jahren des letzten Jahrhunderts haben Politiker wie Ludwig Erhard und Fritz Burgbaher diese Idee thematisiert. Im internationalen Vergleich liegt Deutschland jedoch bei der Mitarbeiterbeteiligung weit zurück. Weniger als 10 Prozent der Beschäftigten verfügen über Anteile an ihrem Unternehmen. Mitarbeiterbeteiligungen sind zumeist auf Belegschaftsaktien großer Konzerne beschränkt.

Dabei bietet das Modell der Mitarbeiterbeteiligung gerade für Familienunternehmen interessante Möglichkeiten, z.B. Lohnkosten in Eigenkapital umzuwandeln um damit Expansionsvorhaben zu realisieren und Nachfolgen zu finanzieren – bis hin zur Übergabe ganzer Betriebe an die Belegschaft.

Die Vorteile einer Mitarbeiterbeteiligung aus Sicht des Unternehmens sind vielfältig: Die Eigenkapitalquote steigt und im besten Fall durch die höhere Motivation auch die Arbeitsproduktivität, der Pro-Kopf-Umsatz und die Kapitalrendite. Nicht zuletzt ist auch der mögliche Imagegewinn zu bedenken. Außerdem wird eine solche personalpolitische Maßnahme beim Banken-Rating gut bewertet, da neben der verbesserten Kapitalausstattung eine hohe Motivation und Identifikation der Mitarbeiter mit dem Unternehmen impliziert und als Vor-

---

[64] Bühner (2005), S. 95

[65] eine Übersicht über anwendbare Analyse Tools findet sich bei Bühner (2005), S. 97 ff.

sorgemaßnahme für den Weiterbestand des Betriebs gewertet wird. Aus Sicht des Mitarbeiters steht oftmals die Sicherung seines Arbeitsplatzes im Vordergrund. In der Regel wird ein höheres Einkommen mit der Beteiligung verbunden sein und auch eine höhere Selbstverantwortung – was dem Arbeitsplatz zusätzliche Attraktivität verschaffen kann.

Die möglichen Formen der Mitarbeiterbeteiligung sind vielfältig, die Wahl des optimalen Modells hängt von vielen Faktoren ab. Unterteilen lassen sich die verschiedenen Modelle nach den unterschiedlichen Kapitalformen:

Gesellschaftsrechtliche Beteiligung

Bei der Beteiligung mit Eigenkapitalcharakter kommen die direkte Beteiligung über Gesellschaftsanteile oder eine indirekte Beteiligung über eine zwischengelagerte Beteiligungsgesellschaft in Betracht. Dabei hält die Beteiligungsgesellschaft einen bestimmten Anteil am Unternehmen, während die Mitarbeiter und ggf. weitere Teilhaber unmittelbar nur an der Beteiligungsgesellschaft beteiligt sind. Bei den gesellschaftsrechtlichen Beteiligungen werden die Mitarbeiter zu Anteilseignern ihres Unternehmens. Als Gesellschafter sind sie an Gewinnen und Verlusten beteiligt und in Höhe ihrer Einlage haftbar. Dafür haben sie entsprechend der Regelungen des Gesellschaftsvertrages Anspruch auf Sitz und Stimme in der Gesellschaftsversammlung und profitieren von einer eventuellen Steigerung des Unternehmenswertes. Die Beteiligung an einer AG durch Aktienerwerb ist eine einfache und unkomplizierte Form der Mitarbeiterbeteiligung, da hier die Übertragung von Unternehmensanteilen mit relativ geringem administrativem Aufwand möglich ist. Als Aktieninhaber profitieren die Mitarbeiter von Dividendenausschüttungen und können an Entscheidungsgremien teilnehmen. Aufgrund von sozialversicherungsrechtlichen und steuerlichen Gesichtspunkten sind gesellschaftsrechtliche Mitarbeiterbeteiligungen für Unternehmen der Rechtsform OHG oder GbR eher ungeeignet.

Beteiligungen mit eigenkapitalähnlichem Charakter

Beteiligungen mit eigenkapitalähnlichem Charakter sind typische oder atypische stille Beteiligungen sowie Genussrechte. Bei der Beteiligung als stiller Gesellschafter erhält der Mitarbeiter Gesellschaftsanteile und ist somit am Unternehmensgewinn beteiligt. Allerdings wird in der sogenannten typischen stillen Gesellschaft eine Verlustbeteiligung ausgeschlossen werden, bei der atypischen stillen Beteiligung partizipiert der Beteiligte sowohl am Gewinn als auch am Verlust. Der Mitarbeiter hat jedoch keine Mitspracherechte, sondern nur Anspruch auf Einsicht in die Buchhaltung. Die stille Gesellschaft ist für alle Rechtsformen geeignet und gewährt großen Handlungsspielraum. Allerdings bestehen keine Beteiligung an der Steigerung des Unternehmenswerts und keine Absicherung im Falle einer Insolvenz.

Bei der Beteiligung durch Genussrechte werden dem Mitarbeiter Vermögensrechte am Unternehmen zugesichert und durch einen Genussschein schriftlich fixiert. Der Mitarbeiter erwirbt keine direkten Beteiligungsrechte. Mitspracherechte sind zwar verhandelbar, aber durch die rein rechtliche Regelung nicht vorgesehen.

Beteiligungen mit Fremdkapitalcharakter

Beteiligungen mit Fremdkapitalcharakter sind z.B. Mitarbeiterdarlehen. Beim Mitarbeiterdarlehen gewähren einzelne Mitarbeiter dem Unternehmen ein Darlehen, für das sie eine feste oder erfolgsabhängige Verzinsung erhalten. In der Regel erfolgt eine Absicherung über eine Bankbürgschaft oder eine Versicherung. Der Mitarbeiter wird so zum Gläubiger des Unternehmens, hat aber keinerlei Mitspracherechte. Er kann am Gewinn beteiligt werden, ist aber nicht am Verlust beteiligt.

Wenn im Zuge einer Nachfolgeregelung der Betrieb an bisherige Mitarbeiter übergeben werden soll, ist der sogenannte gestundete Investivlohn eine interessante Möglichkeit. Dabei wird ein Teil des ausgezahlten Lohns als Mitarbeiterdarlehen oder direkt als Gesellschaftsanteil im Unternehmen belassen. Die Anteile des Mitarbeiters wachsen somit sukzessiv an. Im Zuge einer Nachfolge sollte mit diesem Finanzierungsmodell mindestens drei bis fünf Jahre vor der geplanten Übergabe begonnen werden. Die so erworbenen Gesellschaftsanteile werden in der Regel auf zunächst maximal 24 % begrenzt, um die Handlungsfähigkeit des Unternehmens in der Vorbereitungsphase nicht zu gefährden. Beim Ausscheiden des Altunternehmers werden dann die restlichen Anteile veräußert.

Die Höhe der im Unternehmen verbleibenden Vergütungsbestandteile ist frei vereinbar. Interessant ist es, variable bzw. erfolgsabhängige Anteile oder die Auszahlung von Arbeitszeitguthaben dafür zu nutzen. Allerdings: Eine komplette Kaufpreisfinanzierung wird durch dieses Modell nur selten möglich sein.

Ihre Gesellschaftsanteile von jeweils 10 % haben Herrn Groß und Herrn Wonschack über eine Mitarbeiterkapitalbeteiligung erhalten. Dafür haben Herr Groß und Herr Wonschack mit dem Unternehmen die Abmachung getroffen, monatlich circa 10 % ihres Bruttolohns von € 5.000 dem Unternehmen als Darlehen zur Verfügung zu stellen. Für das Darlehen wurde eine Verzinsung von jährlich 7 % ausgehandelt. Nach 7 Jahren sollten die Darlehen in Anteile zum Nominalwert umgewandelt werden. Damit konnten beide Mitarbeiter einen Anteil erwerben, ohne eigenes Kapital von außerhalb einbringen zu müssen.

Gezeichnetes Kapital	500.000 €
Jeweiliger Anteil von Herrn Groß und Herrn Wonschack 10 %	50.000 €
Monatliche Einzahlung als Darlehen ca. 10 %	
(über 7 Jahre mit 7 % verzinst)	463 €

2.3   Produkte und Prozesse

Produkte und Prozesse des Unternehmens bilden die Grundlage für den Unternehmenserfolg: nur wer gute Produktideen über sachgerechte Prozesse in marktfähige Produkte umsetzen kann, wird langfristig mit dem Unternehmen existieren. Die Entscheidung eines Nachfolgers zur Übernahme eines Unternehmens wird daher in hohem Maße davon abhängen, inwieweit die angebotenen Produkte oder Dienstleistungen und die vorherrschenden Prozesse im Unternehmen (in Zukunft) einen gewinnträchtigen Betrieb versprechen.

Im Modell der Balanced Scorecard wird die interne Prozessperspektive in der Regel vor den finanz- und kundenbezogenen Perspektiven untersucht[66]. Dabei werden nicht nur Optimierungspotenziale bestehender Prozesse analysiert. Basis ist vielmehr die komplette Wertschöpfungskette des Unternehmens.

Die Moritz GmbH ist ein Nischenanbieter. Sie entwickelt und produziert Stahlprodukte, die ganz spezielle Kundenwünsche abdecken und selten in größeren Stückzahlen produziert werden. Die Anwendung der Produkte liegt im Bereich der Entsorgungstechnik und des Katastrophenschutzes. Zu den typischen Produkten gehören bewegliche Versorgungseinrichtungen wie Medizincenter, Lagerzentren und Wacheinrichtungen, die aus Stahlwänden zusammengebaut werden. Auch die Innenausstattung wird von der Moritz GmbH geliefert, aber in der Regel zugekauft.
Vielfach werden die Produkte in schwer zu erreichendem Umfeld wie Wüstenregionen eingesetzt, daher ist die flexible Transportierbarkeit der einzelnen Elemente ein wichtiges Entscheidungskriterium für die Kunden.
Meistens ist das Marktvolumen nach der Abwicklung eines Auftrags bereits bis auf weiteres gesättigt. Direkte Folgeaufträge für diese Produkte entstehen wegen des hohen Spezialisierungsgrades daher nur in Ausnahmefällen.
Im vorletzten Jahr hat die Moritz GmbH hohe Investitionen in eigene Büro- und Produktionsräume getätigt. Das Investitionsvolumen belief sich auf über 3 Mio €. Darin waren T€ 950 Investitionszuschüsse der öffentlichen Hand enthalten. Weitere Investitionen sind in nächster Zukunft nicht geplant. Alle Anlagen sind in gutem Zustand.
Die Stärke der Moritz GmbH liegt in ihrer hohen Flexibilität, die bei relativ geringer Größe und schlanken Unternehmensstrukturen ein schnelles und zielgenaues Eingehen auf Kundenwünsche ermöglicht. Die Gesamttätigkeit spaltet sich in 3 Bereiche auf, die folgende Umsatzanteile erzielen:

	2007	2006
Katastrophenschutztechnik	56 %	60 %
Entsorgungstechnik	24 %	18 %
Sonstige	20 %	22 %
Summe	100 %	100 %

Der Bereich Katastrophenschutz wird vertrieblich von Herrn Moritz betreut. Der Bereich Entsorgungstechnik ist vor 4 Jahren aufgebaut worden und liegt vornehmlich in den Händen von Herrn Wonschack, der aus dieser Branche stammt. Der Bereich Katastrophenschutz wird nach Einschätzung der Geschäftsführer in den nächsten Jahren abnehmen, weswegen stärkere Aktivitäten bei der Produktentwicklung geplant sind. Dabei sollen durch die Bearbeitung von Standardkomponenten neue technische Lösungen gefunden werden.

---

[66] vgl. Kaplan / Norton (1999), S. 89

Wesentliches Alleinstellungsmerkmal der Moritz GmbH ist dabei die Lösungskompetenz, die vor allem auf der Fähigkeit von Herrn Moritz beruht, Kundenbedürfnisse herauszuspüren und zu erarbeiten. Das hohe produktionstechnische Know-how der Moritz GmbH ermöglicht in der Regel relativ einfache und kostengünstige Produktionsverfahren.

Wegen des hohen Spezialisierungsgrades der Produkte betragen deren Lebenszyklen aber oft nur 3 bis 4 Jahre. Die Fertigung weist einen geringen Automatisierungsgrad auf. Dies bietet den Vorteil geringer Umrüstzeiten, geringer Fixkostenbelastung und geringe Wartungs- und Instandhaltungskosten.

Größere Bestellserien, die in Zukunft verstärkt erwartet werden, können über langjährige osteuropäische Kooperationspartner gefertigt werden.

2.3.1 Produkte und Prozesse in Familienunternehmen

Produkte und Prozesse in mittelständischen Familienunternehmen unterscheiden sich in charakteristischer Weise von denen in Großbetrieben. Familienunternehmen haben typischerweise eine geringere Planungstiefe, eine hohe Konzentration der Unternehmensressourcen auf die Person des Eigentümers, eine begrenzte Ressourcenverfügbarkeit und wenig systematisierte Forschungs- und Entwicklungsaktivitäten.

Welche Konsequenzen diese typische Konstellation haben kann, zeigt sich z.B. am Innovationsprozess: Obwohl mittelständische Familienunternehmen oft hoch innovative und gezielt auf spezielle Kundenbedürfnisse zugeschnittene Produkte anbieten, werden der Entwicklungsprozess und die Produktkonzeption nur unzureichend nach betriebswirtschaftlichen Kriterien geprüft. Die Frage, ob die Prozesse effizient sind und wie wirtschaftlich neue Produkte sind, wird nicht systematisch beantwortet. Ein Grund dafür kann sein, dass das Management oftmals keinen betriebswirtschaftlichen, sondern einen technischen Qualifikationshintergrund hat und andere Personalressourcen entweder nicht zur Verfügung stehen oder nicht mit den nötigen Entscheidungskompetenzen ausgestattet sind.

Die Prozesse in mittelständischen Familienbetrieben können also einerseits von hoher Effizienz geprägt sein (schlanke und organisch gewachsene Struktur), andererseits sind sie aus denselben Gründen meist unkoordinierter, von außen schwerer nachzuvollziehen und in der Belegschaft nicht bewusst kommuniziert.

2.3.2 Produktanalyse

Welche Marktfähigkeit und Zukunftsfähigkeit in der Produktpalette eines Unternehmens steckt, ist für den Erfolg eines Betriebs entscheidend. Ein Unternehmensnachfolger übernimmt im Normalfall laufende Produkte und Prozesse. Für die Übernahmeentscheidung kommt es daher elementar darauf an, Potenziale und Risiken aus diesem Bereich zu analysieren und zu bewerten.

Eine Produktanalyse kann zum Beispiel im direkten Vergleich mit Konkurrenzprodukten durchgeführt werden. Typische allgemeine Fragen hierzu sind z.B.

- Um welche Art von Produkten handelt es sich: End- oder Zulieferprodukt, Massenartikel oder Einzelstücke?

- Sind die Produkte beratungs- und/oder serviceintensiv?

- Welche nationalen und internationalen Standards/Normen erfüllen die Produkte?

Zur Analyse gehören auch Fragen, die nur mittelbar mit dem Produkt zu tun haben, für den oder die Nachfolger jedoch von entscheidender Bedeutung für die Zukunftsfähigkeit der Produkte sind:

- Wie ist der Vertrieb bisher strukturiert: durch eigene Außendienstmitarbeiter, Handelsvertreter, Großhändler, etc.?

- Über welche Wege werden die größten Stückzahlen abgesetzt?

- Wie ist der Markt strukturiert? Gibt es wenige Wettbewerber oder viele?

- Wie sieht die Preis- und Erlössituation aus?

- Wie groß sind die Preisunterschiede zu Konkurrenzprodukten?

Wichtig ist auch, ob die Produkte absehbar an Marktveränderungen angepasst werden müssen und wie hoch die Kosten dafür sind. Damit wird die Frage nach der Positionierung der betreffenden Produkte im Markt gestellt. Steht das Hauptprodukt zum Beispiel kurz vor der Substitution durch eine technisch ausgereiftere Variante eines Wettbewerbers, kann das die gesamte Unternehmenszukunft in Frage stellen. In diesem Zusammenhang bietet sich eine Betrachtung nach dem Produktlebenszyklusmodell an.

Produktlebenszyklusmodell

Dieses Instrument ist zur Analyse von Markenartikeln entwickelt worden[67] und geht davon aus, dass ein Produkt im Laufe seines „Lebens" – sprich der Zeit von seiner Einführung im Markt bis zu seinem Ausscheiden – bestimmte Phasen durchläuft. Diesen Phasen werden Gemeinsamkeiten unterstellt, die man auf die meisten Branchen und Produkte anwenden kann. Zur Darstellung dieser Phasen werden Erfolgsgrößen wie etwa die Absatzzahlen verwendet, zusätzlich wird der Zeitfaktor berücksichtigt.

---

[67]   vgl. Müller-Stewens / Lechner (2003), S. 255

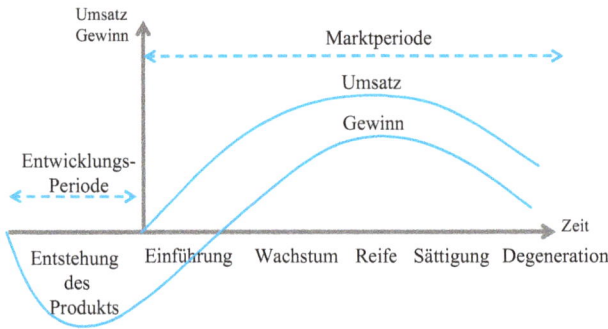

Abb. 14   Produktlebenszyklusmodell

Das Produktlebenszyklusmodell beginnt mit der Entwicklungsphase. In dieser Zeit werden noch keine Umsätze realisiert. Hohe Ausgaben sind erforderlich, um das Produkt zur Marktreife hin zu entwickeln und zu testen. Bei der Markteinführung fließen erste Einnahmen. Trotzdem bleibt der Kostenanteil hoch, weil Ausgaben für das Marketing und den Aufbau der Produktionskapazitäten zu decken sind. Wenn sich das Produkt am Markt etabliert, steigt der Bekanntheitsgrad, die Umsätze steigen und es wird Gewinn erwirtschaftet. In der nächsten Phase tritt eine Marktsättigung und damit eine Minderung des Gewinns ein, z.B. durch das Auftreten von Wettbewerbern, die Marktanteile übernehmen. Daraus folgende Marktverdrängungsprozesse führen zu Preiskämpfen und damit zu kleineren Margen. Schließlich ist das Produkt veraltet oder unrentabel und es wird vom Markt genommen.

Diese Modellbetrachtung ist nicht für alle Produkte und Dienstleistungen normativ. Es gibt sowohl Produkte, die seit ihrem Bestehen durch immer neue Marketing- und Vertriebsstrategien sowie Relaunchaktivitäten permanent am Markt etabliert sind (z.B. Coca-Cola), als auch Produktgruppen, die von ihrer Natur her nicht diesem Zyklus unterworfen sind. Dazu gehören Verbrauchsartikel der Grundversorgung, wie z.B. Milch oder Mineralwasser. Auch bei diesen lassen sich jedoch durch ihre jeweilige Markenausprägung Lebenszyklen beobachten[68].

Wenn die Produkte des Übernahmebetriebes in die Phasen des Lebenszyklusmodells eingeordnet werden, kann die Produktseite und deren Auswirkung auf die Zukunftsfähigkeit des Betriebes klarer formuliert werden: Je „jünger" das Produkt, desto höhere Umsatzchancen existieren. Bei sehr jungen Produkten sind die hohen Ausgaben für Entwicklung und Marketing zu bedenken. Je „älter" das Produkt, desto größer die Wahrscheinlichkeit, dass in Zukunft große Anstrengungen unternommen werden müssen, um die Produktstrategie zu aktualisieren und das Management neue, gewinnträchtige Produkte am Markt platzieren muss. Gerade älteren Unternehmern fehlt mitunter die Risikobereitschaft neue „Fragezeichen" in ihrem Produktportfolio zuzulassen.

---

[68]   vgl. Müller-Stewens / Lechner (2003), S. 256

Portfolioanalyse

Je größer die Produktvielfalt des Unternehmens, desto geringer ist die Abhängigkeit von den Lebensphasen der einzelnen Produkte: es gibt dann eine Risikoverteilung bei den Produkten. Die Konzentration auf wenige Produkte birgt also Risiken. Um die Risiken des gesamten Produktportfolios einschätzen zu können, kann ergänzend zur Betrachtung des Lebenszyklus die Portfolio-Analyse eingesetzt worden. Sie ist in den 60er Jahren des vergangenen Jahrhunderts entstanden, als viele amerikanische Unternehmen vor dem Problem standen, ihre durch intensive Diversifizierungsaktivitäten unübersichtlich gewordenen Geschäftsaktivitäten zentral zu bewerten und zu steuern. Vor diesem Hintergrund wurden bereits 1959 finanzmathematische Ansätze von Markowitz (der eigentlich ein Berechnungsmodell zur Optimierung von Wertpapierzusammensetzungen aufstellte[69]) auf das strategische Management übertragen.

Beim Portfolioansatz stehen zwei Aspekte im Vordergrund: Mit diesem Instrument sollen zum einen alle in der Geschäfteinheit verfolgten Geschäftsaktivitäten zentral gesteuert werden. Damit sollen Nachteile verhindert werden, die durch eine isolierte Betrachtung der einzelnen Aktivitäten entstehen. Zum zweiten sollen Normstrategien für die Geschäftsbereiche abgeleitet werden.

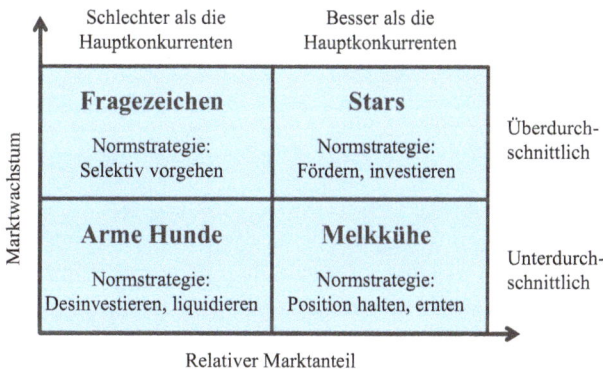

Abb. 15   Marktanteils-Marktwachstums-Matrix

Im Laufe der Jahre sind Portfolioansätze in verschiedensten Ausformungen und mit ganz unterschiedlichen Messwerten entstanden[70], die jedoch einige Gemeinsamkeiten aufweisen: Die Produkte/Geschäftsfelder des Unternehmens werden dabei in eine Matrix aus internen und externen Einflussfaktoren eingeordnet. Als Messgröße dienen dabei Erfolgsgrößen, wie etwa der Cashflow. Die bekannteste der verschiedenen Ausgestaltungsvarianten ist die

---

[69]   vgl. Markowitz, H.M. (1959)

[70]   vgl. Müller-Stewens / Lechner (2003), S. 304

Marktanteil-Marktwachstum-Matrix der Boston Consulting Group[71]. Darin repräsentiert der relative Marktanteil die unternehmensinterne Perspektive und das Marktwachstum die unternehmensexterne. In der Matrix werden beide Achsen in zwei Hälften geteilt, wodurch vier Felder entstehen, denen wiederum jeweils verschiedene Normstrategien zugeordnet werden.

Die „Stars" mit hohem Marktwachstum und hohem relativen Marktanteil sind durch weitere Investitionen zu fördern, die „Melkkühe" mit nur noch geringen Marktwachstumspotenzialen sind möglichst lange auf ihrer Position zu halten. Realisierbare Rückflüsse aus ihnen sollten geerntet werden. In „arme Hunde", die weder einen großen Marktanteil noch zu erwartendes Wachstum vorweisen können, sollte nicht investiert werden und über eine Liquidation der Produkte nachgedacht werden. „Fragezeichen" schließlich, die sich zwar in einem Wachstumsmarkt bewegen, aber noch keine sicheren Marktanteile erlangt haben, müssen genauer untersucht werden – so die Normstrategie aus dem Modell.

Die Produkte sollten so positioniert sein, dass ein Gleichgewicht entsteht. Ergibt die Unternehmensanalyse, dass eine Mehrzahl der Produkte nur einer der vier Gruppen zugeordnet werden kann, ist das mit einem hohen Geschäftsrisiko verbunden. Selbst wenn sich alle Produkte des Unternehmens als „Stars" herauskristallisieren, besteht damit vor dem Hintergrund einer Lebenszyklus-Betrachtung das Risiko, dass alle Produkte gleichzeitig in ein Stadium der Degression eintreten, vom Markt verschwinden und so eine gefährliche Cashflow-Lücke hinterlassen. In diesem Fall – so das Modell – ist darauf zu achten, neue Produkte als „Fragezeichen" in das Portfolio zu bekommen.

Der Portfolio-Ansatz ist ursprünglich jedoch für die strategische Steuerung vieler Geschäftseinheiten als Profitcenter innerhalb von Konzernstrukturen entwickelt worden. Trotzdem kann die Systematik auch auf kleinere Einheiten, wie etwa einzelne Produkte oder Produktgruppen, heruntergebrochen werden. Dennoch sind Portfolioansätze nur bei den Unternehmen sinnvoll, die zumindest einen gewissen Grad an Diversifikation aufweisen. Insofern ist die Anwendung einer Portfolio-Betrachtung bei Unternehmensnachfolgen von der Breite des Angebotsspektrums des Übernahmebetriebs abhängig zu machen.

Zu beachten ist außerdem, dass alle Portfoliomodelle keine Abhängigkeiten der Produkte oder Aktivitäten untereinander analysieren. Ob ein Geschäftsfeld oder ein Produkt eingestellt wird, hat in vielen Fällen Auswirkungen auf die verbleibenden Geschäftsfelder/Produkte. Eine Untersuchung dieser Zusammenhänge ist aber in der Systematik des Portfolioansatzes nicht vorgesehen. Wenn z.B. aus dem Verschnitt einer Nutzverarbeitung Brennholz gewonnen wird, kann die Erkenntnis, dass Brennholz ein „armer Hund" ist, nicht zu der Entscheidung führen, dieses Produkt abzuschaffen. Der Übernehmer muss also derartige Produktabhängigkeiten oder Kuppelprodukte bei seinen Überlegungen zur Optimierung der Produktpalette berücksichtigen.

Zur Vereinfachung und weil die Produkte der Moritz GmbH ohnehin einen eher kurzen Lebenszyklus besitzen, hat Horst Moritz die einzelnen Produkte zu Gruppen zusammenge-

---

[71]   vgl. Hedley, B. (1977) in: Long Range Planning, Vol. 10, Nr. 1, S. 915; Henderson, B.D. (1971)

fasst. Bei der Einordnung in die Matrix nach Marktanteil und Marktwachstum ergibt sich folgendes Bild:

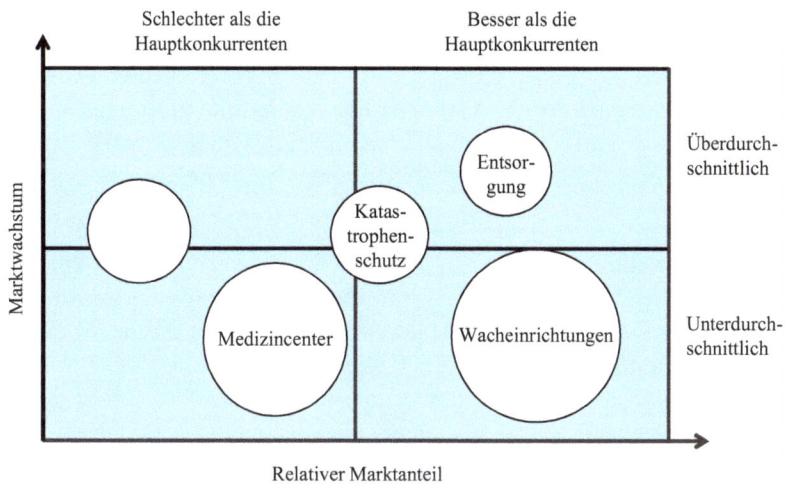

Abb. 16 Portfolioanalyse der Moritz GmbH

Folgerungen:

Die Moritz GmbH besitzt zwar einige Produkte, die ihr relativ sichere Umsätze bescheren und eine gewisse Sicherheit im Markt bieten. Allerdings ist bei nur wenigen Produkten mit weiterem Marktwachstum zu rechnen. Lediglich die Produktgruppen Mobile Katastrophenschutzräume und Mobile Entsorgungsmodule weisen ein teilweise überdurchschnittliches Marktwachstum aus. Es fehlt also in Anbetracht des Lebenszyklusmodells an marktfähigen Produktneuentwicklungen, die auch zukünftig Umsätze generieren können.

2.3.3   Prozessanalyse

Zur umfassenden Analyse eines Unternehmens, das übertragen werden soll, gehört auch die genaue Kenntnis der internen Prozesse. Unter einem Prozess versteht man ein Bündel von leistungswirtschaftlichen Tätigkeiten, das zu einem Arbeitsergebnis führt[72].

Dabei sind nicht nur die Kernprozesse relevant, also beispielsweise die Herstellung eines Produkts. Wie im Balanced Scorecard-Modell angelegt, ist der gesamte Wertschöpfungsprozess entscheidend. Dieser beginnt bereits bei der Identifizierung von Absatzpotenzialen und der Neuentwicklung der entsprechenden Produkte und Dienstleistungen und endet erst mit

---

[72]   Michel, Torspecken Jandt (1999), S.256

Prozessen, die der eigentlichen Leistungserstellung nachgelagert sind, wie zum Beispiel Service, Schulungs- oder Wartungsleistungen[73].

Der Gedanke des Prozessmanagements ist nicht neu, bereits in den 30er Jahren hat F. Nordsieck auf die Notwendigkeit einer an Prozessen ausgerichteten Unternehmensgestaltung hingewiesen[74]. Lange Zeit beschäftigte man sich jedoch in der Praxis ausschließlich mit der Gestaltung der Aufbauorganisation. Dies führte zu einer Entfremdung vom Kunden sowie zu wenig Flexibilität am Markt und damit zu Wettbewerbsnachteilen und geringeren Erträgen. Um optimaler kalkulieren zu können, untersuchten die Unternehmen verstärkt ihre Prozesse.

Während die direkt zurechenbaren Kosten zur Herstellung eines Produktes (z.B. der Materialaufwand) den meisten Unternehmen bekannt ist, wissen jedoch die wenigsten kleinen und mittleren Unternehmen, was die Abwicklung eines Auftrages oder eine Reklamation kostet, wie hoch der Aufwand für die Beschaffung von Material ist oder ob die Preise für innerbetriebliche Leistungen verursachungsgerecht sind. Noch wichtiger sind Fragen nach den wertschöpfenden betrieblichen Prozesse oder den Optimierungspotenzialen.

Diese Fragen resultieren aus betrieblichen Abläufen, die in den indirekten Bereichen eines Unternehmens, oft auch Gemeinkostenbereiche genannt, entstehen. Zwar können diese Kosten, beispielsweise der allgemeinen Verwaltung, exakt ermittelt werden, aber für welche Leistungen die Ressourcen verbraucht werden, kann meist nur unbefriedigend beantwortet werden. Hier setzt das Prozesskostenmanagement und als ein Instrument dazu die Prozesskostenrechnung an.

Prozessmanagement

Ziel des Prozessmanagements ist es, durch Abstimmung der betrieblichen Abläufe und Ressourcen Wettbewerbsvorteile zu erzielen und damit den Erfolg des Unternehmens zu maximieren. Eine IT-Unterstützung ist dabei in vielen Fällen hilfreich. Je nach Geschäftsart können Workflow-Management-Systeme, Business Rule Engines und auch Spezialsoftware wie z.B. ein CRM-System unterstützen. Aber gerade hier gilt: In kleinen und mittleren Unternehmen ist immer eine individuelle Prozessgestaltung erforderlich, wenn die Vorteile, die aus ihren spezifischen Charakteristika resultieren, nicht verloren gehen sollen. Anders ausgedrückt: zu viel Prozessmanagement lähmt den Betrieb, zu viel IT nimmt ihm die Flexibilität.

Die Aufgabe der Steuerung und ggf. Anpassung der Prozesse fällt als klassische Managementaufgabe den Nachfolgern zu. In einem ersten Schritt wird er die gegebenen Prozesse analysieren und auf ihre Tragfähigkeit für die heutige und geplante Struktur untersuchen. Eine Prozessanalyse soll zu einer ganzheitlichen Sicht auf das Unternehmen führen und die wesentlichen Unternehmensprozesse sichtbar machen. Daher wird sie in der Regel in Form einer sog. Prozesslandkarte aufgebaut, die die wesentlichen Prozesse visualisiert. Dafür müssen die einzelnen Prozesse gegliedert werden. Hierfür gibt es unterschiedliche Ansätze.

---

[73]   vgl. Kaplan/Norton (1999), S. 89

[74]   Nordsieck, Fritz (Neuauflage 1955), S. 85

Wertschöpfungskette

Die Wertschöpfungskette eines Unternehmens untergliedert den Gesamtprozess des Unternehmens in einzelne Teilprozesse. Dabei werden in der Praxis

- Kernprozesse (z.B. Beschaffung, Produktion, Vertrieb, etc.),
- Managementprozesse (Unternehmensführung, Datenverwaltung, Personalmanagement, etc.) und
- Unterstützungsprozesse (Qualitätsmanagement, Umweltmanagement, Wartung, etc.)

unterschieden[75]. In der Literatur findet man auch die Unterteilung nach Kernkompetenzen[76]:

- Kreationskompetenz (Entwicklungsprozesse, Marktanalysen, etc.)
- Realisationskompetenz (Einkauf, Fertigung, Logistik, etc.)
- Transaktionskompetenz (Vertrieb, Abwicklung, Wartung, etc.)

Das Modell der Wertschöpfungskette geht zurück auf einen Ansatz von Michel Porter[77] und beschreibt den Mehrwert, der in jeder Wertschöpfungsphase erzielt wird. Ist die Wertschöpfungskette des Unternehmens mit seinen einzelnen Wertschöpfungsphasen einmal für das individuelle Unternehmen dargestellt, lassen sich die identifizierten Teilprozesse anhand unterschiedlicher Kriterien analysieren[78]: Typische Fragen sind hierbei:

- Welche strategisch wichtigen Prozesse werden als Mehrwert wahrgenommen?
- Wie sind die Kosten über die einzelnen Prozesse verteilt?
- Welcher Mehrwert wird im Vergleich dazu für das Unternehmen erzielt und besteht hier eine Verhältnismäßigkeit?
- Was sind die entsprechenden Kostentreiber? Ist die Tätigkeit für das Unternehmen strategisch wichtig, oder kann sie eventuell ausgelagert werden („make or buy"-Entscheidung)?
- Wie sind die einzelnen Prozesse bei den besten Unternehmen der Branche[79] gestaltet?
- Besteht Optimierungspotenzial im eigenen Unternehmen?

Es wurden zahlreiche weiterführende Instrumente zur Analyse der Unternehmensprozesse entwickelt[80]. In der Praxis werden Methoden, die auf dem direkten Vergleich mit Prozessen von Wettbewerbern aufbauen, auf die Schwierigkeit stoßen, entsprechendes Datenmaterial zu generieren, da dieses natürlich unter Wettbewerbsgesichtspunkten sehr sensibel gehandhabt wird. In der Praxis wird das durch branchenübergreifende Netzwerke und nach außen verschwiegene Erfahrungsgruppen mit einer innerhalb der Gruppe hohen Offenheit gelöst.

---

[75] vgl. Müller-Stewens / Lechner (2003), S. 216 ff.

[76] siehe Gaitanides, M. et al. (1994), S. 101

[77] vgl. Porter, M. (1985); Esser / Ringlstetter (1991)

[78] vgl. Müller-Stewens / Lechner (2003), S. 382 ff.

[79] oft auch als Peer Group bezeichnet.

[80] Einen guten Überblick liefern Müller-Stewens / Lechner (2003), S. 216 ff.

Wertschöpfungstiefe

Gerade in den letzten Jahren konnten viele Unternehmen dadurch Wettbewerbsvorteile erreichen, dass sie strategisch entschieden haben, welche Prozesse durch das Unternehmen ausge-
führt werden und welche nicht besetzt oder ausgelagert werden. Die Abdeckung der Wert-
schöpfungsprozesse durch das einzelne Unternehmen wird auch als die Wertschöpfungstiefe
bezeichnet. Ein oft beobachteter Prozess ist die Reduzierung der Wertschöpfungstiefe auf die
strategisch wichtigen Tätigkeiten[81] das Stichwort in diesem Zusammenhang lautet „Outsour-
cing". So haben zum Beispiel Textilunternehmen die in Deutschland kaum rentable Produk-
tionsphase ausgelagert und konzentrieren sich auf ihre Kernkompetenzen Design, Entwicklung und Distribution[82]. Spezielle Outsourcing-Unternehmen, z.B. im IT-Bereich können
kleinen und mittleren Unternehmen als externe Dienstleister Prozessstrukturen anbieten, die
für sie alleine nicht rentabel wären.

> Der Einkauf der Moritz GmbH bezieht im Wesentlichen standardisierte Stahlerzeugnisse.
> Es stehen ausreichende Lieferanten zur Verfügung. Starke Preisschwankungen sind nicht
> zu erwarten, die allgemeine Verteuerung der Einstandspreise für Metalle in den letzten
> Jahren konnten überwiegend an die Abnehmer weitergegeben werden. Zusätzlich werden
> größere Aufträge auch komplett in Fremdfertigung (sog. verlängerte Werkbank) realisiert:
> Die Moritz GmbH beauftragt Unterauftragnehmer, wenn die eigenen Produktionskapazitä-
> ten ausgeschöpft sind. Dabei werden auch Kostenvorteile durch Fremdfertigung im osteu-
> ropäischen Ausland genutzt. Auch in diesem Bereich besteht kein Mangel an Anbietern.
> Durch die geringe Fertigungstiefe ist das Unternehmen relativ unabhängig von Nachfrage-
> schwankungen.

Die Beurteilung der Unternehmensprozesse wird in der Regel durch einen Vergleich mit einem
idealtypischen Modell vorgenommen. Die Alternative ist ein Benchmarking, also ein Vergleich
des Unternehmens mit den jeweils führenden Unternehmen in den einzelnen Prozessen[83].

In beiden Fällen werden Kennzahlen herangezogen, anhand derer die entscheidenden Stell-
schrauben im Unternehmen beurteilt werden. Beispielsweise kann anhand der Durchlaufzeit
in der Produktion festgestellt werden, wann man mit einem fertigen Produkt rechnen kann.
Mit der Liegezeit kann berechnet werden, wie viel zeitliches Verbesserungspotenzial in einem Prozess steckt. Aus Kommunikationskennzahlen lässt sich ablesen, ob es sinnvoll ist,
räumliche Nähe herzustellen. An der Arbeitszeit kann man erkennen, wie lange jemand
braucht, um eine Aufgabe zu erledigen.

Die Prozessanalyse bei einer Unternehmensnachfolge führt ggf. zu Änderungen in der Organisation des Unternehmens. Vielfach können Aufgaben, die bisher das Management bearbei-
tet hat, im Zuge der Nachfolgeregelung auf Mitarbeiter übertragen werden. Auch können

---

[81] vgl. zu strategischen Gestaltungsoptionen der Wertschöpfungskette Heuskel, D. (1999)

[82] Einige entsprechende Fallbeispiele finden sich bei Müller-Stewens / Lechner (2003), S. 394 ff.

[83] vgl. Kapitel 2.4.5.

durch die Analyse funktional getrennte, aber prozessual zusammengehörige Aufgaben nunmehr von den gleichen Personen erledigt werden, wodurch die oftmals organisch gewachsenen Strukturen in Familienbetrieben optimiert werden. Auch im Bereich der technischen Infrastruktur ist vielfach Nachholbedarf. Eine sachgerechte Überprüfung bestehender Informationssysteme auf Prozessunterstützung kann zur Einführung neuer Workflow-Systeme führen.

Im Rahmen ihres MBA-Studiums untersucht Veronica die Kernprozesse der Moritz GmbH. Sie stellt die Kern- und Management- sowie Unterstützungsprozesse des Unternehmens zusammen und vergleicht sie auf einer Schulnotenskala mit denen der wichtigsten Wettbewerber. Es ergibt sich folgendes Bild:

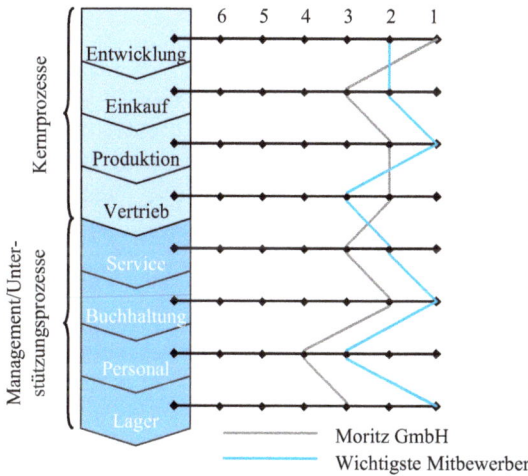

Abb. 17 Analyse der Wertschöpfungskette der Moritz GmbH

Deutlich wird, dass die Stärke der Moritz GmbH im Bereich Entwicklung und Vertrieb liegt, die primären Bereiche der Produktion und des Einkaufs aber hinter dem Wettbewerber zurückstehen. Dies ist vor allem auf die geringe Größe der Moritz GmbH im Vergleich zum Wettbewerber und die damit verbundenen unstrukturierten Prozesse dieser Bereiche und die geringe Marktmacht des Unternehmens zurückzuführen.

2.4 Kunden und Markt

Neben internen Erfolgsfaktoren haben auch die externen Bedingungen großen Einfluss auf den Status und die Zukunftsfähigkeit eines Unternehmens. Dazu gehören Kunden, die Branche und der Markt des Unternehmens.

Für Übernehmer, die aus der Familie oder aus dem Betrieb kommen, ist der distanzierte Blick auf das Unternehmen schwieriger. Andererseits kann der familien- oder unternehmensexterne Nachfolger die internen Gegebenheiten nicht hinreichend beurteilen. Beiden fehlen mitunter die tiefer gehenden Markt- und Branchenkenntnisse, wenngleich dem internen Nachfolger zumindest die Kunden bekannt sein dürften. Deshalb werden auch hier für eine erfolgreiche Unternehmensnachfolge Instrumente benötigt, die eine detaillierte und strukturierte Auseinandersetzung mit den externen Einflusskräften erlauben und aufzeigen können, welche Chancen und welche Risikofaktoren zu berücksichtigen sind und wie ihnen bisher begegnet wurde.

In der BSC werden lediglich die Kunden detailliert betrachtet. Die Markt und Wettbewerbssituation, in der sich das Unternehmen befindet, ist eher ein übergeordnetes Kriterium. Für die Unternehmensanalyse in einem Nachfolgeprozess ist diese singuläre Sichtweise nicht ausreichend: Wettbewerbsstrategien und die Marktausrichtung des Unternehmens sind im Zuge des Nachfolgeprozesses entscheidend für die Zukunftschancen.

Jedoch gelten die Aussagen von Kaplan/Norton zur Kundenperspektive auch für diese weitere Sichtweise: die bewusste Ausrichtung der Unternehmensleistung auf ein definiertes Kundensegment und eine wohlüberlegte Marktsegmentierung sei – ggf. auch unter bewusstem Ausschluss potenzieller Kundengruppen – wichtig, um das Unternehmen auf Basis einer klaren Wettbewerbsstrategie auf seine Gesamtziele auszurichten: „Das Herz jeder Strategie ist es, sich nicht nur für etwas zu entscheiden, sondern auch durchaus gegen etwas."[84]

Kernkennzahlen sind dabei branchenübergreifende Werte zu Marktanteil, Kundentreue, Akquisition, Zufriedenheit und Rentabilität. Individuelle Leistungskennzahlen des Unternehmens, an denen der eigentliche Mehrwert für den Kunden gemessen werden kann, verdeutlichen den Grund, warum gerade dieses Unternehmen von seinen Kunden gewählt wird.

Die Moritz GmbH ist bundesweit und in den angrenzenden Ländern tätig und nur in geringem Umfang darüber hinaus. Das Unternehmen ist bei den entsprechenden Kundengruppen gut bekannt und hoch akzeptiert. Oft kommen Kunden mit direkten Anfragen auf das Unternehmen zu.
Durch die intensive Entwicklungstätigkeit und die Nähe zu den Kundenwünschen besteht für das Unternehmen in einigen Bereichen quasi keine Konkurrenz. In anderen Bereichen steht die Moritz GmbH dagegen in direkter Konkurrenz zu größeren, meist im Konzernverbund stehenden Unternehmen. Der finanzwirtschaftliche Nachteil durch die geringe Größe der Moritz GmbH wird durch ihre Kundennähe und Flexibilität bisher ausgeglichen.
Im Bereich Katastrophenschutz kommen über 50 % der Aufträge von einem Kunden aus dem öffentlichen Sektor. Entsprechend gute und dauerhafte Kundenkontakte bestehen zu diesem Kunden, die bisher von Herrn Moritz aufgebaut und gepflegt wurden. Mittelfristig soll Herr Groß in diesem Bereich stärker einbezogen werden.
Um zukünftige Erträge zu sichern, soll auch das Auslandsgeschäft ausgebaut werden. In ausländischen Märkten ist der Bekanntheitsgrad und die Akzeptanz der Moritz GmbH allerdings noch gering. Hier könnte Herr Wonschack, der mehrere Sprachen spricht, ein eigenes Entwicklungsfeld finden.

---

[84] Kaplan/Norton (1999), S. 63

Auch bei der Entsorgungstechnik dominiert ein großer Kunde aus dem industriellen Sektor. Die Entwicklungen in diesem Markt hängen in hohem Maße von politischen Faktoren ab, sind daher nur in geringem Umfang steuerbar. Auch hier könnte über eine verstärkte Akquisition im Ausland Marktpotenzial erschlossen werden.

2.4.1   Kundenanalyse

Fundierte Kenntnisse über die Kunden sind ein erster wichtiger Analysebereich zur Beurteilung des Übernahmebetriebs. Was ist der Nutzen des Angebots für die Kunden und wie kann dieser optimiert werden, um die Absatzchancen zu erhöhen? Gerade für familien- oder unternehmensexterne Nachfolger, die im Detail die Kundenstruktur nicht kennen, sind diese Kenntnisse elementar. Und das nicht nur, um die zukünftigen Erfolgspotenziale besser abschätzen zu können, sondern auch, um den Kontaktaufbau zu den Kunden systematisch zu planen. Bei Nachfolgen in mittelständischen Familienbetrieben kann das ein sensibles Thema sein, da auch dieser Bereich häufig allein auf die Person des Altunternehmers konzentriert ist. Gerade an dieser Stelle zeigt sich der Nutzen einer gemeinsamen Übergabephase: Übergeber und Übernehmer können die Kundenstruktur des Unternehmens vor dem Hintergrund der Übertragung beurteilen und Kundenkontakte systematisch und mit gebotener Ruhe übertragen.

ABC-Analyse

Ein sehr pragmatisches Instrument zur Kundenanalyse ist die ABC-Analyse. Damit können die wichtigsten Kunden(gruppen) anhand ihres Umsatzanteils nach der Wichtigkeit für das Unternehmen untersucht werden[85]. Aus den Ergebnissen lassen sich Marketingmaßnahmen ableiten, aber auch mögliche Abhängigkeiten erkennen. Zu einer ersten Orientierung werden die Kunden nach folgenden Kriterien in drei Gruppen eingeteilt:

- Gruppe A: Das Unternehmen erwirtschaftet hohe Umsätze mit diesen (meist wenigen) Kunden.

- Gruppe B: Der Anteil dieser Kunden am Gesamtumsatz des Unternehmens ist durchschnittlich.

- Gruppe C: Der Anteil dieser (meist vielen) Kunden am Gesamtumsatz des Unternehmens ist unterdurchschnittlich.

Anhand dieser Einteilung kann der Nachfolger nun den jeweiligen Umsatzanteil am Gesamtumsatz des Unternehmens errechnen. Wird ein großer Umsatzanteil von wenigen Kunden erbracht, bedeutet das eine hohe Abhängigkeit des Unternehmens. Auf diese Erkenntnis muss der Nachfolger so reagieren, dass einerseits diese Kunden eng an das Unternehmen

---

[85]   vgl. Rummler, A. (2002), S. 96 f.

gebunden werden, andererseits aber auch das Abhängigkeitsrisiko durch die Ausweitung des Umsatzes auf weitere Kunden verringert wird.

A-Kunden müssen auch in Zukunft intensiv betreut werden – eine systematische Überleitung auf das neue Management ist in vielen Fällen besonders wichtig, sollen sie als zufriedene Stammkunden auch in Zukunft Aufträge erteilen. Langfristige Verträge, besonderer Service oder enge persönliche Kontakte zum Unternehmen sind wichtige Methoden. Doch auch das Geschäft mit den C-Kunden kann rentabel sein, wenn zum Beispiel damit Leerkapazitäten gefüllt werden können. Möglich ist auch eine Überleitung einiger C-Kunden zu einem Zwischenhändler, mit dem so ein größeres Volumen erzielt werden kann. Zu prüfen ist weiter, ob einige der C-Kunden, wenn es sich zum Beispiel um junge Kunden handelt, ausbaufähig sind.

Lebenszyklusmodell

Instrumente aus der Produktanalyse (s.o.) können auch zur Ermittlung der Kundenstruktur eingesetzt werden: Das Lebenszyklusmodell ähnlich wie bei Produkten startet mit einer kostenintensiven Akquisitions- und Anbahnungsphase, mit ersten Umsätzen und Kundenbindungseffekten. Es folgt eine Vertrauensphase mit hohen Umsätzen und rückläufigem Marketingaufwand, bis der Kunde ggf. ausscheidet oder durch weitere Kundenbindungsmaßnahmen revitalisiert werden kann. Eine Ausgewogenheit aller Kunden im Bezug auf ihre Verteilung auf verschiedene Lebenszyklusphasen – so die Theorie – minimiert das Risiko plötzlicher Umsatzausfälle[86].

Portfolioanalyse

Auch mittels einer Portfoliobetrachtung lassen sich Kunden analysieren. Ähnlich wie bei der Marktanteil-Marktwachstums-Matrix Produkte in eine Matrix aus zwei verschiedenen Messgrößen eingeordnet werden[87], können Kunden beispielsweise in die zwei Kategorien Kundenzufriedenheit und Rentabilität eingeordnet werden. Nimmt man nun die Unterteilung entsprechend der vier Felder der Matrix vor, so bilden sich vier verschiedenen Gruppen, denen entsprechende Normstrategien zugeordnet werden können. Aus diesen sind konkrete Aktivitäten für die verschiedenen Kundengruppen abzuleiten, denen die gleiche Handlungslogik unterliegt wie bei der Behandlung der entsprechenden Produktgruppen.

Um eine bessere Beurteilung der Kundenstruktur zu ermöglichen, analysiert die Moritz GmbH die Kundendaten anhand der Summen- und Saldenliste der letzten Betriebswirtschaftlichen Auswertungen (BWA). Es ergibt sich folgende Struktur:

---

[86]   vgl. Kreutzer, R.T. (2006), S. 116; Stauss, B. (2000), S. 1518

[87]   siehe Kapitel 2.3.2

Kategorie	Kunde	Prozent vom Gesamtumsatz	Strategie
A	Kunde 1	45%	Kundenbindungsmaßnahmen, Neuentwicklungen im Bereich Katastrophenschutz,
A	Kunde 2	32%	
B	Kunde 3	8%	Cross-Selling-Maßnahmen, Kundenentwicklung
B	Kunde 4	7%	
B	Kunde 5	4%	
C	Kunde 6	1%	Standardisierung der Produktions- und Marketingmaßnahmen, Zusammenlegung von Produktgruppen, Bereinigung des Produktangebots, ggf Ausbau zu B- oder A-Kunden
C	Kunde 7	1%	
C	Kunde 8	1%	
C	Kunde 9	0,5%	
C	Kunde 10	0,5%	
	SUMME:	100%	

Abb. 18   ABC-Analyse der Kunden der Moritz GmbH

Die auf den ersten Blick sehr hohe Abhängigkeit von den beiden A-Kunden relativiert sich bei genauerer Betrachtung: Die beiden Kunden sind Institutionen aus dem öffentlichen Sektor, die de jure zwar ein Kunde (z.B. ein Ministerium) sind, de facto aber beide in verschiedene Kunden in Form von regionalen Abteilungen oder Niederlassungen aufgeteilt werden können. Die Einkaufsentscheidungen werden in diesen Institutionen dezentral getroffen, so dass verschiedene Ansprechpartner zuständig sind.

2.4.2   Marktanalyse

Zweiter Analysebereich ist der Markt, in dem das Übernahmeunternehmen tätig ist. Da auch hier der (externe) Nachfolger in bereits bestehende Verhältnisse einsteigt, ist es für ihn wichtig zu verstehen, in welchen Märkten und unter welchen Gesetzmäßigkeiten sich das Unternehmen mit seinen Produkten bewegt, wie es bisher diese Märkte erschlossen hat, wie die Wettbewerbssituation in der Branche aussieht und in welcher Weise es darauf reagiert. Dabei sind die Überlegungen, die weiter oben zu den Produkten angestellt wurden, nicht trennscharf von denen des Marktes zu unterscheiden, wie man z.B. am Instrument der Portfolioanalyse leicht erkennen kann.

Am Anfang steht die Frage, in welchen Märkten das Unternehmen überhaupt tätig ist – bzw. zukünftig tätig sein will (Marktsegmentierung) und wie es diese Märkte anspricht (Marktstrategie).

Marktsegmentierung

„Marktsegmentierung ist die Aufteilung des Grundmarktes für eine Leistungsart in Teilmärkte. Die einzelnen Segmente sollen untereinander klar unterscheidbar (heterogen) und in sich jeweils möglichst ähnlich (homogen) sein."[88] In mittelständischen Familienbetrieben ist davon auszugehen, dass die Frage nach den bedienten Marktsegmenten in vielen Fällen nicht ohne systematische Analyse beantwortet werden kann. Leicht ist noch die Unterteilung danach, ob das Unternehmen seine Leistungen privaten (B2C-Market) oder gewerblichen (B2B-Market) Kunden anbietet[89].

Bei privaten Kunden bestehen in der Praxis zahlreiche weitere Segmentierungskriterien, von geografischen (Wohnort, Region, Land) über demografische (Alter, Geschlecht, Einkommen, Bildung) oder psychografische (Einstellung, Kaufmotiv, Lebensstil) bis zu speziellen Kriterien wie z.B. Markentreue, Mediennutzung, Preisverhalten oder Einkaufsstättenwahl.

Bei gewerblichen Kunden wird eine Marktsegmentierung in der Regel anders vorgenommen. Hier steht eher das exakte Zuschneiden eines Angebotes auf individuelle Bedürfnisse der Kunden im Vordergrund. Obwohl in vielen Fällen das Produkt bzw. die Leistung schon in Zusammenarbeit mit dem Kunden entwickelt wird, sollte auch im B2B-Marketing soweit möglich eine Marktsegmentierung vorgenommen werden. Die Abgrenzungskriterien hierfür werden in der Regel sehr individuell sein: So können spezielle Branchenlösungen entwickelt werden und selbst bei Produkten, die in mehreren Branchen nachgefragt werden, sind zur Ansprache die jeweiligen branchenspezifischen Gegebenheiten zu berücksichtigen. Ein Telekommunikationsunternehmen z.B. wird an eine Kundenverwaltungssoftware ganz andere Anforderungen stellen als eine Rechtsanwaltskanzlei. Die Größe des Kundenunternehmens ist ebenfalls ein Segmentierungskriterium. Strukturen des Einkaufs und der Kommunikation sind in großen Unternehmen oft ausdifferenzierter als in kleinen und erfordern somit auch auf Anbieterseite verschiedene Marketingaktivitäten. Der Standort der Kunden ist insbesondere bei der Frage wichtig, ob die Produkte auch im internationalen Umfeld angeboten werden sollen, oder sich auf regionale Unternehmen beschränken.

Ist der relevante Markt analysiert, muss die Marktstrategie des Unternehmens hinterfragt und ggf. angepasst werden: sollen Kunden bedient werden, die große Mengen zu günstigen Preisen nachfragen, oder solche, die qualitative Produkte mit hohem Individualisierungsgrad benötigen? Gerade hieran zeigt sich auch die enge Verzahnung der Marktstrategie mit der Produkt- und Produktionsstrategie. In der Praxis werden deshalb Überlegungen zur Marktsegmentierung und zu Marktstrategien oft parallel behandelt, da sie sich vielfach gegenseitig bedingen und nur zusammen formuliert werden können.

In der neuen Imagebroschüre der Moritz GmbH heißt es:
„Unser Unternehmen ist in der Entwicklung und Produktion von mobil und flexibel einsetzbaren Logistik- und Versorgungseinrichtungen aus Stahl für den zivilen Einsatz tätig."

Die Begriffe Katastrophenschutz oder Entsorgungstechnik werden bewusst vermieden, da dadurch eine Einschränkung der Produkte und Produktionsweisen vermittelt werden könnte.

---

[88]   Rummler, A. (2002), S. 123

[89]   vgl. zum Folgenden Rummler, A. (2002), S. 131 f.

Herr Wonschack will mit Blick auf die Abhängigkeiten von bestehenden Kunden(gruppen) neue Zielgruppen forcieren.

Bewährt haben sich dabei auch für kleine und mittlere Betriebe Strategien der Konzentration und Diversifikation. Bei der Konzentrationsstrategie fokussiert das Unternehmen seine Leistung auf bestimmte Marktsegmente und versucht so, Spezialisierungseffekte zu erzielen. Bei der Diversifikation bietet es seine Leistung breit an, um Markteinbruchsrisiken vorzubeugen. Wenn ein Unternehmen in einer kritischen Branche eine schwache Position hat und sich einem negativen Branchentrend nicht entziehen kann, muss das (neue) Management Lösungsansätze hierfür erarbeiten: Können zusätzliche Produkte vertrieben werden oder gibt es andere Märkte für eigene Produkte?

2.4.3   Wettbewerbsanalyse

Zur Analyse der Wettbewerbssituation eines Unternehmens hat Porter mit dem Konzept der fünf Wettbewerbskräfte ein geeignetes Instrument entwickelt. Das Konzept basiert auf der Idee, dass der Erfolg eines Unternehmens vom Zusammenspiel fünf verschiedener Kräfte bestimmt wird: (1) Macht der Zulieferer, (2) Macht der Abnehmer, (3) Bedrohung durch neue Wettbewerber, (4) Bedrohung durch Ersatzprodukte und (5) dem Grad der Rivalität unter den etablierten Wettbewerbern.[90]

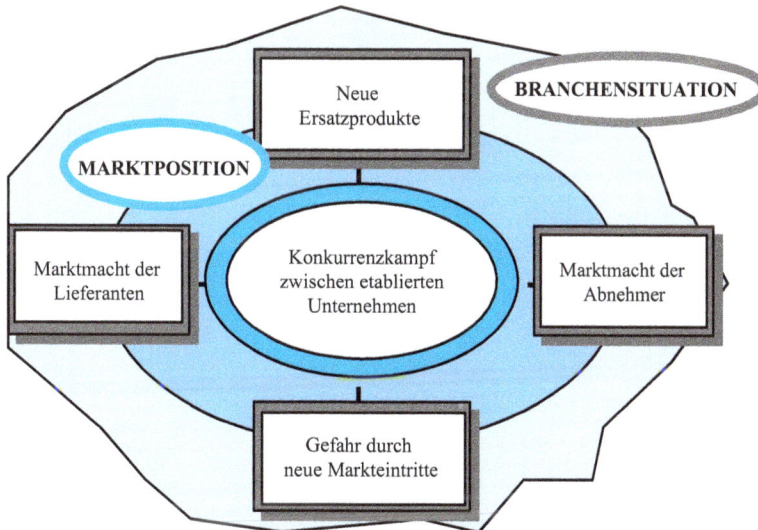

Abb. 19   Das Konzept der 5 Wettbewerbskräfte nach Porter

---

[90]   Porter, Michael (1994), S.34

Die Marktmacht der Zulieferer ist gerade bei kleinen Unternehmen oft hoch: Sie sind wegen geringer Abnahmemengen nicht in der Lage, bei ihren Lieferanten die Konditionen durchzusetzen, die größere Unternehmen mit höheren Stückzahlen erreichen. Durch mehrere Lieferanten nach Auswahl der strategisch wichtigsten Einkaufsprodukte lässt sich dieses Risiko reduzieren. Moderne Beschaffungsmöglichkeiten (z.B. via Internet) bieten dem neuen Management ggf. Einspar- und weitere Bezugsmöglichkeiten, was auch die Verhandlungsposition bei derzeitigen Lieferanten verbessern kann.

Zur Kundenstruktur und -konzentration – also der Marktmacht der Abnehmer – bieten die Ergebnisse einer ABC-Analyse erste wichtige Anhaltspunkte. Je größer die Abhängigkeit gegenüber einem Kunden, desto mehr Macht kann dieser ausüben, etwa auf die Preise, die Konditionen, die Qualität oder die vertraglichen Leistungen des Unternehmens. Je spezieller und individueller die erbrachte Leistung für den Kunden ist, desto höher sind hingegen auch die Kosten, die mit dem Wechsel des Lieferanten für den Kunden entstehen.

Die Bedrohung durch neue Wettbewerber wird in wachsenden und umsatzstarken Märkten besonders hoch sein. Im klassischen Verlauf solcher Märkte tritt mit zunehmender Anbieterzahl ein verstärkter Preiskampf auf, in dem sich Familienunternehmen oft nur noch durch das Angebot spezieller Zusatzleistungen oder Produktausprägungen behaupten können, da sie im Allgemeinen nicht über große Absatz- und Produktionsmengen Kostenvorteile realisieren können. Natürlich spielt auch die Kopierbarkeit des Produktes eine wichtige Rolle und inwieweit es durch Patent- oder Markenrechte geschützt werden kann. Die Höhe der erforderlichen Investitionen etwa in Maschinen oder F&E, die der Markteintritt erfordert, wird ebenfalls die Anzahl der neuen Wettbewerber beeinflussen. Schließlich beschränken administrative bzw. gesetzliche Barrieren den Markteintritt neuer Anbieter.

Die Bedrohung durch Ersatzprodukte kann zum Aussterben einer ganzen Branche führen. Mit Einführung des Computers sind beispielsweise Schreibmaschinen vom Markt verschwunden. An diesem Beispiel ist auch zu erkennen, dass nicht nur die Hersteller des Originärproduktes (der Schreibmaschine) gefährdet sind, sondern auch die Hersteller von Verbundprodukten (beispielsweise Bänder). Nur eine permanente Beobachtung von technologischen und gesellschaftlichen Trends und profunde Branchenkenntnisse können derartige Phänomene antizipieren.

Die Rivalität der etablierten Wettbewerber schließlich leitet sich nach Porter aus dem Zusammenspiel der oben genannten Faktoren ab.

Benchmarking

Um die Ergebnisse der Analyse einschätzen zu können, bietet sich ein Benchmarking mit den relevanten Wettbewerbern an. Dabei kommt es nicht gezwungenermaßen darauf an, Vergleichsobjekte in derselben Branche zu finden, sondern es werden Unternehmen gesucht, die in dem zu vergleichenden Funktionsbereich die Besten sind[91]. Das Benchmarking erfolgt

---

[91] Firma Gate Gourmet z.B., die auf das Catering bei Fluglinien spezialisiert ist, hat sich einen Benchmarkpartner gesucht, der für Boxenstopps bei Formel-1-Rennen verantwortlich ist, weil sie erkannt haben, dass es ein ent-

entlang der internen Wertschöpfungskette. Das Auffinden der „Best Practices" für die jeweiligen Wertschöpfungsphasen nimmt folglich eine zentrale Rolle ein und ist ausschlaggebend für den Erfolg der Methode. Das können Unternehmen aus ganz anderen Branchen sein, die durch die besonders effektive Erfüllung einer ganz bestimmten Funktion auffallen. Viele Firmen nutzen ein Benchmarking für einen ständigen Abgleich der internen Stärken und Schwächen mit denen von Mitbewerbern.

Kostenführerschaft oder Differenzierung

Ein Unternehmen reagiert auf die gegebene Wettbewerbssituation in zwei grundsätzliche Stoßrichtungen: Indem es versucht, die Kosten möglichst gering zu halten oder sich von Mitbewerbern möglichst stark zu differenzieren[92].

Bei der Kostenführerschaft versucht das Unternehmen, ein Produkt oder eine Leistung zu einem besseren Preis als die Konkurrenz anzubieten. Dabei wird das Produkt/die Leistung nicht oder nur unwesentlich variiert und es werden Kostenvorteile durch Mengeneffekte angestrebt, z.B. im Einkauf oder der Produktion (sog. Economies of Scale). Darüber hinaus bewirkt die Lernkurve, dass die Effizienz der Mitarbeiter mit steigender Verrichtung zunimmt und so zu sinkenden Stückkosten führt. Dieser Effekt wird auch mit Economies of scope bezeichnet. Bei der Differenzierungsstrategie strebt das Unternehmen nach einer konsequenten Nischenstrategie, bei der bestimmte Kundengruppen oder Kernkompetenzen des Unternehmens fokussiert werden. Diese Strategie erfordert eine hohe Kundennähe und ist in der Regel bei wenig standardisierbaren Produkten und Leistungen anzutreffen.

Mit Blick auf eine Unternehmensnachfolge sind für beide Strategien entweder ein Management mit fundierten Branchen und/oder Produkterfahrungen oder eine gute zweite Führungsebene erforderlich, die auch nach Ausscheiden des bisherigen Managements diese Kostenvorteile realisieren kann.

Beide Strategien besitzen systemimmanent jedoch nur eine begrenzte Lebensdauer: Die Lerneffekte, auf die die Kostenführerschaft aufbaut, werden irgendwann auch von Konkurrenten realisiert. Der daraus resultierende Preiskampf legt gerade kleineren Unternehmen eine Nischenstrategie nahe. Diese muss jedoch auch permanent überprüft und ggf. angepasst werden, da Unternehmen mit einer erfolgreichen Differenzierungsstrategie mit der Zeit Nachahmer finden und so in einen verstärkten Kosten- und Preiswettkampf gedrängt werden.

Für die Analyse eines zur Übernahme stehenden Unternehmens stehen damit zwei wesentliche Aspekte im Vordergrund: Zum einen ist zu hinterfragen, mit welcher Marktstrategie das Unternehmen auch in Zukunft erfolgreich am Markt agieren kann. Zum anderen ist zu untersuchen, wie flexibel das Unternehmen auf notwendige Strategiewechsel reagieren kann. Die Basis hierfür liegt aber nicht in der Produkt- oder Produktionspolitik des Unternehmens, sondern vielmehr im Bereich der Mitarbeiter, ihrer Qualifikation, ihrer Bereitschaft, neue

---

scheidender Kundennutzen ist, die Zeit zu verkürzen, in der ein Flugzeug am Boden ist. Vgl. Fallbeispiel nach Müller-Stewens/Lechner (2003), S.383

[92]   Porter, M (1999), S. 37

Wege zu gehen, ihrer Identifikation mit dem Unternehmen, der Unternehmenskultur und der Organisationsstruktur.

Horst Moritz hat immer größten Wert darauf gelegt, nur solche Produkte anzubieten, die nicht in direktem Preiswettbewerb mit anderen Anbietern stehen. „Nur wenn wir etwas Besonderes bieten können, bezahlen die Kunden auch ordentliche Preise dafür" ist seine Devise. Damit folgt Herr Moritz der Logik der Nische, er differenziert sich vom Wettbewerb.

Derzeit überlegt er ernsthaft, ob das Geschäft mit Versorgungsbauelementen für den Katastrophenschutz noch Zukunft hat, da hier inzwischen italienische, koreanische und amerikanische Anbieter auf dem Markt sind und sich gewisse Standardisierungstendenzen ergeben haben, vorangetrieben von der UNO und der EU, die – als potenziell große Abnehmer – ein Interesse an der Bildung eines funktionierenden Preiswettbewerbs haben. Falls dies tatsächlich so kommen sollte, will Horst Moritz aus diesem Geschäftsbereich ausscheiden. Er sieht keine Chance, mit einer Fertigung in Deutschland im Preiskrieg bestehen zu können.

2.5   Finanzen und Erträge

Im BSC-Modell werden – anders als im klassischen Controlling – auch qualitative Kennzahlen einbezogen. Damit soll der Erfolg strategischer Initiativen messbar werden, bevor sie sich in den Erträgen und Finanzen niederschlagen[93]. Kaplan/Norton bezeichnen die finanzielle Perspektive jedoch als unternehmerische Kernperspektive und stellen fest, „dass Verbesserungen in Qualität, Reaktionszeiten, Produktivität sowie Produktentwicklung Wege zum Ziel sind, nicht jedoch das Ziel selbst."[94] Die finanziellen Kennzahlen dienen bei der BSC als Metaebene, die die inhaltlichen Zielsetzungen quantifiziert.

Diese Denkweise hat auch für die Betrachtung eines Unternehmens bei der Unternehmensnachfolge aus Sicht der bisherigen und zukünftigen Eigentümer Berechtigung: Die finanzielle Performance eines Unternehmens ist Kernmotivation jedes Übernehmers und beeinflusst die generelle Bereitschaft und den Preis, den jemand für die Übernahme dieses Betriebes bereit ist zu zahlen. Auch Kenntnisse über Finanzierungsmöglichkeiten für eine Nachfolgeregelung und die oftmals dadurch determinierten Alternativen der Vermögensübertragung sind für die Regelung einer Nachfolge zwingend. Schließlich sind die finanziellen Ressourcen wesentliche Basis für strategische und operative Maßnahmen zur Zukunftssicherung.

---

[93]   vgl. Kaplan/Norton (1999), S. 30 f.

[94]   Ebda., S. 32

2.5.1 Finanz- und Ertragssituation in Familienunternehmen

In Familienbetrieben wirkt sich die Verzahnung von Eigentum und Management in der Finanzperspektive auf mehreren Ebenen aus:

Rechtlich gesehen haften Eigentümer von Personengesellschaften mit ihrem privaten Vermögen für das Unternehmen. Durch diese Konstruktion sind Familie und Unternehmen eng verbunden. Mittelbar sind damit auch Familienmitglieder, die nicht am Unternehmen beteiligt sind, von dessen Erfolg oder Scheitern betroffen. Doch selbst bei Kapitalgesellschaften, bei denen die Haftung auf die Einlage beschränkt ist, ist dieser Effekt in gleicher Weise zu beobachten, wenn – bedingt durch die oftmals hohe Fremdfinanzierung – Sicherheiten aus dem persönlichen Umfeld bereit gestellt wurden.

Die Entscheidung, Managementpositionen im Unternehmen familienintern zu besetzen, entsteht häufig aus der Erwartungshaltung einer höheren Motivation. Hinzu kommt die Erwartung, dass familieninterne Manager neben dem Unternehmenserfolg auch das Wohlergehen der ganzen Familie bei ihren Entscheidungen berücksichtigen. So ist in vielen Familienunternehmen zu beobachten, dass strategische Ziele nicht allein auf finanziellen Erfolg und Ertragsmaximierung ausgelegt werden, sondern Aspekte der Nachhaltigkeit und langfristigen Existenz des Unternehmens im Vordergrund stehen. Dies wiederum wird als Garant für langfristigen finanziellen Erfolg gesehen. Schließlich wird mit dem Familienunternehmen nicht nur die gegenwärtige Existenz gesichert, sondern es dient häufig auch als Basis der Altersvorsorge.

In der Praxis besteht darüber hinaus bei kleineren Unternehmen eine unmittelbare Verzahnung von Familien- und Unternehmensvermögen: Wenn finanzielle Bedürfnisse der Inhaberfamilie durch den „Griff in die Kasse" gestillt werden, wenn persönliche Bedürfnisse als Betriebsausgaben angesetzt werden, ist dies bei korrekter Verbuchung und in den entsprechenden Grenzen zwar durchaus legal, erschwert aber die Messung und Erfolgskontrolle im Unternehmen.

2.5.2 Instrumente zur Messung des (finanziellen) Erfolgs

Die Frage nach dem unternehmerischen Erfolg muss mit der Frage nach dem Sinn des Unternehmens bzw. der Zielsetzung der Gesellschafter (Shareholder) verbunden sein. Bei einer Unternehmensnachfolge lässt sich diese Frage meist mit der Erzielung eines Mehrwertes durch die Übernahme beantworten.

Was genau beschreibt den Mehrwert? Zunächst einmal wird Mehrwert, der durch erfolgreiche unternehmerische Tätigkeit entsteht, als finanzieller Zuwachs betrachtet. Das können die

Ausschüttungen oder der steigende Wert des Unternehmens sein. Dieser sog. Shareholder-Ansatz bezieht sich in seiner ursprünglichen Version alleine auf monetäre Interessen[95].

Qualitative Erfolgsmerkmale

Gerade in Familienunternehmen prägen jedoch in hohem Maße auch qualitative Aspekte den Erfolg des Unternehmens. Daher werden hierbei verschiedene Anspruchsgruppen (sogenannte Stakeholder), die in Beziehung zu dem Unternehmen stehen, betrachtet und bei der Messung des Erfolgs auch die (oftmals qualitativen) Ansprüche der Stakeholder, wie z.B. Mitarbeiter, Familienmitglieder, Kunden, Lieferanten oder Konkurrenten einbezogen.

Bei der Analyse eines Unternehmens im Nachfolgeprozess stehen die finanziellen Werte somit im Vordergrund, allerdings müssen auch hier die Interessen der Stakeholder berücksichtigt werden. So möchten die Altunternehmer z.B. im Verkaufsfall einen angemessenen Preis für das Unternehmen erzielen und der Nachfolger den Kaufpreis durch erfolgreiches Wirtschaften amortisieren, jedoch müssen die anderen Anspruchsgruppen mit den einzelnen Regelungen einverstanden sein: Mitarbeiter müssen nach § 613a BGB dem Verkauf zustimmen. Der Automobilhersteller hat vertraglich vereinbart, dass er bei Übertragung eines Autohandelsgeschäftes zustimmen muss. Gesellschafter haben mit Familienmitgliedern Vorkaufsrechte vereinbart, u.s.w.

Jahresabschlüsse

Zur Beurteilung der wirtschaftlichen Situation eines Übernahmebetriebs werden zunächst einmal die ausgewiesenen Jahresergebnisse herangezogen, sie bestehen typischerweise aus der Gewinn- und Verlustrechnung und der Bilanz.

TMS Quick-Check 2.1	2005		2006		2007		2007 - 2006		2007 - 2005	
	TEUR	%	TEUR	%	TEUR	%	TEUR	%	TEUR	%
Umsatzerlöse	17.364	105,8	10.645	108,6	9.698	91,2	-947	-8,9	-7.666	-44,1
Gesamtleistung	16.418	100,0	9.800	100,0	10.631	100,0	831	8,5	-5.787	-35,2
Materialeinsatz	11.663	71,0	6.404	65,3	7.180	67,5	776	12,1	-4.483	-38,4
Rohertrag = DB I	4.755	29,0	3.396	34,7	3.451	32,5	55	1,6	-1.304	-27,4
Personalaufwand	1.177	7,2	1.268	12,9	1.466	13,8	198	15,6	289	24,6
DB II	3.578	21,8	2.128	21,7	1.985	18,7	-143	-6,7	-1.593	-44,5
Abschreibungen	70	0,4	67	0,7	137	1,3	70	104,5	67	95,7
Miet- / Leasingaufwand	265	1,6	283	2,9	309	2,9	26	9,2	44	16,6
sonst. betr. Aufwand	374	2,3	289	2,9	419	3,9	130	45,0	45	12,0
sonst. betr. Erlöse	145	0,9	79	0,8	41	0,4	-38	-48,1	-104	-71,7
Zinsaufwand	-60	-0,4	-39	-0,4	40	0,4	79	-202,6	100	-166,7
Betriebsergebnis	3.074	18,7	1.607	16,4	1.121	10,5	-486	-30,2	-1.953	-63,5
Neutrales Ergebnis	-1.373	-8,4	-652	-6,7	-452	-4,3	200	-30,7	921	-67,1
Unternehmensergebnis	1.701	10,4	955	9,7	669	6,3	-286	-29,9	-1.032	-60,7

Abb. 20   Die Gewinn- und Verlustrechnung der Moritz GmbH

---

[95]   vgl. Rappaport (1981)

Trotz sinkender Umsätze konnte die Moritz GmbH in den letzten Jahren noch hohe positive Betriebsergebnisse und Jahresüberschüsse erwirtschaften.

Aus den Zahlen ist erkennbar, dass der Rückgang des Umsatzes (44 %), der insbesondere auf einen Großauftrag im Katastrophenschutz in 2005 zurückzuführen ist, sich nur unterproportional im Materialeinsatz (38,4 %) zeigt. Im Personalaufwand wurde sogar absolut und in der Quote aufgestockt. Dies liegt darin begründet, dass die Produkte im Bereich Entsorgungstechnik personalintensiver (und in geringem Umfang auch materialintensiver) sind als im Katastrophenschutz. Bedingt durch die Neuinvestitionen sind die Abschreibungen in 2007 bereits um fast 100 % gestiegen und werden weiterhin auf deutlich höherem Niveau bleiben als bisher. Auch im Zinsaufwand sind die Investitionen erkennbar. Im neutralen Ergebnis sind insbesondere die Steuern ausgewiesen.

TMS Quick-Check 2.1 Aktivseite	2005		2006		2007		2007 - 2006		2007 - 2005	
	TEUR	%	TEUR	%	TEUR	%	TEUR	%	TEUR	%
Anlagevermögen	136	1,9	181	3,4	3.191	48,7	3.010	1663,0	3.055	2246,3
Vorräte	1.186	16,7	344	6,4	1.269	19,4	925	268,9	83	7,0
Forderungen	2.982	41,9	2.118	39,3	1.562	23,8	-556	-26,3	-1.420	-47,6
Kassenbestand / Bankguthaben	2.770	38,9	2.730	50,7	370	5,6	-2.360	-86,4	-2.400	-86,6
Restliches Umlaufvermögen	45	0,6	13	0,2	165	2,5	152	1169,2	120	266,7
Summe Umlaufvermögen	6.983	98,1	5.205	96,6	3.366	51,3	-1.839	-35,3	-3.617	-51,8
Negativkapital	0	0,0	0	0,0	0	0,0	0	0,0	0	0,0
Bilanzsumme	7.119	100,0	5.386	100,0	6.557	100,0	1.171	21,7	-562	-7,9
Passivseite										
Wirtschaftliches Eigenkapital	3.334	46,8	1.727	32,1	2.119	32,3	392	22,7	-1.215	-36,4
Langfristige Rückstellungen	0	0,0	0	0,0	0	0,0	0	0,0	0	0,0
Lang- / mittelfr. Bankverbindlichkeiten	0	0,0	0	0,0	2.057	31,4	2.057	0,0	2.057	0,0
Kurzfristige Bankverbindlichkeiten	23	0,3	0	0,0	21	0,3	21	0,0	-2	-8,7
Lieferantenverbindlichkeiten	876	12,3	488	9,1	799	12,2	311	63,7	-77	-8,8
Erhaltene Anzahlungen	0	0,0	1.413	26,2	464	7,1	-949	-67,2	464	0,0
Akzepte	0	0,0	0	0,0	0	0,0	0	0,0	0	0,0
Kurzfristige sonstige Verbindlichkeiten	2.046	28,7	1.074	19,9	603	9,2	-471	-43,9	-1.443	-70,5
Restliches Fremdkapital	841	11,8	685	12,7	493	7,5	-192	-28,0	-348	-41,4
Summe Fremdkapital	3.786	53,2	3.660	67,9	4.437	67,7	777	21,2	651	17,2
Bilanzsumme	7.120	100,0	5.387	100,0	6.556	100,0	1.169	21,7	-564	-7,9

Abb. 21   Die Bilanz der Moritz GmbH

In der Bilanz zeigt sich zunächst die sehr solide Finanzierung auf der Passivseite mit immer noch über 30 % Eigenkapital, Kundenanzahlungen analog zu den Auftragsbeständen sowie die Investitionsfremdfinanzierung in Höhe von rund 2 Mio. €.

Damit und mit einer Reduzierung des Festgeldkontos konnte das gesamte Investitionsvolumen von rund 3 Mio. € gesteuert werden. Diese finanzielle Entwicklung lässt sich noch besser durch eine Finanzstromanalyse darstellen.

Finanzströme

Auch für die Übernahme interessiert vor allem die finanzielle Ausgangslage des Unternehmens. Für die Vergangenheit bietet die Finanzstromanalyse des Unternehmens daher einen guten Überblick.

TMS Quick-Check 2.1	2006		2007	
	TEUR	%	TEUR	%
Betriebsergebnis	1 606	157,3	1 122	139,0
Abschreibungen	67	6,6	137	17,0
Rückstellungsänderungen	0	0,0	0	0,0
Betrieblicher Cashflow	**1.673**	**163,9**	**1.259**	**156,0**
Neutrales Ergebnis	-652	-63,9	-452	-56,0
Unternehmens Cashflow	**1.021**	**100,0**	**807**	**100,0**
Anlagevermögen	-112	10,8	-3 147	98,7
Vorräte	842	-81,0	-925	29,0
Forderungen	864	-83,1	557	-17,5
Restliches Umlaufvermögen	32	-3,1	-151	4,7
Umschichtung aus Aktiva	**1.626**	**-156,3**	**-3.666**	**115,0**
Einlagen/Entnahmen per Saldo	-2 562	246,3	-278	8,7
Langfristige Bankverbindlichkeiten	0	0,0	2 057	-64,5
Lieferantenverbindlichkeiten	-389	37,4	311	-9,8
Restliches Fremdkapital	285	-27,4	-1 611	50,5
Umschichtung aus Passiva	**-2.666**	**256,3**	**479**	**-15,0**
Bilanzieller Cashflow	**-1.040**	**100,0**	**-3.187**	**100,0**
Finanzfluss	**-19**		**-2.380**	
Banksaldo am Jahresbeginn	2 747		2 730	
Finanzfluss	-19		-2 380	
Banksaldo am Jahresende	**2.728**		**350**	
Kurzfr Bankverb am Jahresbeginn	-23		0	
Veränderung der kurzfr Bankverb	23		-21	
Kurzfr. Bankverb. am Jahresende	**0**		**-21**	

Abb. 22   Die Finanzströme der Moritz GmbH

Es ist erkennbar, dass das Unternehmen in den beiden betrachteten Jahren nicht nur Gewinne erzielt, sondern auch einen finanzwirtschaftlich hohen Überschuss erwirtschaftet hat. Dieser wurde 2007 mit 807 T€ für die Investitionen verwendet. Außerdem wurden die Vorräte um 925 T€ aufgebaut. Die Forderungen hingegen konnten um gut 0,5 Mio. € abgebaut werden, was die Finanzposition des Unternehmens verbesserte. Der größte Teil der Investition wurde aus einer Darlehensaufnahme finanziert. Umstrukturierungen in der betrieblichen Altersvorsorge und Rückstellungen erhöhen das restliche Fremdkapital. Saldiert hat das Unternehmen aus den bilanziellen Umschichtungen und dem operativen Ergebnis einen zusätzlichen Finanzmittelbedarf von 2.380 T€, der aus den Guthabenkonten des Unternehmens finanziert wurde.

Kennzahlen

Schließlich sind betriebsindividuell verschiedene Kennzahlen von Bedeutung. Für Handelsunternehmen zum Beispiel spielt die Marge, also die Quote zwischen Rohertrag und Gesamtleistung eine wichtige Rolle oder der Umsatz pro Quadratmeter. In Industriebetrieben ist die Produktivität der Mitarbeiter ein entscheidender Faktor, viele Kennzahlen beziehen sich darauf.

Spezielle Kennzahlen zur Steuerung des unternehmerischen Erfolgs aus Gesellschaftersicht sind zum Beispiel der ROI, der ROCE oder EVA.

Der Return on Investment (ROI) ist eine rein quantitativ orientierte Kennzahl für die Rendite einer Investition[96]. Er ergibt sich aus dem Quotienten des auf eine Zeitperiode bezogenen Gewinns zum eingesetzten Kapital. Der ROI gibt somit den prozentualen Anteil des Gewinns an einer Investition an und ist eine von verschiedenen Berechnungsmethoden zur Bewertung einer Investition. Dabei ist sowohl eine Aussage über die Entwicklung des Gesamtunternehmens möglich, als auch eine Begrenzung auf einzelne Geschäftsbereiche oder Einzelinvestitionen, z.B. bei Rekrutierungs- und Trainingsmaßnahmen oder Aktiendepots. Die Schwierigkeit in der Praxis liegt in der Plausibilität der Annahmen für die Prognose von Investitionsrückflüssen. Weder die Dauer des betrachteten Investitionszeitraums noch währenddessen auftretende Risiken können adäquat berücksichtigt werden. In der Kennzahlenanalyse entspricht der ROI der Eigenkapital- oder Gesamtkapitalrendite des Unternehmens.

Der Return on Capital employed (ROCE) beschreibt aus der Perspektive des Unternehmens wie effektiv das Kapital eingesetzt wird. Der ROCE berechnet sich aus dem Quotienten von Geschäftsergebnis nach Steuern und der Summe von Anlagevermögen und Working Capital (sog. Capital employed). Im Gegensatz zum ROI bezieht sich der ROCE somit nur auf das langfristig gebundene Kapital.

Der Economic Value Added (EVA) ist eine Weiterentwicklung des ROCE[97] und wird aus der Differenz der Rendite des eingesetzten Kapitals (ROCE) und dem gewichteten Mittelwert von Fremd und Eigenkapitalkosten, multipliziert mit dem investierten Kapital bzw. den betriebsnotwendigen Vermögensgegenständen errechnet. Das Unternehmen erwirtschaftet nur dann einen Mehrwert, wenn die Rendite auf das eingesetzte Kapital größer ist als die Kapitalkosten der Unternehmung. Multipliziert man diese „Überrendite" mit dem investierten Kapital, erhält man die jährliche Wertsteigerung, bzw. den Wertverlust (EVA). Aus Sicht der Gesellschafter zeigt der EVA damit die Wertentwicklung des Unternehmens und die Rendite ihres eingesetzten Kapitals. Er erlaubt damit qualitativ begründete Aussagen über die Managementaktivitäten und über die Entwicklung des Unternehmenswertes und kann so für längere Investitionszeiträume eingesetzt werden.

Üblicherweise werden eine ganze Reihe von Kennzahlen berechnet, die unternehmensindividuell zur Steuerung herangezogen werden. Diese können unterschieden werden in Kennzahlen zur

---

[96]   vgl. Weber, Manfred (2001), S. 86 ff.; Gladen, Werner (2003), S. 41; Reichmann, Thomas (2006), S. 94

[97]   Gladen, Werner (2003), S. 41

- Rentabilität

- Vermögensstruktur

- Kapitalstruktur

- Liquidität

- Beschäftigung

Für die Moritz GmbH werden folgende Kennzahlen erhoben:

TMS Quick-Check 2.1			
	2005	2006	2007
Kennzahlen zur Rentabilität			
Gesamtkapitalverzinsung	42,3	29,1	17,7
Umsatzrentabilität (GL)	18,7	16,4	10,6
ROI (Eigenkapital)	0,51	0,55	0,32
ROCE	0,53	0,62	0,68
EBITDA (TEUR)	3.084	1.635	1.299
Gewinnschwelle (TEUR)	5.803	5.164	7.175

Kennzahlen zur Vermögensstruktur			
Umschlaghäufigkeit der Vorräte	9,8	18,6	5,7
Lagerdauer der Vorräte (Tage)	37	19	64
Kapitalbindung pro Lagertag (TEUR)	32	18	20
Debitorenlaufzeit (Tage)	53	61	50
Kapitalbindung pro Debitoren-Tag (TEUR)	56	35	31

Kennzahlen zur Kapitalstruktur			
Eigenkapitalquote	46,8	32,1	32,3
Kreditorenlaufzeit (Tage)	23	23	33
Kapitalbindung pro Kreditoren-Tag (TEUR)	39	22	24
Verschuldungsgrad	113,5	211,9	209,4

	2005	2006	2007
Kennzahlen zur Beschäftigung			
Mitarbeiter im Durchschnitt	26	28	33
Umsatz je Mitarbeiter (TEUR)	668	380	294
Gesamtleistung je Mitarbeiter (TEUR)	631	350	322
Rohertrag je Mitarbeiter (TEUR)	183	121	105
Personalkosten je Mitarbeiter (TEUR)	45	45	44
Individuelle Wertschöpfung (TEUR)	138	76	60

Kennzahlen zur Liquidität			
Working capital (TEUR)	3.198	1.546	985
Anlagendeckung 1	2443,5	953,1	66,4
Anlagendeckung 2	2443,5	953,1	130,9
Betrieblicher Cash Flow (TEUR)	0	1.673	1.259
Unternehmens Cash Flow (TEUR)	0	1.021	807
Banken Cash Flow (BE) (TEUR)	0	1.635	1.299
Kapitaldienstgrenze (TEUR)	0	-938	707
Dynamischer Verschuldungsgrad in Jahren	0,0	2,2	3,5

Abb. 23   Ausgewählte Kennzahlen der Moritz GmbH

Es gibt viele verschiedene Varianten zur Berechnung einzelner Kennzahlen. Daher muss immer klar sein, welche Formel zugrunde gelegt wurde. Nachfolgend die Formeln der hier berechneten Kennzahlen:

Kennzahlen zur Rentabilität

Gesamtkapitalverzinsung
$$= \frac{(\text{Betriebsergebnis} + \text{Zinsen}) \cdot 100}{\text{Bilanzsumme}}$$

Umsatzrentabilität
$$= \frac{\text{Betriebsergebnis} \cdot 100}{\text{Umsatz}}$$

Cashflow-Umsatzrendite
$$= \frac{\text{Betrieblicher Cashflow} \cdot 100}{\text{Umsatz}}$$

EBIT
$$= \text{Betriebsergebnis} + \text{Zinsen}$$

EBITDA
$$= \text{Betriebsergebnis} + \text{Zinsen} + \text{AfA}$$

Gewinnschwelle
$$= \frac{\text{gesamter betrieblicher Aufwand} \cdot 100}{\text{Rohertrag}}$$

Kennzahlen zur Vermögensstruktur

Umschlagshäufigkeit
$$= \frac{\text{Materialeinsatz}}{\text{Vorräte}}$$

Lagerdauer der Vorräte
$$= \frac{360}{\text{Umschlaghäufigkeit der Vorräte}}$$

Kapitalbindung pro Lagertag
$$= \frac{\text{Vorräte}}{\text{Lagerdauer der Vorräte}}$$

Debitorenlaufzeit
$$= \frac{\text{Forderungen} \cdot 360}{(\text{Umsatzerlöse} + \text{sonstige betriebliche Erlöse}) \text{ zzgl. MwSt.}}$$

Kapitalbindung pro
Debitoren-Tag
$$= \frac{\text{Forderungen}}{\text{Debitorenlaufzeit}}$$

Kennzahlen zur Kapitalstruktur

Eigenkapitalquote $= \dfrac{(\text{Wirtschaftliches Eigenkapital-Negativkapital}) \cdot 100}{\text{Bilanzsumme}}$

Kreditorenlaufzeit $= \dfrac{\text{Lieferantenverbindlichkeiten} \cdot 360}{\text{Materialeinsatz} + \text{so. betrieblicher Aufwand (zzgl. MwSt.)}}$

Kapitalbindung pro Kreditoren-Tag $= \dfrac{\text{Lieferantenverbindlichkeit}}{\text{Kreditorenlaufzeit}}$

Verschuldungsgrad $= \dfrac{\text{Fremdkapital} \cdot 100}{\text{Wirtschaftliches Eigenkapital}}$

Kennzahlen zur Beschäftigung

Umsatz je Mitarbeiter $= \dfrac{\text{Umsatzerlöse}}{\text{Mitarbeiter im Durchschnitt}}$

Gesamtleistung je Mitarbeiter $= \dfrac{\text{Gesamtleistung}}{\text{Mitarbeiter im Durchschnitt}}$

Rohertrag je Mitarbeiter $= \dfrac{\text{Rohertrag}}{\text{Mitarbeiter im Durchschnitt}}$

Personalkosten je Mitarbeiter $= \dfrac{\text{Personalaufwand}}{\text{Mitarbeiter im Durchschnitt}}$

Individuelle Wertschöpfung $= \dfrac{\text{DB II}}{\text{Mitarbeiter im Durchschnitt}}$

Kennzahlen zur Liquidität

Working Capital

$=$ Umlaufvermögen - kurzfristige Bankverbindlichkeiten
- Lieferantenverbindlichkeiten- erhaltene Anzahlungen
- Akzepte- kurzfr. sonstige Verb. - restliches Fremdkapital

Anlagendeckung 1 $= \dfrac{\text{Wirtschaftliches Eigenkapital} \cdot 100}{\text{Anlagevermögen}}$

Anlagendeckung 2 $= \dfrac{\text{Wirtschaftliches Eigenkapital} + \text{langfr. Fremdkapital} \cdot 100}{\text{Anlagevermögen}}$

Betrieblicher Cashflow	= Betriebsergebnis + Abschreibungen + / - Rückstellungsänderungen
Unternehmens Cashflow	= Betrieblicher Cashflow + Neutrales Ergebnis
Banken Cashflow (BE)	= Betrieblicher Cashflow + Zinsaufwand
Kapitaldienstgrenze	= Betrieblicher Cashflow + Zinsaufwand + Reinvestitionen - Entnahmen per Saldo + Einlagen per Saldo
Dynamischer Verschuldungs- grad in Jahren	$= \dfrac{\text{Fremdkapital}}{\text{Betrieblicher Cashflow}}$

Nur in seltenen Fällen werden diese Kennzahlen in Familienbetrieben zur systematischen und langfristigen Steuerung des finanziellen Erfolgs eingesetzt. In der Regel beobachtet das Management lediglich kurzfristig die Ergebnisse anhand der unterjährigen betriebswirtschaftlichen Auswertungen und die Finanzbewegungen auf den Bankkonten. Das reicht für eine sachgerechte Beurteilung der Unternehmensnachfolge nicht aus. Eine umfassende Analyse des Unternehmens bezieht alle erforderlichen Kennzahlen ein. Darüber hinaus muss die zukünftige Entwicklung des Unternehmens näher in Augenschein genommen werden. Hierfür sind Ertrags- und Finanzpläne zu entwickeln, die ihrerseits auf systematischen qualitativen Planungen basieren (sog. Geschäfts- oder Businessplan). Diese Geschäftspläne können nach der Übergabezeit als ständiges Steuerungssystem in der Unternehmensführung eingesetzt werden. Hier schließt sich der Kreis zur Balanced Scorecard, die als operatives Instrument alle speziell für das Unternehmen wesentlichen Kennzahlen systematisch erfasst und damit ein kompaktes Steuerungsinstrument vor allem für Familienbetriebe darstellt.

Natürlich hast Du alles so gemacht, wie
ich gesagt habe: Firma weitervererbt,
Haus übertragen, Wertpapiere transferiert...
- bis mir klar wurde: ein Mann ohne
Vermögen hat ja gar kein Sex-appeal mehr!

2.5.3 Übertragung des Vermögens

Bei einer Unternehmensnachfolge wird nach unserer Definition nicht nur die Management-aufgabe, sondern auch Unternehmensvermögen zumindest teilweise übertragen. Es geht also auch um den rechtlichen Vollzug des Inhaberwechsels. Reine Pachtlösungen oder die dauer-hafte Einstellung eines familienfremden Geschäftsführers sind eher Einzelfälle in Familien-unternehmen.

Im Regelfall ist der Zeitpunkt der Vermögensübertragung auch der späteste Einstieg des zukünftigen Managements in die Unternehmensleitung. Das bedeutet nicht, dass der Prozess der Unternehmensnachfolge damit abgeschlossen ist. Im Rahmen von Übergangsregelungen stehen die Altunternehmer vielfach noch für eine Zeitlang dem Unternehmen zur Verfügung.

Hinsichtlich der Vermögensübertragung lassen sich drei Grundtypen mit vielfältigen Modu-lationen und Mischformen unterscheiden:[98]

- die unentgeltliche Übertragung durch Schenkung oder Erbschaft

- die entgeltliche Übertragung durch Verkauf des Unternehmens

- keine Übertragung des Vermögens, aber Übergabe der Leitungsfunktion (Trennung von Management und Vermögen)

Unentgeltliche Übertragung

Eine unentgeltliche Vermögensübertragung ist die typische Lösung für familieninterne Nach-folgen, bei der Söhne oder Töchter das Unternehmen übernehmen. Dabei kann Vermögen sowohl in Form einer Schenkung, unter Anrechnung auf das Erbe (sog. vorweggenommene Erbschaft) oder als Erbschaft übertragen werden. Nach den verschiedenen Studien zur Un-ternehmensnachfolge ist die unentgeltliche Form – wenn auch je nach Datenbasis mit sehr unterschiedlichem Anteil – immer noch die dominierende Form der Nachfolgeregelung in Deutschland[99].

Aus Sicht der Unternehmerfamilie stellen unentgeltliche Vermögensübergaben eine interes-sante Variante dar, da durch sie in vielen Fällen keine Belastung der Liquidität des Unter-nehmens oder des Nachfolgers entstehen. Lediglich die steuerliche Belastung ist zu berück-sichtigen.

Unter Umständen bleibt jedoch der Anspruch der Altgesellschafter auf die Sicherung ihrer Altersversorgung erhalten, die mitunter auch durch betriebliche Pensionszusagen gestaltet

---

[98] Dies ist zu unterscheiden von den weiter oben dargestellten Möglichkeiten einer Unternehmensnachfolge generell. Bei der hier angestellten Betrachtung wird ausschließlich die Vermögensseite untergliedert.

[99] vgl. L-Bank (2002): Realisierte Übergaben zwischen 1997 und 2002 74% familienintern, geplante Übergaben 2002 bis 2007 51% familienintern; DIHK Berlin (2007): 57,9% beabsichtigen die Nachfolge familienintern zu regeln; Nagl (2005), S. 31: 40 Prozent der Unternehmen wurden durch Schenkung, weitere 31 Prozent durch Erbschaft übertragen; Deutsche Bank Research (2007), S. 15: 44% familieninterne Übergaben, Die familienin-terne Nachfolge ist nicht mehr die Regel.

ist. Dabei ist zu beachten, dass jede aus dem Betrieb zu finanzierende Altersversorgung der Altunternehmer von der Liquiditätssituation des Unternehmens und somit von Erfolg des Managements abhängig ist. In Krisenzeiten oder gar im Insolvenzfall kann die Altersversorgung daher gänzlich und dauerhaft ausfallen, sofern sie nicht versicherungstechnisch rückgedeckt ist.

Rechtliche Grundlage der gestalteten, unentgeltlichen Vermögensübertragung ist ein notarieller Schenkungsvertrag bzw. ein Testament. In diesen sollte in jedem Fall eine Rückfallklausel aufgenommen werden, bei der die Übertragung rückgängig gemacht wird, wenn der Beschenkte vorzeitig stirbt. Ansonsten können Fälle entstehen, in denen der Schenker eines Unternehmens im Falle des Todes des Beschenkten zu dessen Erben wird und das vormals verschenkte Unternehmen (steuerlich relevant natürlich) erbt.

Verschenktes Vermögen unterliegt nicht mehr der Verfügung des vormals Berechtigten. Es gibt zwar einige Ausnahmetatbestände, die Rückforderungen begründen könnten, etwa in dem Fall, dass der Schenker später nicht mehr in der Lage ist, seinen Lebensunterhalt zu finanzieren oder wenn der Beschenkte eine schwere Verfehlung gegenüber dem Schenker begeht, dies sind jedoch seltene Ausnahmefälle. Diese Selbstverständlichkeit wird innerhalb der Familie oftmals nicht so gelebt: da wird aus primär steuerlich motivierten Gründen übertragen und die abgebende Generation wundert sich, wenn die Nachfolger eigenständig in ihrem Unternehmen agieren.

Eine Besonderheit von Schenkungs- und Erbverträgen ist, dass sie mit Bedingungen versehen werden können. So kann die Übertragung etwa an das Erreichen von Ausbildungszielen des Nachfolgers gebunden werden. Häufig wird auch eine Altersversorgung des Altunternehmers im Rahmen der an sich unentgeltlichen Übertragung vorsehen. Dies kann als sogenannter Nießbrauchsvorbehalt geschehen. Der Begriff des Nießbrauchs beschreibt eine Regelung, in der das Eigentum, z.B. an einem Unternehmen oder einer Immobilie, übertragen wird, die Einnahmen aus dem verschenkten Objekt aber weiterhin dem Schenker vorbehalten sind. Außerdem kann ein Rentenvorbehalt vereinbart werden. Auch dabei wird das Eigentum übertragen, allerdings eine monatliche Leibrente aus dem Unternehmen an den Altinhaber gezahlt. Diese Lösungen führen zu steuerlich unterschiedlichen Konsequenzen, die im Einzelfall individuell zu prüfen sind.

Allgemein wird eine Vermögensübertragung durch Schenkung oder vorweggenommene Erbfolge steuerlich weder als Betriebsveräußerung noch als Betriebsaufgabe angesehen. Dies gilt dann, wenn das „Eigentum

- an allen wesentlichen Betriebsgrundlagen

- in einem einheitlichen Übertragungsakt und

- unter Aufrechterhaltung des geschäftlichen Organismus"[100]

---

[100]   Djanani/Brähler/Lösel (2005), S. 300f.

übertragen wird. Da keine Veräußerung des Unternehmens vorliegt, werden bei der Vermögensübertragung auch keine stillen Reserven aufgedeckt und das Unternehmen wird zu den bisherigen Buchwerten weitergeführt. Die unentgeltliche Übertragung von Vermögen wird steuerlich durch verschiedene Maßnahmen begünstigt. Dazu gehören nach der derzeitigen Regelung persönliche Freibeträge, eine niedrige Steuerklasse sowie ein besonderer Freibetrag auf das Betriebsvermögen. Zu empfehlen ist aus steuerlicher Sicht eine langfristige Planung, da diese Vergünstigungen zeitlich auch mehrmals in Anspruch genommen werden können.

Maßgeblich für die Höhe der Erbschaft- und Schenkungsteuer bei Unternehmensübertragungen ist die Berechnung des Unternehmenswertes als Bemessungsgrundlage. Dabei gelten unterschiedliche Verfahren für Personen- oder Kapitalgesellschaften. Bislang werden als Bemessungsgrundlage bei Einzelunternehmen und Personengesellschaften das Reinvermögen angesetzt; bei Kapitalgesellschaften wird nach dem sogenannten Stuttgarter Verfahren bewertet. Die derzeitigen Regelungen werden sich nach einem aktuellen Urteil des Bundesverfassungsgerichtes sowie einem Gesetzesentwurf zur Erleichterung der Unternehmensnachfolge voraussichtlich ändern.

In der Praxis ist bei unentgeltlicher Nachfolge der Altunternehmer vielfach auch nach der Übertragung des Vermögens im Unternehmen präsent. Ursachen hierfür können der Wille zur weiteren Einflussnahme, Schwierigkeiten mit dem „Loslassen" oder einfach die Nutzung freier Zeitkapazitäten sein. Das kann sowohl positive als auch negative Auswirkungen haben: Das über Jahre gewachsene Know-how und die bestehenden guten Kundenkontakte stehen dem Unternehmen weiter als Ressource zur Verfügung, die andauernde Präsenz kann aber auch Führungskonflikte befördern, wenn Entscheidungskompetenzen nicht klar geregelt und auch so gelebt werden.

Entgeltliche Übertragung

Unter entgeltlicher Vermögensübertragung wird der Verkauf des Unternehmens verstanden. Der Erwerber kann aus der Familie, dem Unternehmen oder von außerhalb kommen. Es kann eine Person sein, die lediglich Anteile erwerben oder auch die Managementaufgaben selbst wahrnehmen möchte. Regelmäßig wird diese Form der Nachfolge gewählt, wenn in der Familie des Unternehmers kein passender Nachfolger bereit steht.

Der Verkauf an einen bisherigen Mitarbeiter wird als Management-Buy-Out (MBO) bezeichnet. Langjährige Führungsmitarbeiter haben eventuell Interesse daran, Managementaufgaben mit unternehmerischer Verantwortung zu verbinden. Der Vorteil dieser Alternative ist, dass leitende Mitarbeiter in der Regel das erforderliche Know-how mitbringen, schon über Kundenkontakte verfügen und als langjährige Mitarbeiter das Vertrauen der Alteigentümer besitzen. So kann auch die mittelständische Struktur und Identität des Unternehmens erhalten bleiben – was vielen Familienunternehmern wichtig ist. Eine Gefahr liegt darin, dass Mitarbeiter den Betrieb übernehmen, denen die unternehmerischen Qualifikationen fehlen. Auch die bisherige Stellung als Kollege und mögliche Ressentiments bei anderen Mitarbeitern, die sich ebenfalls eine Übernahme vorstellen könnten, erschweren diese Lösung. Wichtig ist schließlich, dass trotz Übernahme durch einen „Insider" neue Impulse in das Unternehmen gebracht werden.

Die Situation ist bei einem Verkauf an ein betriebsexternes Management, dem sogenannten Management-Buy-In (MBI), anders. Ein Externer kann mit neuen Ideen und Initiativen das Unternehmen vitalisieren. Er hingegen muss sich zunächst die nötige Betriebskenntnis aneignen und von Geschäftspartnern und Mitarbeitern akzeptiert werden.

In der Praxis haben sich auch Kombinationen aus MBO und MBI bewährt. Derartige Konstellationen werden auch als BIMBO (Buy In Management Buy Out) bezeichnet. Durch sie können die Vorteile der beiden Modelle vereinigt werden. Leitende Mitarbeiter übernehmen zusammen mit einem externen Management als Nachfolgeteam das Unternehmen und können sowohl die inneren Kenntnisse über Strukturen und Prozesse als auch neue Ideen und Initiativen einbringen. Wichtig bei dieser Lösung ist eine hohe Sozialkompetenz und Konfliktlösungskompetenz der Partner, um die aus dem unterschiedlichem Erfahrungshintergrund resultierenden Meinungsunterschiede zum Wohle des Unternehmens zu lösen.

Alternative zu einer managementgetriebenen Lösung ist der Verkauf an einen Investor. Investoren können dabei verschiedene Ziele verfolgen.

Ein strategischer Investor kann zum Beispiel als bisheriger Wettbewerber Interesse am Erwerb der Firma haben, um den Marktanteil und Kundenstamm des Betriebes zu übernehmen. Auch kann das Produkt- und Leistungsangebot des Unternehmens in das Portfolio des Investors passen. Marktaspekte können eine Rolle spielen, wenn der Investor durch die Übernahme seine Präsenz ausdehnen will. Schließlich können mit der Eingliederung des Unternehmens in die Strukturen des Investors auch Kostenvorteile realisiert werden.

Ein finanzieller Investor hingegen ist in der Regel nicht am operativen Geschäft interessiert, sondern an einer möglichst hohen Verzinsung seiner Einlage. Die Nachfolge durch einen Finanzinvestor wird sich nur in Unternehmen realisieren lassen, die eine besonders gute Markt- und Wettbewerbsposition aufweisen können. Außerdem werden Beteiligungen in der Regel nur in Kapitalgesellschaften getätigt, auch um das Risiko des Investments zu begrenzen. Voraussetzung für den Verkauf an einen Investor ist oftmals ein tragfähiges Management, das im Unternehmen verbleibt, und die Bereitschaft dieses Managements, selbst auch Gesellschaftsanteile zu übernehmen. Finanzinvestoren klassischer Prägung handeln mit Unternehmensbeteiligungen. Sie veräußern die Beteiligung in der Regel nach 5 bis 7 Jahren und erwarten dabei einen hohen Veräußerungsgewinn. Daneben existieren sogenannte Management-Holdings, die sich durch die Beteiligung an verschiedenen Betrieben ein diversifiziertes Unternehmen aufbauen.

Anders als bei der unentgeltlichen Unternehmensübertragung erhält der Inhaber für die Abgabe seines Betriebs einen Gegenwert in Form des Kaufpreises. Dieser kann vielfältig genutzt werden, in der Praxis ergänzt er in vielen Fällen die Altersvorsorge. In kleinen Unternehmen ist der Verkaufserlös dabei oftmals sogar der wichtigste Bestandteil.

Naturgemäß sind die Preisvorstellungen der veräußernden und der erwerbenden Seite meist unterschiedlich. Der Erwerber ist an einem möglichst geringen Kaufpreis interessiert, da dieser für ihn Investitionsaufwand bedeutet und in vielen Fällen eine hohe Zinsbelastung durch Fremdfinanzierung entsteht. Hinzu kommt, dass der Wert des Unternehmens nicht objektiv feststellbar ist. Der Erwerber kennt das Unternehmen und seine Zahlen in der Regel jedoch nicht genau. Er geht damit erhebliche Risiken und Unsicherheiten bei dem Erwerb ein, ob z.B. die Ertragschancen tatsächlich seinen Erwartungen entsprechen oder ob alle Mitarbeiter im Unternehmen verbleiben. Entsprechend wird er versuchen, den Kaufpreis möglichst gering anzusetzen. Der Übergeber hingegen veräußert nicht nur die sichtbaren Unternehmenswerte, wie z.B. Maschinen, Anlagen, Grundstücke und Gebäude, sondern ein ertragstiftendes Gesamtgebilde. Gute Kundenbeziehungen, die marktgerechte Positionierung, funktionierende Strukturen, Prozesse sowie ein ausgefeiltes Produkt- und Leistungssortiment sind durch seine langjährige unternehmerische Betätigung entstanden. Außerdem gibt die abgebende Generation mit dem Verkauf auch ein Stück ihres Lebenswerks preis – so ist zumindest vielfach die Vorstellung.

Rechtsgrundlage für den Verkauf des Unternehmens ist ein entsprechender Kaufvertrag. Vor Vertragsunterzeichnung sollten alle wichtigen Unterlagen vorliegen, mit der die derzeitige Situation dargestellt wurde. Auf dieser Basis wird eine eingehende Bestandsaufnahme des Unternehmens vorgenommen, mit deren Hilfe ein Kaufpreis ausgehandelt wird. Die im Kaufvertrag zu vereinbarenden Regelungen sollten neben dem Kaufpreis mindestens umfassen:

- Genaue Bezeichnung und Aufstellung des Verkaufsgegenstands
- Stichtag, an dem das Eigentum übergehen soll
- Träger der Nebenkosten des Verkaufs
- Zahlungsmodalitäten und evt. Sicherheiten
- Haftung der Alteigentümer für nachträglich aufgedeckte Altlasten, Betriebsprüfungen etc.
- Vereinbarung zur Unterrichtung der Mitarbeiter gemäß § 613a BGB
- Konkurrenzklausel für jeden Alteigentümer
- Bedingungen des Vertragsrücktritts durch die Parteien

Schließlich werden im Kaufvertrag häufig Klauseln zur Absicherung des Käufers gegen Risiken vereinbart, die ihm vorher nicht bekannt sein konnten. Darunter fallen z.B. Klauseln, die explizit versichern, dass alle Unterlagen über das Unternehmen vollständig und korrekt erstellt wurden. Eine Schadensersatzvereinbarung und die Verwahrung eines kleineren Teils des Kaufpreises auf ein Notarkonto schützen den Erwerber vor finanziellen Risiken.

Der Verkauf eines Unternehmens unterliegt grundsätzlich der Einkommensteuer auf den Veräußerungsgewinn. Auch hierbei ist zu unterscheiden, ob es sich um den Verkauf einer Personengesellschaft oder einer Kapitalgesellschaft handelt. Bei Kapitalgesellschaften ist zusätzlich zu unterscheiden, ob die veräußerten Anteile dem Privat- oder Betriebsvermögen zuzurechnen sind.

Der Veräußerungsgewinn errechnet sich aus dem Veräußerungspreis abzüglich der Anschaffungskosten der Anteile (z.B. Stammkapital) und der Veräußerungskosten (z.B. Notargebühren). Auch hier gibt es – allerdings in engen Grenzen – Freibeträge. Der Käufer kann den Kaufpreis bei Kapitalgesellschaften nicht steuerlich geltend machen, während bei Personengesellschaften und Einzelunternehmen durch den Erwerb u.U. Abschreibungsmöglichkeiten für den Erwerber entstehen.

Herr Moritz hat also grundsätzlich folgende Möglichkeiten der Vermögensübertragung:

Unentgeltlich:
Von seinen drei Kindern zeigen sowohl der Sohn Heiko als auch die Tochter Veronica Interesse an der Nachfolge. Weitere Verwandte stehen nicht zur Verfügung. Vorbehaltlich der noch zu prüfenden Eignung der Tochter als zukünftige Inhaberin kann Herrn Moritz das Betriebsvermögen also im Zuge der Erbschaft oder der vorweggenommenen Erbfolge auf die beiden Kinder übertragen. Dabei müsste er natürlich auch eine Lösung für etwaige Pflichtteilsansprüche seiner Frau Else und seines Sohnes Kevin finden, entweder über eine Beteiligung an der Besitz-GbR, oder völlig getrennt über reines Privatvermögen.

Entgeltlich:
Außerhalb der Familie stehen grundsätzlich Herr Groß und Herr Wonschack als Nachfolgeinteressenten bereit. Herr Moritz kann sein Unternehmen an einen oder beide im Zuge eines MBO verkaufen.

Außerdem muss Herr Moritz überlegen, ob er bereit ist, das Unternehmen an einen Interessenten außerhalb der Firma zu verkaufen. Dabei käme z.B. als strategischer Investor ein Hauptwettbewerber der Moritz GmbH in Betracht, der durch den Erwerb eine wichtige Ergänzung seines Produktspektrums und seines Kundenkreises realisieren könnte. Der Verkauf an einen Finanzinvestor wird von den Beteiligten eher als wenig erfolgversprechend beurteilt. Die Moritz GmbH ist dafür zu klein und die Ertragspotenziale werden wegen der ungeklärten Managementsituation und unsicheren Marktentwicklungen als schwierig eingeschätzt.
Allerdings käme auch eine Kombination dieser Grundmodelle in Betracht. Herr Moritz muss noch weiter darüber nachdenken und will diese Entscheidung erst dann treffen, wenn er die Qualifikation der Beteiligten ausreichend geprüft hat.

Verpachtung

Häufigste Form der Trennung von Kapital und Management ist die Verpachtung des Betriebes. Der Betriebsverpachtung liegt als solche keine gesetzliche Norm zugrunde, sondern die Konstruktion basiert auf der Rechtsprechung des BFH, die von der Finanzverwaltung übernommen wurde. Danach wird eine Betriebsverpachtung dann akzeptiert, wenn:

1. der Betrieb in seinen wesentlichen Bestandteilen verpachtet wird.

2. der Pächter den Betrieb fortführt.

3. es keine Betriebsaufspaltung oder Mitunternehmerschaft zwischen Verpächter und Pächter gibt.

Die Betriebverpachtung wird mitunter dem Verkauf vorgeschaltet, womit der Nachfolger durch die Gewinne des Pachtbetriebs Eigenkapital zum Kauf des Unternehmens aufbauen kann. Bei einem erfolgreichen Betrieb kann die Rendite für den Verpächter oft deutlich attraktiver sein, als er bei einer Anlage des erzielten Kaufpreises am Kapitalmarkt erreicht hätte.

Allerdings ist der bisherige Inhaber durch die oftmals nicht anderweitig einsetzbare Betriebsimmobilie auch an den Erfolg des Unternehmens gebunden. Die Pachtzinsen müssen aus den liquiden Mitteln des Unternehmens bestritten werden, was eine entsprechend erfolgreiche Geschäftstätigkeit erfordert. Dabei kann auch die Möglichkeit genutzt werden, dass der Verpächter und bisherige Unternehmensführer aufgrund vertraglicher Regelungen weiterhin beratend und unterstützend im Unternehmen tätig ist, und so seine Einkünfte aus der Verpachtung absichert. Vielfach entwickelt sich dabei eine gute Zusammenarbeit, die auch nach einem Verkauf bestehen bleibt.

Verpachtungslösungen werden immer dann gewählt, wenn weitere Einflussnahme gewünscht wird, die Betriebsimmobilie nicht mit verkauft werden kann oder aber wenn die finanzielle Situation einen direkten Kauf durch den Pächter nicht ermöglicht.

Der Pachtvertrag ist prinzipiell formfrei. Es empfiehlt sich jedoch eine notarielle Beurkundung für den Verpächter, um z.B. leichter einen Vollstreckungstitel für die Pachtzahlungen zu schaffen. Die vertraglichen Verpflichtungen – inklusive der bestehenden Arbeitsverhältnisse – gehen grundsätzlich auf den Pächter über. Weiterhin sollten die Vertragspartner den Vertrag langfristig anlegen und Fragen der Haftung und der Verbindlichkeiten juristisch einwandfrei regeln.

Steuerlich bietet das Modell Vorteile durch zahlreiche Gestaltungsmöglichkeiten. Eine entscheidende Frage bei der Betriebsverpachtung ist, ob die Verpachtung des Betriebs für die Altunternehmer eine Betriebsaufgabe darstellen soll oder nicht (sog. Verpächterwahlrecht). Damit können z.B. der Zeitpunkt der Aufdeckung und Versteuerung der stillen Reserven gestaltet sowie Einnahmen aus Vermietung und Verpachtung erzielt werden. Ist der Verpachtungsvorgang keine Betriebsaufgabe, kann der Verpächter nach Ablauf des Pachtvertrages den Betrieb normal weiterführen.

Stiftung

Eine Stiftung als Sonderform der Unternehmensnachfolge ist ebenfalls eine Möglichkeit, bei der Eigentum und Management getrennt werden. Mit der Stiftung hat der Unternehmer die Möglichkeit, die Existenz seines Unternehmens auch über seinen Tod hinaus zu sichern und einem bestimmten Zweck zu verschreiben, auch wenn kein passender Nachfolger aus der Familie dies gewährleisten kann[101]. Auch die Vereinbarung von Versorgungsleistungen für die Familie ist ein häufiger Zweck. Allerdings kann die Stiftung nicht als „Notlösung" dienen[102], wenn andere Nachfolgekonzepte nicht tragfähig sind, da diese Nachfolgeregelung lediglich einen rechtlichen Rahmen für die Vermögensübertragung regelt, nicht aber ein erfolgreiches Management gewährleisten kann.

---

[101] vgl. Weinländer (1998), S. 78

[102] Anders dazu vgl. Habig/Berninghaus (1998), S. 107

Eine Stiftung ist als eine rechtlich verselbstständigte Vermögensmasse anzusehen, die die statutenmäßigen Ziele zu verfolgen hat. Die nötigen Bestandteile zur Gründung der Stiftung sind der Stiftungszweck, das Stiftungsvermögen und die Stiftungsorgane.

Die Altunternehmer treten die Anteile an dem Unternehmen entweder noch zu Lebzeiten oder nach dem Tod an die Stiftung ab, die somit zum Eigentümer des Unternehmens wird. Die Lösung bietet damit auch die Möglichkeit, Eigentum und Management getrennt zu übertragen, da die Stiftung selbst zwar ähnlich wie die Aktiengesellschaft eine rechtsfähige juristische Person ist, im Gegensatz zu ihr aber keine Anteilseigner besitzt. Die Stiftung wird per Satzung an einen bestimmten Zweck gebunden, der nach der Errichtung nicht mehr geändert werden kann und verfolgt diesen Zweck unabhängig von den an den Führungsorganen beteiligten Personen. Hierzu gehört nach § 86 i.V m. §26 BGB der Vorstand. Nach Maßgabe des Stiftungsgründers können weitere Organe, z.B. Stiftungsrat oder Kuratorium, eingeführt werden[103].

Man unterscheidet zwei Arten von Stiftungen: die gemeinnützige Stiftung und die privatnützige Stiftung. Während die gemeinnützige Stiftung dem kulturellen, sozialen oder wirtschaftlichen Wohl der Allgemeinheit dient, ist die privatnützige Stiftung auf den Bereich der Begünstigten, zum Beispiel auf die Familie begrenzt. Die Unterscheidung hat insbesondere steuerliche Konsequenzen, da die gemeinnützige Stiftung im Gegensatz zur privatnützigen steuerlich vielfach begünstigt ist[104].

Börsengang

Wenn die bisherigen Inhaber zwar die Führungsverantwortung, aber nur in Teilen Eigentum abgeben wollen, kann auch mit einem externen Management (ggf. mit Umwandlung des Unternehmens in eine Kapitalgesellschaft) bis hin zu einem Börsengang eine Nachfolgeregelung gestaltet werden. Dies werden in der Praxis nur größere Unternehmen realisieren können. Zudem muss das Unternehmen eine gute Ausgangslage und sichere Wettbewerbsposition aufweisen können, um für Anleger attraktiv zu sein. Bei entsprechend guten Voraussetzungen des Unternehmens und des Kapitalmarktes bieten sich jedoch Finanzierungsmöglichkeiten, die ohne Kapitalmarkt nicht möglich sind. Für die ehemaligen Inhaber ist eine unmittelbare Einflussnahme nach dem Börsengang durch die Trennung von Eigentum und Management nur noch mit einer Funktion im Aufsichtsrat möglich.

Der Prozess der Umwandlung eines Unternehmens in eine (börsenfähige) Kapitalgesellschaft erfordert die Einführung spezieller Strukturen und Organe. Am Beispiel der AG sieht das wie folgt aus: Der Vorstand führt die operativen Geschäfte und erstellt die Jahresabschlüsse. Die Aktionäre als Eigentümer des Unternehmens entscheiden über die Gewinnverwendung und die Entlastung der Leitungsorgane und kommen dazu mindestens einmal jährlich zu einer Hauptversammlung zusammen. Der Aufsichtsrat fungiert als kontrollierendes Gegengewicht zum Vorstand und besteht (bei entsprechender Größe) aus Vertretern der Arbeit-

---

[103] vgl. Hering/Olbrich (2003), S. 56

[104] vgl. Neu/Rohde (2002), S.53

nehmer, die von der Belegschaft gewählt werden und Vertretern der Aktionäre, die in der Hauptversammlung gewählt werden.

Der Börsengang selbst stellt das Unternehmen vor zahlreiche Aufgaben, die vorher keine Rolle gespielt haben und zu denen im Familienunternehmen üblicherweise kein Know-how aufgebaut wurde. Neben aufwendigen Publizitäts-, Verwaltungs- und Rechnungslegungsvorschriften ist auch die Akquisition und Pflege von Investoren wichtige Aufgabe des Managements. Die hierfür erforderliche Liquidität muss aus dem Unternehmen heraus erwirtschaftet werden.

Im Zuge der Trennung von Kapital und Management überlegt Herr Moritz auch folgende Möglichkeit:
Er könnte doch auch das Eigentum am Betriebsvermögen der Moritz GmbH behalten, den Betrieb aber an Herrn Groß und Herrn Wonschack verpachten. Damit könnte die Zeit überbrückt werden, bis Veronica Moritz eine notwendige Qualifizierungsphase durchlaufen hat, um als weitere Teilhaberin und Geschäftsführerin gemeinsam mit Herrn Groß und Herrn Wonschack in das Unternehmen zu führen. Herr Groß und Herr Wonschack könnten dadurch außerdem weiteres Vermögen aufbauen, das sie später zum Erwerb weiterer Anteile der Moritz GmbH nutzen könnten. Herr Moritz selber kann die aus der Verpachtung resultierenden Einkünfte zur Sicherung seiner Altersversorgung nutzen. Allerdings scheint ihm nach Rücksprache mit seinem Unternehmensberater diese Lösung als Zwischenform zu kompliziert. Ein variables Entlohnungsmodell ist seiner Meinung nach die bessere Form, mit der die beiden Mitarbeiter Kapital für den Kauf von Anteilen ansparen können.

Besondere Aspekte der Vermögensübertragung

Viele Familienunternehmen nutzen das Instrument der sogenannten Betriebsaufspaltung, um haftungsrechtliche und steuerliche Vorteile auszunutzen. Betriebsnotwendiges Anlagevermögen, wie Grundstücke, Gebäude und Maschinen, werden dabei nicht im Eigentum des Unternehmens selber gehalten, sondern im Privateigentum des Unternehmers oder in einer rechtlich unabhängigen (Besitz-)Gesellschaft. So wird das Betriebsvermögen mit hohen Anschaffungskosten von der eher vermögensarmen Betriebsgesellschaft, die als Kapitalgesellschaft das operative Geschäft betreibt, separiert. Damit wird im Insolvenzfall die Existenzgrundlage des Unternehmens aus der gesetzlichen Haftung herausgenommen. Außerdem können Miet- oder Pachtzahlungen als Aufwand steuerlich geltend gemacht werden.

Voraussetzungen für das Vorliegen einer Betriebsaufspaltung sind:

- Die von der Besitzgesellschaft gehaltenen Vermögensgegenstände müssen wesentliche Betriebsgrundlage zur Erreichung des Betriebszwecks der Betriebsgesellschaft sein.

- Es muss eine personelle Verflechtung in der Art vorliegen, dass in beiden Gesellschaften die gleichen Personen oder Personengruppen die Mehrheit der Anteile halten und somit in beiden Gesellschaften ihren geschäftlichen Betätigungswillen durchsetzen können.

Die wirtschaftlichen und steuerlichen Vorteile können allerdings bei einer unentgeltlichen Übertragung nachteilig werden. Wenn lediglich die Betriebsgesellschaft übertragen wird, um z.B. bei einem Scheitern der Nachfolge noch über das Vermögen verfügen zu können, wird mit der Übergabe die personelle Verflechtung aufgehoben, da nun der Nachfolger die Entscheidungsgewalt in der Betriebsgesellschaft innehält. Damit liegt keine wirksame Betriebsaufspaltung mehr vor, was steuerlich als Aufgabe der Besitzgesellschaft gesehen wird. Das führt zur Auflösung und Besteuerung der stillen Reserven der enthaltenen Wirtschaftsgüter in der Einkommensteuer. Neben der Erbschaft- und Schenkungsteuer fällt dann zusätzlich Einkommensteuer an – und das, ohne dass Liquidität zugeflossen ist, mit der die Steuer bezahlt werden kann.

Die Belastungen können nur vermieden werden, indem die persönliche Verflechtung beibehalten wird – dem Nachfolger also auch die Besitzgesellschaft übertragen wird. Eine weitere Möglichkeit besteht (derzeit noch) in der vorzeitigen Umwandlung der Besitzgesellschaft in eine gewerblich geprägte Personengesellschaft.

Auch Horst Moritz nutzt das Werkzeug der Betriebsaufspaltung: Die letztes Jahr erbauten Produktions- und Verwaltungsgebäude befindet sich im Besitz einer Gesellschaft bürgerlichen Rechts, die zu 50 % Herrn Moritz, zu je 25 % seiner Frau Else und seiner Schwägerin Anna-Maria gehört. Um die Betriebsaufspaltung nach der Übertragung beizubehalten, müsste also die Besitzgesellschaft (die GbR) mit übertragen werden. Die drohende Belastung durch die Aufdeckung stiller Reserven in der Besitzgesellschaft bei Aufhebung der Betriebsaufspaltung ist allerdings relativ gering, da die neuen Gebäude erst letztes Jahr angeschafft wurden und stille Reserven in größerem Umfang noch nicht gebildet wurden. Das alte Bürogebäude wurde abgerissen, die alte Werkhalle kann nur noch als Lagerschuppen genutzt werden.

Liquidation

Obwohl im eigentlichen Sinne keine Nachfolge, sei der Vollständigkeit halber auch die Liquidation des Unternehmens angesprochen. Liquidation bedeutet die Auflösung des Betriebs, die Abwicklung der noch offenen Geschäftstätigkeiten und den Verkauf des verwertbaren Anlagevermögens. Eine Liquidation beendet also die Existenz des Unternehmens. Die Gründe dafür können vielfältig sein. In der Praxis kommt der Fall der Liquidation nicht so selten vor. In vielen Branchen, so z.B. im Einzelhandel sind die Zukunftsperspektiven für kleinere Unternehmen so schlecht, dass oftmals weder die Übertragung in der Familie, noch der Verkauf an einem Externen möglich ist. Eine Veräußerung an einen Wettbewerber ist aufgrund der völlig unterschiedlichen Strukturen zwischen kleineren Einzelhändlern und größeren Filialbetrieben auch nur selten realisierbar.

Sohnemann, ich hab ja nichts dagegen, daß du dir was aufgebaut hast, doch was wird mal aus meiner Pommes-Bude?

2.5.4   Unternehmensbewertung und Kaufpreisermittlung

Unternehmensbewertung in Familienunternehmen

Ein schwieriges Thema in der Vorbereitungsphase einer Unternehmensnachfolge ist die Unternehmensbewertung. Was ist der Wert eines Unternehmens? Und wie bewertet man? Praktikable Bewertungsmethoden für mittelständische Unternehmen gibt es in der betriebswirtschaftlichen Literatur nur selten. Das derzeit wissenschaftlich präsente Discounted-Cashflow-Verfahren scheitert zumeist daran, dass es einen vergleichbaren Kapitalmarktzins voraussetzt, der für mittelständische Unternehmen nicht eindeutig berechenbar ist. Und auch im Gesetz findet sich keine Vorgabe.

Vor diesem Hintergrund steht die Frage nach einer fundierten Unternehmensbewertung für kleine und mittlere Unternehmen – wobei die Antwort auf den ersten Blick banal erscheint: Ein Unternehmen ist soviel wert, wie sich am Markt damit erzielen lässt; es herrscht die Maßgabe der vollendeten Tatsachen. Damit ist jedoch weder dem Unternehmer geholfen, der wissen will, ob er aus dem Verkaufserlös seine Altersversorgung bestreiten kann, noch dem interessierten Gründer, der abschätzen muss, ob er den Kaufpreis für die Übernahme des Unternehmens finanzieren kann.

Deshalb gibt es eine Vielzahl von Bewertungsmethoden, die aber alle nicht den Wert eines Unternehmens objektiv berechnen können. Sie dienen lediglich dazu, geeignete Argumente für die Rechtfertigung der jeweiligen Kaufpreisvorstellung zu liefern und stellen so die Basis für Kaufpreisverhandlungen zwischen Käufer und Verkäufer dar. Insofern spielen qualitative Aspekte im Zuge der Kaufpreisermittlung von kleinen und mittleren Unternehmen eine weitaus größere Rolle als die Anwendung mathematischer Formeln – was in der Kombination von „Verkauf des Lebenswerks"(Abgebende Generation) und „Sicherung der Zukunft" (Nachfolger) durchaus Konfliktpotenzial bietet.

Es gibt daher auch nicht ein allgemeingültiges Bewertungsverfahren. Jeder Betrieb muss individuell bewertet werden, wobei unterschiedliche Bewertungsmethoden richtig sein können. Während bei dem einen Betrieb die Gewinne ausschlaggebend sind, sind es beim anderen die hohen Werte, die in den Maschinen gebunden sind. Wenn ein Unternehmer selbst sein Unternehmen bewerten muss, kommen neben objektiven Gesichtspunkten eine Reihe emotionaler Komponenten hinzu – bis hin zu Macht und Status als wertschöpfende Faktoren.

Steuerliche Aspekte spielen dabei insofern eine Rolle, als dass in Abhängigkeit von der Verkaufsform (Sharedeal oder Assetdeal) und in Abhängigkeit von der Rechtsform (Abschreibungspotenzial beim Erwerb von Einzelunternehmen oder Personengesellschaften) unterschiedliche steuerliche Konsequenzen entstehen. Eine allgemeingültige Lösung für alle Unternehmern gibt es dabei nicht – gerade hier ist auch steuerliches Know-how gefragt, da eine hohe steuerliche Belastung naturgemäß die Kaufpreisvorstellungen in die Höhe treibt. Und dies wiederum kann die Realisierungschancen eines Verkaufs erheblich verringern.

Generell muss auch zwischen dem Wert eines Unternehmens und einem dafür erzielbaren Preis unterschieden werden. Preise sagen wenig über die Vorteilhaftigkeit eines Angebots aus, maßgeblich dafür ist der Gegenwert. Dabei kommt es vor allem auf die Substanz und auf den Ertrag des Unternehmens an, beides Faktoren, die bei den im Folgenden erläuterten klassischen Bewertungsverfahren entsprechend berücksichtigt werden.

Dem Käufer eines Unternehmens kommt es vor allem darauf an, was er in der Zukunft für eine Rendite erzielen kann, um diese dann mit alternativen Geldanlagen vergleichen zu können. Ein bisheriger Wettbewerber, der vor allem an dem Kundenstamm des Übernahmeunternehmens interessiert ist, wird die Kaufpreisverhandlung jedoch unter dieser Prämisse anders angehen, als ein bisheriger Mitarbeiter, der damit seine unternehmerische Existenzgründung starten will.

Auch bei der unentgeltlichen Unternehmensnachfolge wird mitunter ein Unternehmenswert ermittelt, wenn z.B. bei der familieninternen Nachfolge die nicht im Unternehmen tätigen Kinder im Zuge der vorweggenommenen Erbfolge Ausgleichszahlungen erhalten sollen. In diesem Sinne kann die Unternehmensbewertung auch die Funktion haben, Gerechtigkeit bei der familiären Vermögensübertragung herzustellen.

Methoden der Unternehmensbewertung

Unternehmensbewertungen gehören zu den komplexesten Verfahren der Betriebswirtschaftslehre. Daher gibt es eine Vielzahl unterschiedlicher Methoden, mit denen der Wert eines Unternehmens näherungsweise bestimmt werden kann. Zusätzlich bleiben bei der praktischen Anwendung auch dieser anerkannten Inhalte einer Bewertung erhebliche Ermessensspielräume, die als Konsequenz zu mehreren möglichen Unternehmenswerten führen. Es gibt daher kein allgemeingültiges Verfahren zur Ermittlung eines Unternehmenswertes und eines Verkaufspreises und keines der praktisch angewendeten Verfahren liefert einen objektiven Unternehmenswert. Die Auswahl des passenden Verfahrens richtet sich nach den jeweiligen individuellen Gegebenheiten und kann von den Beteiligten frei danach gewählt werden, ob es aus Sicht des Anwenders ein realistisches Ergebnis liefern kann.

Substanzwertverfahren

Das sogenannte Substanzwertverfahren ist früher stark verbreitet gewesen und wird auch heute noch häufig angewandt. Ihm liegt die Idee zugrunde, dass sich der Unternehmenswert aus den Vermögensteilen errechnet, die für einen Wiederaufbau des Unternehmens vonnöten wären. Es beruht also auf der Überlegung, dass ein Käufer so viel für ein Unternehmen zu zahlen bereit ist, wie er für die Rekonstruktion des Betriebs mit der gleichen Leistungsfähigkeit aufwenden müsste. Die Vorteile dieses Verfahren liegen in seiner langjährigen Praxisbewährung und der relativ einfachen Ermittlung des Ergebnisses.

Da dem Substanzwert die Wiederbeschaffungspreise der aktuellen Vermögenswerte des Unternehmens zu Grunde liegen, stellt er aus Sicht des Verkäufers eher die Untergrenze der Preisgestaltung dar. Von Nachteil ist, dass nichtbilanzierungsfähige Werte nicht berücksichtigt werden. Um diesem Manko vorzubeugen, wird zum Substanzwert oftmals noch der sogenannte Firmenwert hinzugerechnet, der den zusätzlichen Ertrag jenseits der reinen Kapitalverzinsung darstellt und versucht, das Image, die Kundenbeziehungen sowie das Knowhow der Mitarbeiter als Ertragssumme zu beziffern. Ein Problem dieser Lösung besteht allerdings darin, dass gerade bei mittelständischen Unternehmen die Wertigkeit vieler Faktoren nicht nahtlos auf einen neuen Inhaber übertragen werden kann. Außerdem gibt es keine Methode, um diesen Firmenwert isoliert zu berechnen.

Die Substanzwertmethode ermittelt also den Wert des Unternehmens anhand der realen Werte des Vermögens abzüglich der tatsächlich zu leistenden Verbindlichkeiten.

Der Substanzwert errechnet sich zusammengefasst nach folgenden Schritten:

1. Basis ist das Eigenkapital laut Bilanz.

2. Hinzuzurechnen sind die stillen Reserven der Vermögenswerte, vor allem im Anlagevermögen. Zu Unstimmigkeiten im Verfahren zwischen Käufer und Verkäufer kann die Bewertung des Anlagevermögens führen, da hierbei nicht die bilanziellen Buchwerte anzusetzen sind, sondern die jeweiligen Zeitwerte. Für diese liegen meistens keine einheitlichen Bewertungsgrundsätze vor, wie man sie etwa bei Gebrauchtwagen kennt. Insofern kommen auch bei der Substanzwertberechnung subjektive Aspekte zum Tragen. Ein weiterer Kritikpunkt betrifft die Nichtberücksichtigung zukünftiger Ertragschancen und -risiken.

3. Abzuziehen sind nicht verbuchte Schuldpositionen, z.B. für die Altersversorgung des Altunternehmers (sog. Stille Lasten)

Aus den Daten der Moritz GmbH ergibt sich folgender Unternehmenswert nach der Substanzwertmethode:

Substanzwert Moritz GmbH	
Stammkapital laut Bilanz per 31 12 2007	2119
Stille Reserven:	
nicht aktivierte Eigenleistung bei Bau der Geschäftsräume	122,0
selbstentwickelte Planungssoftware	15,0
Stille Lasten:	
nicht gebuchte Lieferantenverbindlichkeit	- 67,0
Substanzwert	**2189**

Abb. 24   Substanzwertberechnung der Moritz GmbH (vereinfacht)

Ertragswertverfahren

Die Kritiker des Substanzwertverfahren halten vor allem entgegen, dass das Vermögen des Unternehmens, wie zum Beispiel Datenbanken und Wertpapiere, nur dann wertbildend sind, wenn daraus Erträge erzielt werden können. Dementsprechend wählt das sogenannte Ertragswertverfahren einen anderen Ansatz und leitet den Wert eines Unternehmens aus seiner Eigenschaft ab, in Zukunft Gewinne zu erwirtschaften. Beim Ertragswertverfahren steht also ein investitionstheoretischer Gedanke im Vordergrund. Damit werden vor allem die zukünftigen Ertragschancen des Unternehmens bewertet. Die Unsicherheit der Zukunftserwartungen stellt jedoch ein besonderes Problem bei der Einschätzung des zukünftigen Erfolgs dar. Hier sind – anders als bei der Bilanzierung – Chancen und Risiken in gleichem Maße zu berücksichtigen. Die bislang erzielten Ergebnisse geben hierzu einen ersten Anhaltspunkt. Erkennbare Risiken (und Chancen) werden in den einzelnen Aufwendungen und Erträgen berücksichtigt. Alle weiteren, nicht abwägbaren Risiken werden im Kapitalisierungszinsfuß erfasst.

Das Ertragswertverfahren ist das am weitesten verbreitete Verfahren, in der Betriebswirtschaftslehre vor allem in Form des Discounted Cashflow Verfahrens. Die Ertragswertmethode ist daher im Kontext von Unternehmensnachfolgen und entsprechenden Sachverständigengutachten meist obligatorisch und auch wissenschaftlich akzeptiert. Aber auch für dieses Verfahren gibt es unterschiedliche Varianten. Von der Berücksichtigung ausschließlich vergangener Jahresabschlüsse (Datensicherheit) bis hin zur Bewertung ausschließlich auf Basis zukünftiger Planzahlen (investitionstheoretisch korrekt) zeigt die Praxis vielfältige Ansätze.

Daher sind auch mit dieser Methode für die Praxis lediglich Tendenzaussagen zu generieren: Zum einen ist der bei der Berechnung zu verwendende Kapitalisierungszinsfuß nicht eindeutig bestimmbar. Er wird in der Praxis durch die Größen „Zins für sichere Anleihen", den man z.B. aus der Verzinsung langfristiger öffentlicher Anleihen bestimmen kann, und dem vagen Summand „Risikozuschlag" (als Ausdruck des unternehmerischen Risikos) errechnet, der dem einzelnen Gutachter viel Interpretationsspielraum lässt. Zum anderen können die Gewinne des Vorgängers nur einen ersten Anhaltspunkt für den Erfolg des Unternehmers geben: Die Wettbewerbsverhältnisse in der Branche können sich schließlich ändern und die Qualifikation des einen ist nicht unbedingt mit der Qualifikation eines anderen Unternehmers zu vergleichen.

Vereinfacht wird der Ertragswert wie folgt ermittelt:

Zur Berechnung der zukünftigen Erträge sind zunächst die Jahresabschlüsse der letzten 3 bis 5 Jahre heranzuziehen. Daraus sind unter Berücksichtigung aller erkennbaren Entwicklungen des Betriebes und des Marktes Planzahlen für die kommenden 2 Jahre abzuleiten (ohne Berücksichtigung von außerordentlichen Aufwendungen und Erträgen). Einzelne Posten müssen für die Bewertung im Hinblick auf eine Nachfolge durch einen neuen Inhaber korrigiert werden. Darunter könnten z.B. fallen:

- Einbeziehung eines kalkulatorischen Unternehmerlohns, wenn er bisher nicht enthalten war

- Mieten und Pachtzahlungen für dem Unternehmen privat vom Inhaber zur Verfügung gestellte Wirtschaftsgüter (Grundstücke, Gebäude), die bisher nicht mit reellen Marktpreisen angesetzt waren.

- Aufwendungen für nicht betriebsnotwendiges Vermögen

Aus den so gegenübergestellten aktuellen und geplanten Ergebnissen (je nach Verfahren Betriebsergebnissen oder Cashflows) ist ein Mittelwert zu errechnen. Bei Bedarf können die

Ergenisse der einzelnen Jahre untereinander gewichtet werden, wenn z.B. in einzelnen Jahren besondere Faktoren erkannt werden oder Einflüsse herrschten, die voraussichtlich in Zukunft ungültig werden.

Der errechnete Mittelwert wird mit einem Kapitalisierungszinssatz abgezinst. Der Zinssatz beim klassischen Ertragswertverfahren besteht aus zwei Elementen: einem Basiszinssatz und einem Risikozuschlag, der individuell aus der Risikobelastung des Unternehmens abgeleitet wird. Der Risikozuschlag liegt erfahrungsgemäß zwischen 6 % und 20 % und wird zum Basiszinssatz hinzuaddiert. Er kann auf Basis der jeweiligen Gegebenheiten frei angesetzt werden und bietet viel Auslegungsspielraum. Beim Discounted-Cashflow-Verfahren wird ein Kapitalmarktzinssatz für ein vergleichbares Unternehmen mit einem unternehmensindividuellen Betafaktor korrigiert, der die Abweichung vom Basiszinssatz zum internen Zinsfuß darstellt. Seine Genauigkeit hängt von der Kenntnis und Erfahrung des Bewerters ab.

Der Ertragswert des Unternehmens errechnet sich dann aus der Abzinsung des durchschnittlichen Jahresertrags mit entsprechendem Kapitalisierungszinssatz.

Für die Berechnungen des Ertragswerts der Moritz GmbH müssen die Betriebsergebnisse der letzten Jahre und die Planzahlen für die nächsten drei Jahre berücksichtigt werden. Außerdem wurden der Kapitalmarktzinssatz und der Risikozuschlag ermittelt. Unter Berücksichtigung dieser Angaben und der historischen Zahlen ergibt sich, vereinfacht dargestellt, folgender Unternehmenswert:

Betriebsergebnisse vor Steuern	Betrag	Gewichtung
Betriebsergebnis 2005	3074	25 %
Betriebsergebnis 2006	1607	25 %
Betriebsergebnis 2007	1121	50 %
Betriebsergebnis 2008 (Hochrechnung)	748	200 %
Betriebsergebnis 2009 (Plan)	890	200 %
Betriebsergebnis 2010 (Plan)	720	200 %
Gewichteter Durchschnittsertrag:	**921**	

Abb. 25   Schritt 1   Berechnung des nachhaltigen Durchschnittsertrages aus dem Betriebsergebnis

Schritt 2: Ermittlung des Kapitalisierungszinsfusses
Langfristiger Kapitalmarktzins für 10 Jahre   5,3 %
Risikozuschlag nach Unternehmensanalyse   9,5 %
Kapitalisierungszinsfuß   14,8 %

Schritt 3: Berechnung des Ertragswertes
Rentenbarwertformel: Durchschnittsertrag · 100 / Kapitalisierungszinsfuß
Ertragswert = (921 T€ · 100) / 14,8 % = 6.223 T€

Praktikermethoden

Außer den hier vorgestellten Berechnungsmethoden sind eine Reihe von Praktiker-Verfahren entwickelt worden, deren betriebswirtschaftliche Fundierung weitgehend anzuzweifeln ist, die jedoch mit der eben angesprochenen Argumentationsfunktion ebenso zum Ziel führen, wie ausgefeilte wissenschaftliche Methoden. Sie versuchen, die Stärken der Verfahren miteinander zu kombinieren bzw. die Schwächen abzumildern. Die Hinzurechnung eines Firmenwertes zum Substanzwert eines Unternehmens stellt dabei bereits ein Kombinationsverfahren dar.

Das sogenannte Mittelwert- oder Berliner Verfahren war früher das offizielle Verfahren der Finanzverwaltung zur Bewertung von einkommensteuerpflichtigen Gewinnen aus dem Verkauf von GmbH-Anteilen und ist heute noch wegen seiner einfachen Berechnung teilweise in der Praxis anzutreffen. Beim Berliner Verfahren errechnet sich der Unternehmenswert als arithmetisches Mittel aus Ertrags- und Substanzwert.

Stuttgarter Verfahren

Das heute von der Finanzverwaltung angewandte Steuerermittlungs-Verfahren in Erbfällen und bei Schenkungen von GmbH-Anteilen ist das Stuttgarter Verfahren. Es geht von den gesamten Vermögenswerten als steuerlichem Einheitswert des Betriebsvermögens aus und korrigiert es durch einen erfolgsabhängigen Faktor. So ist auch das Stuttgarter Verfahren eine Kombination aus Vermögenswert und Ertragswert. Allerdings soll im Zuge der Unternehmenssteuerreform 2008 nur noch ein ertragsorientiertes Verfahren angewendet werden, die endgültigen Regelungen stehen noch aus. Da in vielen Gesellschaftsverträgen für die Bewertung des Unternehmens das Stuttgarter Verfahren vorgegeben ist (z. B. für ausscheidende Gesellschafter) soll es nachfolgend ebenfalls am Beispiel erläutert werden.

Zur Berechnung des Vermögenswertes werden zunächst am Betriebsvermögen der Kapitalgesellschaft aus der Steuerbilanz Korrekturen vorgenommen: Betriebsgrundstücke sind nicht mit dem Steuerbilanzwert, sondern mit dem sogenannten Grundbesitzwert anzusetzen. In diesen Vermögenswert gehen die Aktiva und auch die Passiva ein. Der errechnete Wert wird dann mit dem Stammkapital der Gesellschaft verglichen und als Prozentsatz des Stammkapitals ausgedrückt.

Die Berechnung des Ertragswertes – in diesem Verfahren der sogenannte „Ertragshundertsatz" – geht von dem gewichteten Durchschnittsertrag der Gesellschaft der letzten drei Jahre aus. Diese Gewichtung kann bei begründeten Umständen geändert werden. Negative Jahreserträge werden nicht berücksichtigt. Der so errechnete Durchschnittsertrag ist wiederum als Prozentsatz des Stammkapitals auszudrücken. Zur Ermittlung des Unternehmenswertes gilt dann die Formel:

Unternehmenswert = 0,68 · (Vermögenswert + 5 · Ertragshundertsatz) · Stammkapital

Für Firmenverkäufe und Unternehmensbewertungen im Rahmen von Nachfolgeregelungen ist das Stuttgarter Modell fast immer ungeeignet, da kein Nachfolger seinen Business- und Finanzierungsplan auf vergangenen Erträgen aufbauen wird. Allerdings wird es aufgrund seines Bekanntheitsgrades bei den steuerberatenden Berufen immer wieder als Methode vorgeschlagen.

In unserem Bespielfall sieht der Wert nach dem Stuttgarter Verfahren (ohne Berücksichtigung der gesonderten Bewertung von Grundstücken) wie folgt aus:

Jahr	Jahresüberschuss	Gewichtungsfaktor
Jahresüberschuss 2005	1.701,0 T€	1
Jahresüberschuss 2006	955,0 T€	2
Jahresüberschuss 2007	669,0 T€	3
Durchschnittsertrag	936,3 T€	

ausgewiesenes Eigenkapital:	T€ 2.119,0
Stammkapital	T€ 500,0
Berechnung Ertragshundertsatz	= 936.300 € / 500.000 € = 187,3 %
Berechnung Vermögenswert	= 2119.000 € / 500.000 € = 423,8 %
Stuttgarter Verfahrenswert	= 68 % ·(5 · Ertragshundertsatz + Vermögenswert)
	= 68 % · (5 · 187,3 % + 423,8 %) = 924,9 %
Gemeiner Wert aller Anteile	= 924,9 % · 500.000 € = 4.624,5 T€

Branchenvergleichsverfahren

Schließlich existieren weitere Bewertungsverfahren für Unternehmen bestimmter Branchen, welche die Gemeinsamkeiten dieser Branche als Basis einer einfachen und einheitlichen Unternehmensbewertung nutzen. Der Unternehmenswert lässt sich z.B. dadurch errechnen, dass der Jahresüberschuss mit einem Branchen-Gewinnmultiplikator multipliziert wird. Dieser entspricht rechnerisch dem Kehrwert des Kapitalisierungszinssatzes aus dem Ertragswertverfahren. Er ist im Gegensatz zu diesem für die Branche typisch und liegt in vielen Fällen bei dem 4 bis 5-fachen des Gewinns. Weitere Praxisverfahren bestehen z.B. für:

- Freiberufler: Ein bestimmter Prozentsatz vom Umsatz

- Kreditinstitute: Die Bilanzsumme

- Gastgewerbe: Ergebnis der gewöhnlichen Geschäfstätigkeit

- Werbeagenturen: Umfang der verwalteten Werbebudgets

- Tageszeitungen: Die verkaufte Auflage (Abonnements)[105]

---

[105] vgl. Felden/Klaus (2003), S. 118

2.5.5 Finanzierung der Unternehmensnachfolge

Ist zwischen Verkäufer und Käufer über den Verkaufspreis des Unternehmens Einigung erzielt, stellt sich für den Käufer die Frage nach der Finanzierbarkeit des Preises. Auch entstehen in der Regel Kosten für Notargebühren und externe Berater. Weitere Kosten können sein:

Innerhalb der Gesellschaft:

- Abfindungen für gekündigte Mitarbeiter oder Kosten für die Neueinstellung von Mitarbeitern

- Neu- oder Ersatzinvestitionen, um das Unternehmen auf einen aktuellen Standard zu bringen

- Ablösung von bestehenden Verträgen

- Risikovorsorge z.B. gegen eventuelle Beseitigung von Altlasten

Auf Gesellschafterebene:

- Kauf von weiteren Gesellschaftsanteilen, die nicht im Besitz des Verhandlungspartners sind

- Sonstige Abwicklungskosten bzw. Übertragungskosten

Ratsam ist ferner, eine Reserve für ungeplante Positionen von ca. 10 % der Finanzierungssumme einzuplanen. Der so entstandene Gesamtfinanzierungsbedarf wird oftmals die eigenen Mittel des Nachfolgers übersteigen und die Frage nach geeigneten Finanzierungsarten und -modellen aufwerfen.

Generell lassen sich Finanzierungsarten nach ihrer Herkunft unterscheiden. Um eine Innenfinanzierung handelt es sich, wenn die Finanzmittel für die Nachfolgeregelung den Einnahmen des Unternehmens entnommen werden, also keine zusätzlichen Finanzen von außen zugeführt werden. Dabei stehen nicht nur die reinen Gewinne als Finanzierungsquelle zur Verfügung, sondern auch Abschreibungen und Rückstellungen. Häufig wird dieses Modell auch mit einer Mitarbeiterkapitalbeteiligung verbunden. Dabei werden über mehrere Jahre Lohnbestandteile z.B. als Mitarbeiterdarlehen im Unternehmen belassen und investiv eingesetzt. Zum Zeitpunkt der Übergabe werden daraus die Eigenmittel zur Übernahme von Anteilen finanziert. Der Vorteil der Innenfinanzierung ist die Unabhängigkeit gegenüber externen Finanzierungspartnern, der Nachteil ist die Begrenztheit der daraus generierbaren Finanzierungsmittel.

Innenfinanzierung: Durch die Mitarbeiterbeteiligung von Herrn Groß und Herrn Wonschack wurden Lohnbestandteile reinvestiert. Das Beteiligungsmodell kann über den gegenwärtigen Zeitpunkt hinaus weiterlaufen, um erneut Vermögen für die Übernahme weiterer Geschäftsanteile aufzubauen.

Wenn die Nachfolge nicht durch eigene Mittel des Unternehmens finanziert werden kann, muss zusätzliches Kapital zur Übernahme akquiriert werden (Außenfinanzierung). Dieses kann dem Unternehmen dabei als Eigenkapital oder Fremdkapital zufließen. Bei der Finanzierung über Eigenkapital werden in der Regel weitere Teilhaber gewonnen und über ihre Gesellschaftereinlagen Finanzmittel bereitgestellt. Das führt zu einer höheren Eigenkapitalquote, die in der Regel mit besseren Ergebnissen bei der Kreditwürdigkeitsprüfung der Banken verbunden ist und somit auch die Möglichkeiten verbessert, darüber hinaus Fremdkapital zu akquirieren. Dieses kann von Banken bereit gestellt werden, aber auch öffentliche Anbieter stellen für die Finanzierung insbesondere von Kaufpreisen durch Existenzgründer attraktive Mittel bereit. Neben diesen klassischen Möglichkeiten der Außenfinanzierung können auch alternative Möglichkeiten, wie z.B. Factoring und Leasing im Einzelfall interessante Finanzierungsalternativen darstellen.

Das Eigenkapital errechnet sich je nach Rechtsform des Unternehmens

- bei einem Einzelunternehmen und Personengesellschaft aus der Höhe des Kapitalkontos

- bei der Aktiengesellschaft aus dem Grundkapital

- bei der GmbH aus dem Stammkapital jeweils zuzüglich Gewinnvorträgen, nicht ausgeschütteten Unternehmensgewinnen und gesetzlichen und/oder freien Rücklagen.

Die Einbringung von Eigenkapital durch neue Gesellschafter kann als stille oder offene Beteiligung erfolgen. Bei der typischen stillen Beteiligung ist der Kapitalgeber als Gegenwert seiner Kapitaleinlage am Gewinn (und ggf. auch am Verlust) des Unternehmens prozentual beteiligt. Ein stiller Gesellschafter ist nicht an der operativen Geschäftsführung interessiert, er hat lediglich Anspruch auf Einsichtnahme der Bücher. Bei der atypischen stillen Beteiligung ist der Kapitalgeber darüber hinaus auch an Veränderungen des Unternehmensvermögens beteiligt.

Beteiligungsgesellschaften sind Unternehmen, die als eigenen Unternehmenszweck die Finanzierung von Unternehmen betreiben. Eine hohe Bedeutung bekamen Beteiligungsgesellschaften vor allem im Zuge der New Economy: Aus dem Finanzierungsbedarf junger, kreativer Unternehmer, meist ohne große Eigenkapitalausstattung, und der zurückhaltenden Kreditvergabepolitik von Kreditinstituten entwickelte sich ein neuer Geschäftszweig der privaten Anleger. Inzwischen haben sich immer mehr öffentliche Beteiligungsgesellschaften etabliert, die auch in herkömmliche Branchen investieren und gerade die Förderung kleinerer Betriebe zum Zweck haben.

Bei der Finanzierung über Beteiligungsgesellschaften muss sich der Nachfolger darüber klar sein, dass die Kapitalgeber für ihre Beteiligung gewisse Mitspracherechte einfordern. Das bedeutet: Das Management hat nicht nur über die betrieblichen Kennzahlen Rechenschaft abzulegen, sondern auch über Strategie und Unternehmensführung. Diese Anforderungen an ein laufendes Berichtswesen binden Personal und Zeitressourcen, was bei der Planung berücksichtigt werden muss.

Im Gegensatz zu Beteiligungsgesellschaften sind Business Angels nicht nur an der reinen Finanzinvestition interessiert, sondern sie wollen in der Regel auch unternehmerisches Know-how, Erfahrungen und Kontakte in das Unternehmen einbringen. Business Angels sind Privatpersonen mit Vermögen, das sie jungen Unternehmern, Existenzgründern oder Nachfolgern zur Verfügung stellen. Die enge Einbindung eines Business Angels – auch in die operative Geschäftsführung – erfordert ein gutes und vertrauensvolles Zusammenarbeiten mit dem Management. Die Möglichkeit der Finanzierung der Nachfolge durch Business Angels kommt da zum Zuge, wo Kreditinstituten das Finanzierungsrisiko zu hoch erscheint und aufgrund der geringen Höhe des Finanzbedarfs die Rentabilität für Beteiligungsgesellschaften nicht attraktiv genug ist.

Die Finanzierung durch Kredite oder Darlehen von Kreditinstituten ist Fremdkapital. Man kann zwischen langfristigem Fremdkapital mit einer Laufzeit von über drei bis fünf Jahren und kurzfristigem mit Laufzeiten unter einem Jahr unterscheiden. Die Laufzeit wird nach der Höhe der dadurch finanzierten Anschaffungskosten gewählt, da mit kurzfristigen Krediten in der Regel auch höhere Finanzierungskosten verbunden sind. Für die Finanzierung einer Nachfolge oder größerer Investitionen in Maschinen oder Gebäude werden also langfristige Darlehen gewählt werden. Die wichtigsten Kredite für Familienunternehmen haben folgende Charakteristika:

* Kontokorrentkredit: Ein auf dem laufenden Konto eingeräumter Barkredit kurzfristiger Natur. Der Kontokorrentkredit ist die häufigste und bekannteste Kreditform. Er sollte nur für den kurzfristigen Finanzbedarf genutzt werden und sein Limit sollte den Finanzierungsbedarf des Umlaufvermögens nicht überschreiten. Überziehungen des Kontokorrentkredits können die Kreditkonditionen und das Rating negativ beeinflussen.

* Darlehen: Mittel- bis langfristige Finanzierung von Investitionen

* Avale: Haftungsübernahmen durch ein Kreditinstitut gegen Zinsen

* Öffentliche Fördermittel: Geförderte Finanzierungsformen für bestimmte Zielgruppen oder Investitionsvorhaben

Je nach Branche oder individuellen Gegebenheiten des Unternehmens oder des Unternehmers kann eine öffentliche Förderung der Finanzierung in Betracht kommen. Auch hierbei bestehen verschiedenen Formen, z.B. in Eigenkapitalzuschüssen, öffentlichen Krediten mit günstigen Zinssätzen oder speziellen Tilgungsformen. Es existieren um die 800 verschiedenen Förderprogramme auf Ebene der Länder, des Bundes oder der Europäischen Union. Für viele Gründer und Nachfolger können sie der ausschlaggebende Anschub zum Start in das Unternehmertum sein[106].

Alle Programme zur Existenzgründung stehen grundsätzlich auch Nachfolgern zur Verfügung. Für die Nutzung zur Finanzierung der Übernahme ist vor allem wichtig, dass der Nachfolger einen entsprechenden Antrag vor der Übernahme stellt. Dieser kann nur über die Hausbank erfolgen, die auch bei der Auswahl eines geeigneten Förderprogramms behilflich sein kann. Zur Bewilligung der Mittel wird vom Unternehmer ein entsprechendes Geschäftskonzept gefordert, in dem er das individuelle Erfolgspotenzial seines Unternehmens glaubhaft macht. Auch die Verwendung der Mittel muss in der Regel nachgewiesen werden, was wiederum entsprechende Anforderungen an die Projektdokumentation und das Berichtswesen stellt. Einen besonderen Nutzen erhalten die öffentlichen Förderprogramme dadurch,

---

[106] www.foerderdatenbank.de

dass die Hausbank dabei für einen Teil der Fördersumme nicht haften muss. Wenn der Unternehmer etwa im Falle der Insolvenz zahlungsunfähig wird, kommt die fördernde Institution für die entsprechende Summe auf. Durch diese Entlastung der Hausbank können so auch Finanzierungen realisiert werden, der diese wegen der fehlenden Sicherheiten sonst nicht zugestimmt hätte. Der Geförderte selbst muss trotz Haftungsfreistellung der Bank aber im üblichem Rahmen haften.

Bei der Finanzierungsplanung durch externe Finanzgeber muss die Sicherung der sogenannten Kapitaldienstfähigkeit im Vordergrund stehen. Darunter versteht man die Fähigkeit eines Kreditnehmers, die laufenden Belastungen der Finanzierung durch Zins und Tilgung (= Kapitaldienst) aus seinen laufenden Einnahmen heraus zu tragen. Der Begriff steht in engem Zusammenhang mit der Kreditwürdigkeit (= Bonität) des Unternehmers. Die Kapitaldienstfähigkeit stellt dabei eine zunächst rechnerisch ermittelte Kennzahl für die Gestaltung von Kreditkonditionen dar und geht als wichtiges Kriterium in das Rating ein.

Die Kapitaldienstfähigkeit wird überschlägig nach folgendem Schema berechnet:

Betriebsergebnis (nach Steuern)

+ Abschreibungen

+ Zinsaufwand

_____

= Mittelzufluss (Banken Cashflow)

– Entnahmen (Sonderausgaben und Privat)

+ Einlagen

_____

= Kapitaldienstgrenze

– Zinsaufwand

– Tilgung

_____

= Liquiditätsüberschuss
_____

Eine gute Verhandlungsposition bei Kreditgebern setzt einen Liquiditätsüberschuss von 20 bis 40 % des Mittelzuflusses voraus. Auch losgelöst von der Perspektive der Finanzmittelgeber müssen die laufenden Belastungen der Finanzierung auch durch die laufenden Einnahmen nach der Übernahme des Unternehmens geleistet werden können.

Eigenkapital: Die Tochter Veronica hat bisher nicht die Möglichkeit gehabt, größere Vermögenswerte aufzubauen, die sie für die Finanzierung der Übernahme nutzen kann. Allerdings erwartet sie auch eher eine unentgeltliche Übertragung über die vorweggenommene Erbfolge, bei der für sie kein Finanzierungsbedarf für die Zahlung eines Kaufpreises entsteht.

Eine Erhöhung des Eigenkapitals durch Übernahme weiterer Gesellschaftsanteile kann sich Heiko Moritz vorstellen. Dieser ist zwar derzeit nicht an einer aktiven Mitarbeit in der Geschäftsführung der Moritz GmbH interessiert, aber er ist evtl. bereit, sich als stiller Gesellschafter am Unternehmen zu beteiligen, um seinen Anspruch auf eine Nachfolge nach dem Ausscheiden des Vaters zu untermauern.

Eine weitere Eigenkapitalaufnahme durch Beteiligungsgesellschaften oder Business Angels soll entsprechend der Familienstrategie wenn möglich vermieden werden. Herr Moritz ist sich jedoch nicht sicher, ob dies gelingen kann.

Fremdkapital: Weiterhin stehen sowohl den Kindern von Herrn Moritz als auch den Mitarbeitern Groß und Wonschack die Aufnahme weiterer Darlehen als Fremdkapital offen (wobei das fortgeschrittene Alter von Herrn Groß für kapitalgebende Banken sicher ein Problem wäre). Über diese Finanzierungsmöglichkeiten entscheidet vor allem, ob die Moritz GmbH fähig ist, die daraus entstehende Zins und Tilgungsbelastung aus dem laufenden Betrieb zu erwirtschaften. Das nennt man Kapitaldienstfähigkeit. Und die sah im Jahr 2007 so aus:

Ist-Werte 2007	
	TEUR / p a
Betriebsergebnis	1 122
Abschreibungen	137
Rückstellungsänderungen	0
Zinsaufwand	40
Banken-Cashflow	**1.299**
	0
Erhöhung des wirtschaftlichen Eigenkapitals	**0**
	0
Verminderung des wirtschaftlichen Eigenkapitals	**278**
sonst. Erhöhungen (+) / Verminderungen (-) :	
Kapitaldienstgrenze	**1.021**
abzgl. tatsächlicher Kapitaldienst	**40**
Überdeckung (+) / Unterdeckung (-)	**981**
Ausnutzung der Kapitaldienstgrenze (%)	**3,9**

Abb. 26   Kapitaldienstfähigkeit der Moritz GmbH

Das Unternehmen hat eine Kapitaldienstgrenze von gut 1 Mio. €, die für die Zahlung von Zinsen und Tilgungen zur Verfügung steht. Bleibt es bei diesen Finanzströmen, sollte einer fristgerechten Bedienung, auch der hohen Investitionen, nichts im Wege stehen.

Von meinem Nachfolger erwarte ich, daß er
Weichen stellen kann... da, bitte schön!

3 Management- und Sozialkompetenz

In diesem Kapitel steht die Person des Nachfolgers im Mittelpunkt. Egal ob aus der Familie kommend oder von außerhalb, er oder sie verkörpert für das Unternehmen, die Mitarbeiter, Kunden und Geschäftspartner schlechthin die Zukunft. Insofern ist es Aufgabe des Unternehmens die besten Nachfolger, die verfügbar sind, zu bestimmen.

Fachkompetenzen alleine reichen nicht aus für die erfolgreiche Übernahme eines mittelständischen Unternehmens. Im Vordergrund jeder unternehmerischen Qualifikation stehen gleichberechtigt die Führungskompetenzen und eine ausgeprägte Sozialkompetenz. Was das unter dem Blickwinkel der Unternehmensnachfolge bedeutet, soll in diesem Kapitel dargestellt werden.

Dazu gehört die Frage der Persönlichkeitsentwicklung ebenso wie die Überlegungen zum Unternehmertum als Lebensform. Auch die Frage nach der Eignung muss beantwortet werden.

Was aber bedeutet dies? Wann kann ein Nachfolger als geeignet oder als gut bezeichnet werden? Gibt es Hinweise, die von einer solchen Berufung abraten lassen? Gibt es gar Methoden oder Instrumente, die mit hinreichender Sicherheit den unternehmerischen Erfolg eines jungen Menschen prognostizieren können?

Schließlich ist eine zentrale Aufgabe für Unternehmer der stetige Blick auf das Risiko. Vor einer Übernahme bedeutet Risikominimierung die Nachfolge im Geschäftsplan „auf dem Papier" vorzudenken und alle Rahmenbedingungen, Chancen und Risiken systematisch zu erfassen. Auch gehört dazu die richtigen Argumente zu finden, die Lieferanten und Kunden von der Person und den Ideen überzeugen.

Nach einer Übernahme gehört zur Risikominimierung ein systematisches Risikomanagement, das dazu beiträgt, den im Kaufpreis unter Umständen zu finanzierenden Unternehmenswert nicht durch vermeidbare Risiken zu schmälern.

Lernziele

Was Sie als Studierende nach diesem Kapitel wissen sollten:

- Bei Nachfolgeprozessen besteht immer wieder ein Dilemma zwischen Familientradition und eigenem Lebensweg. Sie kennen die verschiedene Arten, damit umzugehen.

- Sie verstehen die langfristigen Entwicklungsperspektiven innerhalb einer Unternehmerfamilie und ihre Konsequenzen für einen Nachfolger in einer bestimmten Ausgangssituation.

- Sie kennen die wichtigsten Faktoren, die einen Nachfolger bei der Vorbereitung auf seine Karriere als Unternehmer unterstützen bzw. behindern können.

- Sie können das Kompetenzprofil eines selbstständigen Unternehmers in einem bestimmten Markt anhand eines Qualifikationsschemas abschätzen und nachvollziehen, mit welchen Ausbildungsschritten ein Nachfolger sich optimal vorbereiten kann.

- Nachfolge ist nicht nur ein steuer- und erbrechtliches Problem. Sie erkennen die unternehmerischen Erfordernisse einer Nachfolgeplanung und wissen, wie man Risiken und Chancen frühzeitig beeinflussen kann.

- Geschäftspläne oder Businesspläne sind auch für Nachfolger eine wichtige Grundlage des Erfolgs. Sie überblicken die Struktur und den Inhalt eines systematischen Geschäftsplans.

- Risikomanagement ist das A und O einer sicheren Zukunftsplanung für Unternehmen. Sie wissen, welche gesetzlichen Grundlagen bestehen und wie ein passgenaues Risikomanagement aussieht.

3.1   Persönlichkeitsentwicklung als Nachfolger: Die Frage der Motivation

„Nachfolgeproblem? Ich? Wieso?" (Prinz Charles)

Wie züchtet man den optimalen Nachfolger? Vor dieser nur vordergründig überspitzten Frage stehen letztlich alle Unternehmer, die eine Fortführung der Familientradition wünschen – und dies sind die Allermeisten. Und auch wenn viele Unternehmer beteuern, ihren Kindern doch alle Freiheiten zu lassen – bewusst oder unbewusst werden diese durch die Sozialisation und Prägung ihres Elternhauses beeinflusst. In jedem Fall sind Folgen für die Wahl des eigenen Berufs- und Lebensweges zu erwarten[107].

---

[107] Dies gilt selbstverständlich für alle Kinder, nicht nur für solche aus Unternehmerfamilien. In diesem Fall sind die Konsequenzen für das Unternehmen jedoch besonders relevant.

Um zumindest das Zielbild für die obige Frage schnell zu identifizieren, sollte ein Blick auf das Anforderungsprofil genügen – wie sieht der optimale Unternehmer aus? Bereits die Beantwortung dieser einfachen Frage ist schwer.

Die nächstliegende Antwort für die abgebende Generation (sowie gerne auch deren näheres Umfeld) wäre: „So wie ich!" Auf den ersten Blick scheint dies zwar plausibel, denn schließlich hat diese Generation das Unternehmen bisher mit Erfolg geführt. Bereits die Alltagserfahrung zeigt jedoch, dass solche Gedanken schnell an ihre Grenzen stoßen. Je mehr Druck die Eltern auf Kinder ausüben, um sie in eine bestimmte Richtung zu formen, umso stärker fallen i.d.R. deren Abwehr- und Abgrenzungsbemühungen aus. Sowohl die Medien als auch die Forschung untermauern diesen Zusammenhang regelmäßig[108], dennoch berichten Abkömmlinge aus Unternehmerfamilien immer wieder von solchen „Klonversuchen" sowie von deren Scheitern[109].

Aber auch wenn man keinen solchen stark personalisierten Maßstab anlegt, sondern „ganz objektiv" nach der „richtigen Persönlichkeit" für den Unternehmer fragt, wird die Ausgangslage nicht einfacher. Eine etwa dreißigjährige Forschungsrichtung zur Identifikation und Messung von in der Persönlichkeitsstruktur von Unternehmern begründeten Erfolgsfaktoren führte bislang kaum zu tragfähigen Ergebnissen.

Selbst wenn sich auf statistischer Basis Wirkungszusammenhänge zwischen der Ausprägung einzelner Persönlichkeitsmerkmale und unternehmerischem Erfolg finden lassen, so ist es in jedem Einzelfall ein Leichtes, Gegenbeispiele aufzuführen. Ein Unternehmer sollte kommunikativ, extrovertiert und vertriebsorientiert sein? Viele höchst erfolgreiche Gründer des Typs „Tüftler und Bastler", die ihre Produkte viel besser als ihre Kunden kennen, zeigen, dass dies nicht der einzige Weg zu sein scheint. Ein Unternehmer sollte überlegene Weitsicht und die Fähigkeit zur langfristigen Planung und zur visionären Gestaltung seines Oeuvres haben? Wie jeder Steuerberater sofort bestätigen kann, bewältigen viele mittelständische Mandanten ihren unternehmerischen Alltag ohne diese besonderen Qualitäten – vielleicht liegt sogar ein Vorteil im Verzicht auf die Illusion der Gestaltbarkeit einer unsicheren Zukunft, und im dadurch erreichten Gewinn an Flexibilität und Aufmerksamkeit für die Gegenwart[110].

Was bleibt, sind einige recht triviale Aussagen der Art: „Unternehmer zeichnen sich durch die Bereitschaft zur Übernahme von erhöhten Risiken aus"[111]. Einmal ganz davon abgesehen, ob dieser Zusammenhang positiv interpretiert wird, sagt er nur etwas darüber aus, wie die Situation derzeit ist, nicht wie sie im optimalen Falle wäre. Umgekehrt könnte man mit Fug und Recht den sehr vorsichtig und überlegt agierenden Unternehmer als voraussichtlich besonders erfolgreich apostrophieren – Banker könnten beispielsweise geeignete Kandidaten für eine solche Perspektive sein.

---

[108] vgl. Eglau (2001), Simon (2002)

[109] vgl. Levold (2002), S. 209-264

[110] Insofern dürften Unternehmer einer konstruktivistischen Sicht der Dinge näher stehen als Manager.

[111] vgl. Müller (1999), S. 157ff.

Wenn also im Prinzip jeder mindestens durchschnittlich begabte und bemittelte Mensch grundsätzlich unternehmerisch erfolgreich sein kann, dann rückt dies zwangsläufig den Faktor der Motivation in den Mittelpunkt: Unternehmersein ist eine Frage des eigenen Entschlusses dazu!

Diese Ansicht vertreten auch Experten aus dem Bereich der Existenzgründungsförderung[112]. Ihre Untersuchungen haben gezeigt, dass Gründer, die aus der Arbeitslosigkeit insgeheim immer noch auf eine offene Stelle hoffen, i.d.R. nicht in der Lage sind, die notwendige Energie für eine Gründung zu mobilisieren. Erst wenn sich der Gründer voll auf das Gründungsprojekt konzentriert und wirklich gründen *will*, wird er dies auch erfolgreich können.

In der Anwendung auf Unternehmensnachfolger bedeutet dies also: unter welchen Umständen ist es einem Nachfolger möglich, sich frei und gezielt für diese Aufgabe zu entscheiden, und wie läuft ein solcher Entscheidungsprozess in der Praxis ab?

Dieser Aspekt wird im Folgenden für interne und externe Nachfolger getrennt dargestellt, da hier grundlegende Unterschiede in der Motivationsstruktur bestehen.

3.1.1   Motivationsstrukturen von Familiennachfolgern

Nachfolger aus der Familie befinden sich in einer paradoxen Situation. Einerseits erleben sie den Alltag einer Unternehmerfamilie als „normal"; für sie ist es etwas völlig Selbstverständliches, dass jemand ein Leben als Unternehmer wählt, und sie erfahren meist auch recht detailliert die vielen positiven und negativen Aspekte eines solchen Lebens. Die Gründungsforschung belegt auch eindeutig, dass das Aufwachsen in einem solchen Umfeld einen signifikanten Einfluss auf eine spätere Entscheidung zur Selbstständigkeit hat[113]. Auch eigene Nachforschungen der Autoren zeigen, dass viele Abkömmlinge aus Unternehmerfamilien (insbesondere die Söhne) schließlich eine eigene ökonomische Basis aufbauen, sei es als Nachfolger, als Gründer, als Freiberufler oder sonstwie Selbstständiger – „einmal Unternehmer, immer Unternehmer!"

Andererseits bringt sie die explizite oder implizite Aufforderung – oder auch nur die Möglichkeit –, genau diesen Weg dann selbst zu wählen, potenziell in Konflikt mit zwei Wirkungskräften unserer westlichen Kultur:

- Mit dem derzeit üblichen gesellschaftlichen Imperativ der Individualität, also der sehr positiven Konnotierung des „eigenen Weges", der höchst individuellen Lebensleistung, zu

---

[112]   persönliche Information von Michael Kroheck, verantwortlich für das Projekt „Phönix" der Zentralstelle für Arbeitsvermittlung ZAV in Bonn.

[113]   vgl. Lang-von Wins (2003), S. 19ff.

der eine Nachfolge „in den Fußstapfen"[114] eines anderen, oder gar in ein „gemachtes Nest"[115] zunächst im Widerspruch steht.

- Mit der ebenfalls üblichen Herausbildung der eigenen Persönlichkeit gerade auch in Abgrenzung gegenüber den Eltern, deren Lebensweg, Werten und Anschauungen. Der Impetus dieses Faktors schwankt zwar je nach Lebensphase und sollte eigentlich nach der Pubertät grundlegend abgearbeitet sein. In Unternehmerfamilien behält er seine Potenz jedoch weit darüber hinaus, da hier die ansonsten üblichen Regelungsmechanismen – beispielsweise die Schaffung räumlicher Distanz durch Gründung eines neuen Hausstandes nicht zu nah am Elternhaus – nicht greifen. Die Generationen bleiben eng zusammen, was – bildlich gesprochen – zu einer reaktorähnlichen Umgebung mit hohen Druckverhältnissen führen kann.

Auf Nachfolger aus der Familie wirken also zwei gegensätzliche Kräfte: einerseits der Wunsch und auch die Verpflichtung, mit der Übernahme des Unternehmens entscheidende Elemente des Werkes und des Lebens der Eltern weiterzuführen, andererseits die Tendenz zum „eigenen Ding", zur höchst persönlichen Wahl eines sehr individuellen Lebensziels. Dahinter verbergen sich die Grundqualitäten von „Bewahren" im Sinne von Kontinuität und Tradition, und von „Verändern", dem Neuen, der Innovation, die der Nachfolger einbringen kann[116].

Diese Innovationskraft ist ein ganz wesentlicher Faktor, der für die Zukunft des Unternehmens in vielen Fällen auch einen Erfolgsfaktor darstellt. Berichte über Unternehmen, die mit ihrem Senior altern und in vielen Fällen auch mit ihm enden, sind Legion. Ebenso bekannt ist der klassische „Investitionsstau", auf den Übernehmer vielfach treffen: Wenn das bisherige Management angesichts seines absehbaren Ausscheidens aus dem Unternehmen nicht mehr in die Zukunft investiert hat und Anlagen und Betriebsmittel daher in einem desolaten Zustand sind, ist damit die Substanz des Unternehmens praktisch aufgezehrt.

Solange man die beiden Qualitäten „Bewahren" und „Verändern" nur als gegensätzliche Pole gegenüber stellt, befindet man sich in einem unlösbaren Dilemma. Schließlich sind für eine funktionierende Nachfolge beide Aspekte notwendig. Sinnvoller ist eine Wahrnehmung dieser zwei Qualitäten als voneinander unabhängige Dimensionen. Bezug nehmend auf die Form des Tetralemmas[117] ließe sich dies folgendermaßen darstellen:[118]

---

[114] Die „Fußstapfen" sind neben der „Stabübergabe" wohl die am häufigsten verwendete Metapher im Zusammenhang mit Unternehmensnachfolge.

[115] Eine bundesweite IHK-Aktion im Jahre 2006 zum Thema Unternehmensnachfolge verwendete dieses Bild – sehr zum Ärger der angesprochenen Nachfolger...

[116] vgl. Pfannenschwarz (2006a), S. 177ff.

[117] vgl. Varga von Kibed (2000)

[118] vgl. Pfannenschwarz (2006a), S. 178ff.

(,,entweder") Veränderung	(,,oder") Bewahrung

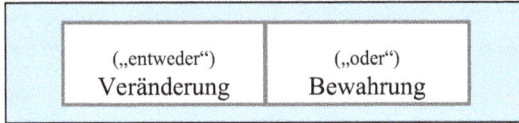

Abb. 27   Ausgangssituation Grundlegendes Dilemma der Nachfolge

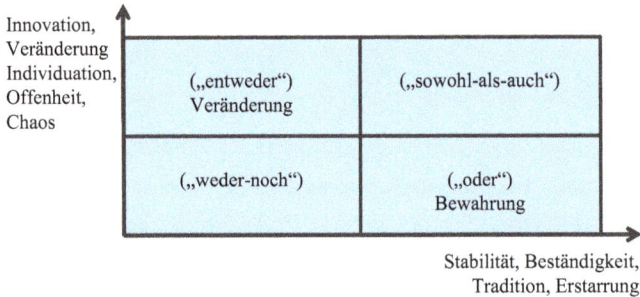

Innovation,
Veränderung
Individuation,
Offenheit,
Chaos

(,,entweder") Veränderung	(,,sowohl-als-auch")
(,,weder-noch")	(,,oder") Bewahrung

Stabilität, Beständigkeit,
Tradition, Erstarrung

Abb. 28   Erweiterung des Dilemmas zum Tetralemma (Pfannenschwarz 2006a, S. 179)

Wir erhalten also zusätzlich die beiden Felder „sowohl-als-auch" (d h. beide Aspekte sind verwirklicht, eine hohe Kontinuität in Verbindung mit einer ebenso hohen Innovationsleistung), sowie „weder-noch" als Darstellung des Fehlens beider Qualitäten.

Auf diesem Spielfeld lässt sich die Motivationsstruktur für Nachfolger recht gut darstellen, ebenso die typischen Konsequenzen für den Ausgang der Übernahme.

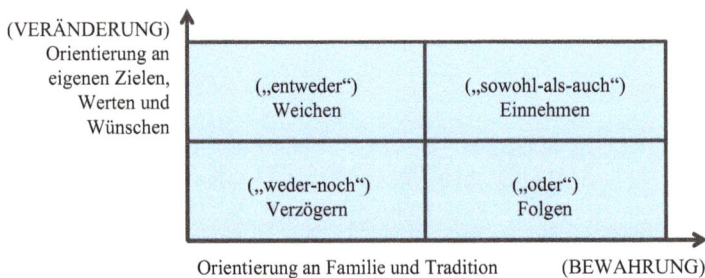

(VERÄNDERUNG)
Orientierung an
eigenen Zielen,
Werten und
Wünschen

(,,entweder") Weichen	(,,sowohl-als-auch") Einnehmen
(,,weder-noch") Verzögern	(,,oder") Folgen

Orientierung an Familie und Tradition   (BEWAHRUNG)

Abb. 29   Grundpositionen der Nachfolge im Tetralemma

Folgen

Überwiegt die Orientierung an den Werten und Traditionen der Familie, bewegt sich die nachfolgende Generation auf dem Feld „Folgen". Damit ist zwar die Kontinuität gewährleistet, als „braver Sohn" (oder Tochter) übernimmt er die Aufgabe der Nachfolge, allerdings unter Vernachlässigung oder Unterdrückung der eigenen Impulse. Die Auswirkungen sind leicht zu ermitteln: solange sich das Unternehmen in einem einigermaßen stabilen Umfeld bewegt, kann dies funktionieren, ist jedoch echte Veränderung notwendig, stoßen Nachfolger dieser Ausprägung schnell an ihre Grenzen. Zudem wirkt sich die Unterordnung unter die bisherigen Unternehmer, die Familie und allgemein die bestehende Ordnung in der Regel negativ auf die Psyche, die Gesundheit und die Lebensqualität des Nachfolgers aus.

Weichen

Der Gegenpol besteht darin, dass Nachfolger sich ausschließlich um die eigenen Ziele kümmern und die familiären Traditionen und Wege nicht mittragen. In diesem Fall ist es unwahrscheinlich, dass es überhaupt zu einer Nachfolge kommt. Die Gründung eines eigenen Unternehmens stellt in diesen Fällen oftmals – im Sinne der Familie und des Unternehmens – die bessere Alternative dar, falls der Nachfolger zumindest in beruflicher Hinsicht ein ähnliches Sujet wie die Eltern wählt.

Einnehmen

In diesem Feld sind nun beide Qualitäten gegeben, aus Sicht des Unternehmens betrachtet wäre dies die „Idealkombination". Nachfolger in diesem Feld bewältigen die paradoxe Verbindung der ursprünglich als gegensätzlich wahrgenommenen Pole und schaffen daraus höchste individuelle und kreative Wege und Lösungen.

Verzögern

In diesem Quadranten kommt es zu keiner Lösung, weder zu einer Nachfolge, noch zu einem Austritt. Wenn Nachfolger konsequent dieses Feld besetzen, überlassen sie damit den Ausgang letztlich anderen Faktoren: sie warten, dass sich das Problem von alleine löst, oder dass sich zumindest die Ausgangsvoraussetzungen ändern. Dies muss nicht per se negativ sein, sondern kann in ansonsten unlösbaren Situationen durchaus eine konstruktive Zwischenphase darstellen – zumindest für eine gewisse Zeit.

Heiko Moritz absolvierte zuerst eine Ausbildung in einem anderen Betrieb, allerdings am selben Ort. Dies wäre eine Zwischenposition zwischen FOLGEN und WEICHEN. Der daraufhin folgende Eintritt ins Unternehmen (FOLGEN) kam möglicherweise zu früh, so dass er in Opposition trat, das Unternehmen nach kurzem, aber heftigen Streit verließ und nun in einem Fremdunternehmen arbeitet (WEICHEN). Angesichts seines Lebensalters ist durchaus nicht ausgeschlossen, dass er in den nächsten Jahren noch zurückkehren wird. Dies fällt ihm wohl umso leichter, je mehr er das Gefühl hat, seinen „eigenen Weg" gegangen zu sein und auch künftig gehen zu können.

Der Weg von Veronica verlief umgekehrt. Sie nahm direkt die WEICHEN-Position ein, in dem sie als Industriedesignerin arbeitete. Konflikte mit dem Vater hatte sie bislang noch nie, allerdings hat sie der Vater auch nie als echte Alternative für die Nachfolge wahrgenommen. Über diese eher neutrale berufliche Entwicklung ist es gelungen, dass sowohl die Tochter als jüngst auch der Vater einer Übernahme durch Veronica offen gegenüberstehen.

Damit ein Nachfolger also in der Lage ist, das Unternehmen nicht nur zu übernehmen, sondern auch nachhaltig erfolgreich aus eigener Kraft weiter zu entwickeln, benötigt er eine hinreichende Motivation zur Ausbildung beider Qualitäten. Nachfolgend einige Erfahrungswerte aus der Praxis, welche Faktoren zu deren Ausbildung beitragen können:

Motivation zur Kontinuität

Wie bereits oben beschrieben, führt ein zu starkes Drängen i.d.R. zu einem gegenteiligen Effekt, zur Verweigerung und zur Konzentration auf die eigenen Ziele. Dies führt entweder zu einem WEICHEN, oder – falls der Nachfolger diesen Akt der Auflehnung nicht durchsetzen kann – zu einem entsprechenden Verlust an Antrieb, Motivation und Kreativität. Der Nachfolger übernimmt zwar die Rolle, füllt sie jedoch nicht wirklich aus; er wartet ab.

Viele Nachfolger berichten, dass ihre Eltern (insbesondere die Väter) sie zur Nachfolge „verführt" haben. Dies kann in Form von frei wählbaren Angeboten oder auch durch die positive Vermittlung der Freiheiten und Möglichkeiten eines Unternehmerlebens geschehen. Die Betonung von Stress, Konflikten oder den überdurchschnittlichen Arbeitszeiten und -pensen führt dagegen zu einer Demotivation.

Praktisch durchgehend berichten Nachfolger, dass sie in ihrer Jugend vielfältige Berührungspunkte mit dem Unternehmen hatten: Ferienjobs, Aushilfen, Sonderaufträge, die Installation von PCs, Lieferfahrten usw.[119] Die meisten schöpfen aus diesen Erfahrungen eine Verbundenheit mit dem Betrieb, die einerseits inhaltlich/fachlich sehr unterstützend wirkt (der Nachfolger weiß bereits in jungen Jahren, worum es in der Branche geht und wie der Betrieb „tickt"), andererseits einen positiven Bezug herstellen, der einen Entschluss zur Übernahme natürlich begünstigt.

Einige Senioren konstruieren – bewusst oder unbewusst – gezielte Alternativen zur Nachfolge der eigenen Kinder[120]. Beispielsweise werden Cousins oder andere Familienangehörige oder auch Nachfolgekandidaten von außerhalb der Familie in Stellung gebracht, was paradoxerweise dazu führen kann, dass der Sohn oder die Tochter erst recht den Wunsch nach der Übernahme entwickelt und diesen quasi gegen die Konkurrenz auch durchsetzt. Sollte sich dieser Effekt nicht einstellen, dann kann der Senior als Nebenwirkung bereits auf eine funktionsfähige Alternativlösung zurückgreifen.

---

[119] vgl. Pfannenschwarz (2006a)

[120] vgl. Pfannenschwarz (2006b), S. 30ff. (Fallbeispiel J2)

Die psychologisch wohl schwierigste Nachfolger-Situation ist die des direkten Gründernachkommens. Das Unternehmen wird hier – zu Recht – als direkter Ausfluss des Schaffens des Seniors verstanden (das viel zitierte „Lebenswerk"), wodurch die eigene Nachfolge leicht als personelle Situationsfindung gegenüber dem Vater wirkt. Wenn die üblichen Vater-Sohn- bzw. Vater-Tochter-Konflikte eine gewisse Intensitätsstufe übersteigen, wird das Unternehmen hier im Mithaftung genommen. In älteren Familienunternehmen können sich die Nachfolger dagegen auf einen weiter zurückliegenden Gründungsvater beziehen, zu dem sie kein oder ein deutlich schwächeres persönliches Verhältnis haben. Konflikte werden also entpersonalisiert, die Nachfolgefrage bezieht sich nicht mehr auf das Verhältnis zum Vater, sondern auf das Verhältnis zur Institution des Familienunternehmens.

Motivation zur individuellen Entwicklung

Voraus denkende Unternehmer gewähren ihrem Nachwuchs viel Freiraum als Kind und Jugendlicher und vermeiden jeglichen Druck bezüglich einer Nachfolge. Dadurch können sich Unternehmerkinder relativ frei ihre eigene Meinung zum Unternehmen und zu alternativen Berufsmöglichkeiten bilden, was in vielen Fällen paradoxerweise dazu führt, dass eine Nachfolge interessant erscheint. Und falls nicht, ist dies mitunter insgesamt auch die bessere Lösung.

Während früher die Laufbahn im eigenen Unternehmen „von der Pike auf" als üblich angesehen wurde, geht die übereinstimmende Meinung von Beratern und Wissenschaftlern heute eher in die andere Richtung. Eine „eigene Karriere draußen" bietet mehrere Vorteile: zum einen lernen die Nachfolger andere Unternehmen, andere Strukturen und Führungsstile kennen und können diese ggf. später als innovative Impulse in das eigene Unternehmen einbringen. Zum anderen können sie ihre persönlichen Stärken und Schwächen in einer neutralen Umgebung testen, in der sie ein sehr viel direkteres und ungeschminkteres Feedback erhalten, als dies im Unternehmen der eigenen Familie möglich ist.

Nach dem Eintritt sollten Nachfolger im eigenen Unternehmen möglichst weit weg vom Senior arbeiten. Während die abgebende Generation ihre Kinder oft ganz gerne nahe bei sich haben (als Vorstandsassistenz oder Junior-Geschäftsführer), empfiehlt sich aus professioneller Sicht eine gewisse Distanz im Betrieb. Dies kann beispielsweise dadurch erreicht werden, dass die Kinder einen eigenen Verantwortungsbereich mit hinreichenden Freiheitsgraden erhalten, z.B. eine eigene Abteilung, ein eigenes Projekt oder auch eine Position in einem Zweigwerk oder einer Auslandsniederlassung.

Eine andere Variante besteht darin, einen Mitarbeiter, der nicht der Familie angehört, zum Mentor und Ausbilder des Nachfolgers zu bestimmen. Dies bewirkt einen größeren Abstand zwischen Eltern und Kind, wodurch Generationskonflikte tendenziell schwächer ausfallen.

Die für Nachfolger häufig gewählte Position eines „Assistenten der Geschäftsleitung" ist höchst ambivalent zu betrachten. Einerseits kann in einer solchen Position in kurzer Zeit viel über das Unternehmen und den Führungsstil des Unternehmers gelernt werden – was allerdings in den meisten Fällen aufgrund des vorherigen Kontaktes mit dem Betrieb gar nicht notwendig ist. Andererseits führt eine solche „weiche" Position ohne wirkliche Ergebnisverantwortlichkeit leicht zu einer Zementierung der familiären Hierarchie zwischen der erfahrenen, älteren Generation und den Junioren. In Verbindung mit erster Berufserfahrung außerhalb des eigenen Unternehmens ist es daher sinnvoller, bereits ab dem Einstieg echte Führungs- und Projektverantwortung zu übergeben, um aus eigenen Fehlern und Erfolgen lernen zu können.

Horst Moritz hat seinen Kindern gegenüber immer betont, dass sie selbst über ihren beruflichen Weg entscheiden müssten und es vermieden, zuviel Druck auszuüben – auch aufgrund seiner eigenen Erfahrungen mit seinem Vater. Umgekehrt nahm er jedoch Heiko, seltener auch Veronica und Kevin, bereits in jungen Jahren ab und zu mit ins Büro, zeigte ihnen am Sonntag neue Maschinen, oder ließ sie an Firmenfesten und -ausflügen teilnehmen. Daraus entwickelte sich ganz von selbst ein vertrautes Verhältnis der Kinder zur Firma.
Schwieriger wurde es, als Heiko im Unternehmen mitarbeitete und eigene Ideen und Vorstellungen entwickelte. Hier gelang es nicht, seine Innovationskraft in eine produktive Richtung zu lenken, indem er einen eigenständigen Verantwortungsbereich übernahm. Ein eskalierender Konflikt und die Trennung vom Unternehmen waren die Folge.
Danach wollte Heiko erst einmal „nie wieder" etwas mit dem Betrieb zu tun haben. Als er von der Beteiligung der Mitarbeiter Groß und Wonschack hörte, kam er jedoch wieder ins Grübeln. Er erkannte, dass ihm möglicherweise doch mehr an einer Übernahme lag, als er sich zunächst eingestanden hatte.

3.1.2   Externe Nachfolger und ihre Motivation

Für Nachfolger außerhalb der Familie ist die Frage der Motivation weniger komplex, wenn auch in subjektivem Empfinden deshalb nicht unbedingt „leichter". Der eigene Entschluss, künftig Unternehmer zu sein, ist nicht so stark mit dem familiären Hintergrund verwoben, sondern entsteht immer aus anderen Rahmenbedingungen.

Empirische Analysen nennen folgende Hauptmotive für den Wunsch zu einer Selbstständigkeit – diese treffen für Gründer und externe Übernehmer gleichermaßen zu:[121]

- „Eigener Herr sein", Eigenverantwortung und Unabhängigkeit
- Vermeidung von Arbeitslosigkeit
- Materielle Anreize, Chance auf höheres Einkommen
- Günstige Gelegenheit zur Gründung bzw. Übernahme (MBO)
- sonstige Gründe, z.B. Verfolgung eines ansonsten nicht realisierbaren Traums oder Projekts

Ist eine grundsätzliche Entscheidung für eine Unternehmerexistenz getroffen, dann kann zwischen den Alternativen „Neugründung" und „Übernahme" anhand persönlicher Präferenzen oder situativer Faktoren („günstige Gelegenheit") ausgewählt werden. Die zu bewältigenden Hauptprobleme liegen für externe Nachfolger eher im Bereich der Finanzierung – schließlich müssen sie ein Unternehmen kaufen, sie bekommen es i.d.R. nicht geschenkt

---

[121]   vgl. IfM (1997)

oder vererbt. Außerdem ist die Beurteilung des Unternehmens für Externe in der Regel schwieriger. Selbst, wenn der oder die Nachfolger bereits im Unternehmen arbeiten, kennen sie den Betrieb nicht so wie der Altgesellschafter. Der Vertrauensvorschuss, der in der Familie von vornherein vorhanden ist, muss bei externen Nachfolgern (auf beiden Seiten) zusätzlich erarbeitet werden.

Eine interessante Alternative kann in einer Position „an Sohnes statt" bestehen. Wenn Altgesellschafter keine eigene Kinder haben oder diese nicht zur Verfügung stehen, wählen sie in vielen Fällen einen jüngeren Mitarbeiter aus, den sie als Ziehsohn oder -tochter betrachten, und der für eine spätere Nachfolge prädestiniert ist. Dies führt einerseits zu einer völlig anderen Ausgangslage was den Kaufpreis betrifft, das Entgegenkommen durch den Senior in Form von Preisabschlägen, Stundungen etc. fällt oftmals überdurchschnittlich aus. Andererseits wird dies erkauft durch den Einbezug genau der psychologischen und familiären Faktoren, die typisch für eine familieninterne Nachfolgesituation sind – und eine emotionale Aufgeladenheit. Dies muss nicht per se nachteilig sein, allerdings sollten sich externe Übernehmer über ihre Position im Klaren sein, da sie beispielsweise die Erwartungshaltung der abgebenden Generation stark beeinflusst.

Für die Herren Groß und Wonschack ist noch nicht abzusehen, ob sie Teil einer Nachfolge sein werden oder nicht. Möglich erscheint auch eine gemischte Lösung. Während Herr Wonschack erst vor einigen Jahren in das Unternehmen eintrat, weil das Wachstum eine stärkere kaufmännische und vertriebliche Unterstützung erforderte, ist Herr Groß bereits seit seiner Lehre im Unternehmen.

Nun stehen mit Veronica – und latent auch mit Heiko – erneut zwei Kinder zur Disposition. Herr Groß ist zwiegespalten: Auf der einen Seite traut er sich die alleinige Übernahme des Betriebs nicht zu. Auch seine finanziellen Mittel hält er für nicht ausreichend, da er erst vor einigen Jahren gebaut hat und seinen zwei Kindern das Studium finanziert. Andererseits weiß er, dass er die operative Leitung des Betriebs weitaus besser kann, als alle anderen Mitarbeiter außer dem Senior.

Ludwig Wonschack sieht die Lage entspannter. Aufgrund von Unterhaltsverpflichtungen seiner geschiedenen Frau und seinen drei Kindern gegenüber ist er nicht in der Lage, ausreichend Kapital für einen Kauf der Firma anzusammeln, daher ist er Herrn Moritz sehr dankbar für die Möglichkeit, eine Beteiligung aus laufender Arbeitsleistung zu erwerben. Mittel- und langfristig kann er sich vieles vorstellen: eine gemeinsame Führung des Unternehmens mit seinem Kollegen Groß, mit den Kindern der Familie Moritz, oder auch eine ganz andere Tätigkeit in einem anderen Unternehmen nach einem möglichen Verkauf. Er vertraut auf seine Qualifikationen und Kompetenzen als kaufmännische Führungskraft, die auf dem Arbeitsmarkt immer gesucht werden.

3.1.3   Unternehmertum als Lebensform

Ein Aspekt, der für potenzielle Nachfolger neben wirtschaftlichen Fragestellungen eine nicht minder große Rolle spielt, ist die Art und Weise, wie Unternehmer ihr Leben gestalten, bzw. welche Beschränkungen es für diese Gestaltung gibt. Insbesondere Familiennachfolger erleben sehr direkt am Beispiel ihrer Eltern, welche Vorzüge und Möglichkeiten, aber auch welche Entbehrungen diese Lebensform bedeutet. Daher ist es nicht verwunderlich, dass viele Abkömmlinge aus Unternehmerfamilien ihren frühen Entschluss zu einem anderen Lebensweg damit begründen, dass sie sich ihre Zukunft anders vorstellen, als sie dies in ihrer Kindheit selbst erlebt haben[122]. „Immer nur arbeiten, von morgens sieben bis abends um zehn, sechseinhalb Tage die Woche – nein danke!"

Arbeiten um zu leben? Leben um zu arbeiten?

Diese Frage beschäftigt beileibe nicht nur potenzielle Nachfolger. Die Ausbalancierung von beruflichen und privaten Lebenszielen und -inhalten ist heute eine Grundherausforderung für eine gesamte Generation.

Unstreitig dürfte sein, dass ein Leben als Unternehmer deutlich höhere Anforderungen an Engagement und Arbeitszeit stellt als ein „geregeltes Arbeitsleben" als Angestellter oder Beamter[123]. Neben den reinen Arbeitsstunden sind hier auch die Belastungen durch die Verantwortung für Betrieb, Mitarbeiter und Erfolg zu nennen, außerdem die Tatsache, dass ein echtes „Abschalten" im Urlaub oder am Wochenende immer wieder hart erkämpft werden muss und ständig durch die vermeintliche Unentbehrlichkeit im Unternehmen bedroht ist.

Dies steht einerseits in einem gewissen Spannungsverhältnis zum viel zitierten „Wertewandel", der Betonung von Lebensinhalten, die tendenziell außerhalb der Arbeitssphäre liegen. Andererseits erfahren viele Unternehmer, dass gerade in ihrer Lebensstruktur die Synthese von Leben und Arbeit sehr viel eher möglich ist als in einem klassischen Angestelltenverhältnis. Unternehmer mit Kindern schätzen den Freiraum und die Flexibilität, welche die zeitliche Gestaltbarkeit ihres Arbeitsablaufs ermöglicht.

Partnerwahl und Konsequenzen

In den Frühzeiten des erblühenden Wirtschaftskapitalismus war es, wie in Kapitel 1 bereits erwähnt, durchaus üblich, dass Unternehmerfamilien ihren Fortschritt auch mit dynastischen Methoden beförderten, ähnlich dem Adel, der zu dieser Zeit noch eine Vorbildfunktion hatte. Arrangierte Heiraten, Mehrfachverflechtungen von Familien oder auch Adoptionen waren gebräuchliche Mittel, die letztlich ökonomischen Zwecken dienten.

---

[122] Auch dies ist sicher kein Spezifikum für Unternehmerfamilien, sondern ein breit zu beobachtendes Phänomen. In unserem Kontext sind jedoch neben den persönlichen die organisatorischen und ökonomischen Folgen relevant.

[123] Dies gilt ausdrücklich nicht für leitende Führungskräfte mit ausgesprochenem Karriereziel in Konzernen. Diese müssen i.d.R. mit einer ähnlich hohen Arbeitsbelastung rechnen.

Heute dürfte diese Option in unserem Kulturkreis kaum mehr eine Rolle spielen. Auch Unternehmerfamilien haben sich zwischenzeitlich dem gesellschaftlichen Imperativ der emotional begründeten Beziehung und Ehe gebeugt. Nichtsdestotrotz spielt die Wahl des Lebenspartners durchaus eine signifikante Rolle für das Unternehmerleben, und nicht selten entzünden sich an genau diesem Punkt Dramen und Tragödien in den Familien.

Dabei steht selten eine per se „unstandesgemäße Verbindung" im Mittelpunkt der Probleme. Auch wenn die künftige Schwiegertochter in der reichen Industriellendynastie aus einfachen Verhältnissen kommt, oder der Schwiegersohn nicht dem richtigen politischen oder religiösen Lager zugeneigt ist, so werden derlei soziale Verwerfungen von Unternehmerfamilien sicher nicht weniger gut bewältigt als von anderen Familien.

Die schwierigeren Aspekte stellen sich dagegen in der späteren Integration der Schwiegersöhne und -töchter in die Familie und in das Unternehmen. Hier eine kurze Auswahl der typischen Fragestellungen:

- Soll der fähige und willige Schwiegersohn als Geschäftsführer des Unternehmens vorgesehen werden, auch wenn heutzutage das Trennungsrisiko signifikant hoch ist? Falls ja, wie soll seine Position im Falle einer Scheidung gestaltet sein?
- Ist der Sohn bereit, im Unternehmen eine Nebenrolle zu übernehmen, weil die Schwiegertochter die geeignete Unternehmerin ist?
- Soll die Schwiegertochter überhaupt im Unternehmen arbeiten und damit gewissermaßen die Nachfolge der meist ebenfalls mittätigen Gattin des Gründers antreten? Falls ja, wie ist mit den zu erwartenden Konflikten zwischen Schwiegermutter und -tochter umzugehen?
- Wie sollen Nachfolger die Balance zwischen Privatleben und Unternehmen gestalten, wenn der Ehepartner einen ganz anderen Beruf ausübt und als gemeinsames Leben daher nur die Freizeit bleibt, welche jedoch gerade für Unternehmer notorisch knapp bemessen ist?

Diese kurzen Hinweise mögen als Andeutung genügen. Einmal mehr wird deutlich, wie eng verzahnt für selbstständige Unternehmerfamilien die verschiedenen Bereiche ihres Lebens sind, und wie stark sich Entscheidungen in einer Sphäre auf die jeweils anderen auswirken.

Veronica Moritz macht sich durchaus im Rahmen ihrer Überlegungen zu einer Nachfolge auch Gedanken über ihre Vorstellungen zu Partnerschaft, Familie und Kindern. Mit den Erfahrungen aus ihrer eigenen Kindheit kann sie einschätzen, inwieweit sich eine Tätigkeit im Unternehmen mit der Betreuung von Kindern vereinbaren lässt. Allerdings schließt sie eine klassische Rollenverteilung wie bei ihren Eltern aus – sie würde sich in keinem Fall mit einer Position „hinter" ihrem Mann zufrieden geben. Im Moment hat sie keinen Partner, diese Gedanken spielen für sie jedoch durchaus eine Rolle, wenn es um Beziehungen geht.

Lebensphasen und Rollen in Familienunternehmen

Nachfolger bleiben (hoffentlich) nicht ihr Leben lang Nachfolger, sondern entwickeln sich zu erfahrenen Unternehmern, und irgendwann selbst zu Senioren, die wiederum (hoffentlich) eigene Nachfolger finden. Damit ergeben sich im Laufe eines Unternehmerlebens verschiedene typische Rollen und archetypische Fragestellungen, die in der folgenden Grafik idealtypisch dargestellt sind:

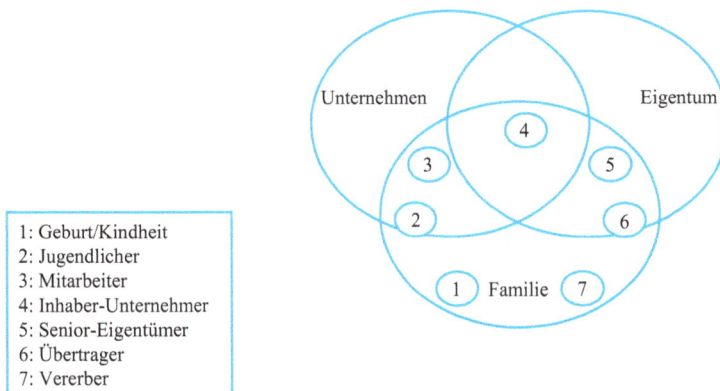

1: Geburt/Kindheit
2: Jugendlicher
3: Mitarbeiter
4: Inhaber-Unternehmer
5: Senior-Eigentümer
6: Übertrager
7: Vererber

Abb. 30   Der Nachfolger-Lebenszyklus

(1) Während der ersten Lebensphase realisieren Kinder zwar durchaus, dass ihre Familie ein Unternehmen betreibt, und auch, dass dies etwas Besonderes im Vergleich zu den meisten Lebensverhältnissen ihrer Altersgenossen ist. Aber dies bleibt Teil des allgemeinen Lebenshintergrundes und ist damit zwar durchaus prägend, führt aber nur selten bereits zu konkreten Überlegungen oder Plänen für die Zukunft. Die pathologisch getönten Ausnahmen von dieser Regel[124] verdeutlichen nur die Gefahren, die in einer zu frühen Konfrontation von Kindern mit dem „Ernst des Lebens" in Form eines Einbezugs in das Unternehmen liegen.

(2) Dies ändert sich jedoch bereits in der Jugend. Typischerweise im Alter zwischen 14 und 16 entwickeln potenzielle Nachfolger Interesse am Unternehmen und werden auch gerne von den Eltern einbezogen. Über eine Kette von eher spielerischen Kontakten, Aushilfstätigkeiten, Ferienjobs, Vertretungen in Notfällen bis hin zu echter Mitarbeit entwickelt und vertieft sich das Verhältnis zum Unternehmen. Auch die Wahl der Ausbildung oder eines Studiums sowie erste berufliche Schritte sind in den meisten Fällen durch das Unternehmen determiniert oder zumindest beeinflusst.

(3) Als nächstes nimmt ein Nachfolger im idealtypischen Modell die Rolle eines angestellten Mitarbeiters noch ohne Kapitalbeteiligung ein. Hier geht es also um eine geglückte Integration in das System des Unternehmens und die Arbeitssphäre mit den dazu gehörenden Verantwortlichkeiten. Diese Stelle ist auch unabhängig von der Frage, ob die ersten Berufsjahre

---

[124] vgl. Pfannenschwar (2006b), S. 173ff.

im eigenen Unternehmen oder außerhalb geleistet werden. Auch wenn potenzielle Nachfolger in fremden Unternehmen beschäftigt sind, so werden sie die innere Auseinandersetzung mit den Konsequenzen ihrer Aktivitäten für den eigenen Betrieb immer mitführen.

(4) Die nächste Position ist die klassische Unternehmerrolle des geschäftsführenden Familiengesellschafters. In der Schnittstelle aller drei Systeme ist einerseits die größte Macht, andererseits auch die größte Verantwortung konzentriert. Ein nachhaltig erfolgreiches Wirken an dieser Stelle setzt die gekonnte Balance aller drei Kreise voraus. Wann immer ein System vernachlässigt wird – das Unternehmen, das Eigentum, oder auch „nur" die Familie, wird dies mit entsprechenden Folgewirkungen auch in die anderen Systeme hinein verbunden sein.

(5) In der nächsten Stellung hat der Senior-Unternehmer bereits die operative Führung des Unternehmens abgegeben, er führt aber indirekt über die Kontrolle des Eigentums. Damit entspricht seine Funktion der eines Aufsichtsrates, der das Management kontrolliert. Allerdings schaffen es nur relativ wenige Unternehmer, einerseits die Kontrolle zu behalten, und andererseits auch im Unternehmenssystem Platz für den oder die Nachfolger zu schaffen. Weit öfter bleiben sie zu lange in der Gesamtverantwortung, oder sie verabschieden sich komplett aus dem Unternehmen, womit viel Wissen und Erfahrung verloren geht.

(6) Diese Position ist dadurch gekennzeichnet, dass der ehemalige Unternehmer nun auch die Verfügungsgewalt über das Eigentum, also die Unternehmensanteile abgibt. Interessanterweise gibt es eine ganze Reihe von Fällen, in denen gerade dadurch ihre Rolle als Patriarch, als Graue Eminenz, oder als Integrationsfigur der gesamten Familie nochmals gestärkt wird.

(7) Spätestens zum Zeitpunkt seines Todes befindet sich der Unternehmer wieder ausschließlich im Familiensystem, wo er als Zwischenträger genetischen Materials, als Vorfahre und Ahne auch für künftige Generationen seine Funktion und seinen Wert behält. Alle weltlichen Rechte wie Eigentum und Besitz müssen jedoch abgegeben werden – „das letzte Hemd hat keine Taschen". Damit schließt sich der Kreis.

Dieses idealisierte Ablaufmodell verdeutlicht den Wandel, dem ein Unternehmer im Laufe seines Lebens ausgesetzt ist. Jede Phase bringt ihre eigenen Herausforderungen und Belohnungen mit sich, und jedes Stocken, jede Verweigerung der nächsten Stufe und der kommenden Fragen führen tendenziell zu einer Blockade des Kreislaufs. Dies betrifft sowohl den Nachfolger, der „von Beruf Sohn" ist und sich weigert, Verantwortung zu übernehmen, als auch den Übergeber, der zu lange an seiner Macht festhält.

Derzeit befindet sich der Senior Horst Moritz eindeutig auf Position (4) und zeigt auch noch wenig Bereitschaft, diese zu räumen. Durch die Beteiligung von Groß und Wonschack und deren Bestellung zu Mit-Geschäftsführern hat er diese ebenfalls auf Position (4) gebracht, auch wenn die faktische Machtverteilung eindeutig ist.
Heiko avancierte bereits in seiner Jugend durch verschiedene Aushilfstätigkeiten auf Position (2) und nach der Ausbildung und seinem Eintritt auf (3). Er kam jedoch mit der Machtdifferenz zu seinem Vater auf (4) nicht zurecht und verließ das Unternehmen.
Anna-Maria Moritz, die Frau des verstorbenen Bruders von Horst, nimmt Position (5) ein – sie ist lediglich an der Besitz-GbR beteiligt. Daraus ergibt sich ein potenzieller Interes-

senskonflikt. Während für Horst das Überleben und die Weiterentwicklung des Unternehmens im Vordergrund steht, ist sie auf eine regelmäßig Ausschüttung bedacht, um ihren Lebensunterhalt sowie ihre künstlerischen Ambitionen zu finanzieren.

Sozialer Aufstieg durch materiellen Erfolg

Nicht wenige Unternehmer werden von der Furcht verfolgt, dass ihre geliebten Kinder – die potenziellen Unternehmenslenker der nächsten Generation – aufgrund des errungenen wirtschaftlichen Erfolges und dem darauf begründeten Wohlstand „verweichlichen", und daher später nicht den notwendigen Biss haben, um sich im harten Wettbewerb durchzusetzen. Diese Denkhaltung beruht meist auf einem sozialdarwinistischen Weltbild.

Plausibel erscheint der grundlegende Zusammenhang, dass reine materielle Not i.d.R. keine primäre Motivation für Unternehmensnachfolger ist – ganz im Gegensatz zu den Gründern zumindest der letzten und vorletzten Generation, die sich überwiegend aus einfachsten Verhältnissen und teils bitterer Armut emporgearbeitet haben. Menschen, die als Kind erleben mussten, dass es im Winter nachts auf ihre Bettdecke schneite, weil die Familie zu arm für die Reparatur eines Daches war, haben darauf den Entschluss gefasst, sich und den ihren einmal „etwas Besseres" zu bieten – ein Motiv, das durchaus lebenslangen Brennstoffvorrat für die Motivation zu härtester Arbeit bietet[125]. Umgekehrt wird gerne das Schreckensbild des Nachfolgers zitiert, der „von Beruf Sohn" ist, soll heißen: faul, träge, ohne eigene Schaffenskraft, parasitär vom hart erarbeiteten Wohlstand der Eltern zehrend. Unzweifelhaft gibt es diese Fälle tatsächlich, sie sind jedoch sehr viel seltener als befürchtet.

Anders ausgedrückt: Man muss seine Kinder schon sehr gründlich falsch erziehen oder ihnen ein perfekt zerrüttetes Elternhaus bieten, um sie zu einem solchen Verhalten zu bewegen. Die überwiegende Anzahl der Abkömmlinge aus Unternehmerfamilien sind sehr viel eher bestrebt, in Punkto Fleiß, Strebsamkeit, Erfolg und anderen bürgerlichen Tugenden ihren Eltern nachzueifern, wenn auch durchaus mit individuellem Schwerpunkt.

Eine andere Konstellation liegt vor, wenn Unternehmereltern den Wunsch von Kindern nach einer anderen Karriere oder beruflichen Richtung als „Fehler" bzw. ihr Versagen interpretieren. Der berühmt-berüchtigte Klassiker dürfte das Studium der Kunstgeschichte oder der Philosophie sein – „brotlose Kunst" in den Augen des klasssischen Unternehmers. Die Tatsache, dass auch – oder gerade – mit einer solchen Ausrichtung ein sozialer Aufstieg der Folgegeneration verbunden sein kann, wird dagegen negiert bzw. ignoriert.

Diese Perspektive ist zwar menschlich verständlich, aus gesellschaftlicher Sicht jedoch nicht haltbar. Schließlich benötigt jede Zivilisation neben der Versorgung mit materiellen Gütern und der effizienten Verteilung von knappen Ressourcen (der Existenzgrund für das Wirtschaftssystem und dessen Akteure) auch andere Funktionalitäten wie Kunst, Kultur, Wissen-

---

[125] Dieses Muster nimmt dann tragische Züge an, wenn das Ziel nach Jahren der Aufbauarbeit erreicht ist, der Unternehmer sich jedoch immer noch getrieben vom Wunsch nach mehr Erfolg, Besitz und materieller Sicherheit fühlt, anstatt sich an den besseren Verhältnissen erfreuen zu können,. Dies führt dann meist zur schleichenden Entfremdung von anderen Familienmitgliedern, die diese Motivation nicht mehr nachvollziehen können.

schaft oder Erziehung bis hin zur Theologie. Je wohlhabender und materiell gesicherter eine Kultur ist, umso mehr dieser Qualitäten kann sie sich leisten[126]. Insofern ist es wenig verwunderlich, wenn dieser Entwicklungszusammenhang sich auch innerhalb einzelner Familienlinien niederschlägt.

Bereits in den vorangegangenen Kapiteln wurde diskutiert, wie mit zunehmendem Alter, Erfolg, Gewicht und Reife des Unternehmens eine Verlagerung der familiären Rolle in Richtung der reinen Eigentümerfunktion beobachtet werden kann. Sehr oft ist dies ein langsamer, organischer Prozess, der mehrere Generationen umfassen kann. Dadurch hat die Familie genügend Zeit, die sinnstiftende Funktion des Unternehmens durch Substitute zu ersetzen. Beispielsweise bietet das Bewusstsein, aufgrund des Reichtums aus vorherigen Generationen zum Geldadel oder auch zum internationalen Jet-Set zu gehören, anscheinend durchaus eine Alternative zur Lebensführung, wie eine lange Reihe von Beispielen von Arndt von Bohlen und Halbach (Krupp) über Gunther Sachs (Fichtel & Sachs) bis hin zu Paris Hilton belegen. Daneben gibt es natürlich eine Vielzahl anderer möglicher Familienidentitäten, beispielsweise Mäzenaten- oder Philantrophentum, die weniger Echo in der Öffentlichkeit erzeugen (und daher für Lehrbuchzwecke weniger geeignet, da weniger plakativ sind) – ein Beispiel ist Bill Gates.

Ein kritischer Punkt wird jedoch dann erreicht, wenn der Übergang zum Privatier sehr abrupt erfolgt, beispielsweise indem ein erfolgreiches Unternehmen plötzlich verkauft wird. Die Familie hat dann zwar materiell „ausgesorgt", aber die Millionen auf dem Konto werden nicht als adäquater Ersatz für den Wegfall der Identitätsgrundlage empfunden. Hadern, Auseinandersetzung und gegebenenfalls Neuorientierung, sowohl innerfamiliär zwischen den Familienmitgliedern, als auch jeweils intrapsychisch, sind die Konsequenzen. Nicht selten versuchen die Familie oder einzelne Protagonisten dann ein anderes Unternehmen zu gründen oder zu erwerben, um diese Lücke wieder zu schließen.

Der Schlussstein dieses Kreislaufs, der Übergang von der (vermögenden) Eigentümerfamilie zur Privatfamilie, soll hier nur angedeutet werden, da für unsere Zwecke kaum relevant. Der entscheidende Punkt ist die Art und Weise, wie eine Familie im Rahmen ihrer Ko-Evolution mit einem Unternehmen ihre Selbstwahrnehmung und ihre Identität in bestimmten Mustern entwickelt. Dieser Faktor spielt für Abkömmlinge aus solchen Familien und deren Vision des eigenen zukünftigen Lebens eine nicht zu unterschätzende Rolle.

Derzeit befindet sich die Familie Moritz eindeutig auf der Stufe der „Unternehmerfamilie", sowohl die Eltern als auch die Kinder definieren sich im Hinblick auf die Aktivität als Unternehmer. Falls beide Kinder keine aktive Nachfolge im Unternehmen antreten, tendiert Herr Moritz zu einem Verkauf. Die Kinder hätten mit dem so realisierten Unternehmenswert im Erbfall die Möglichkeit, eigene Existenzen zu gründen – also auf dem Unternehmerfeld zu verbleiben.

---

[126] Ganz abgesehen davon, dass sich gerade aus diesen Quellen innovative Produkte und neue Wettbewerbsvorteile für die entwickelten westlichen Volkswirtschaften gegenüber den rapide aufholenden Produzentenländern aus aller Welt ergeben könnten.

Für einen Wechsel auf die Eigentümerposition ist das Unternehmen wohl zu klein. Theoretisch möglich wäre es jedoch, falls die Mit-Geschäftsführer Groß und Wonschack in ihrer Funktion bleiben, während Heiko und Veronica (ggf. auch Kevin) die Mehrheitsanteile vom Vater übernähmen.

Weißt du, Junior, es ist nicht so, daß ich Dir nichts zutraue... das genaue Gegenteil ist mein Problem...

3.2   Qualifikation

Ein von der Motivationsstruktur getrennt zu beachtender Punkt ist die Frage der Qualifizierung. Was muss ein Nachfolger wissen und können, um seine Rolle auszufüllen? Und auf welche Weise kann er es erlernen? Oder, grundsätzlicher gefragt: lässt sich Unternehmertum überhaupt erlernen?

Die letzte Frage lässt sich relativ einfach beantworten. Schließlich haben alle erfolgreichen Unternehmer dies bereits getan, keiner bringt von Kindesbeinen an alle Voraussetzungen mit. Mit „Lernen" ist jedoch meist ein spezifisches Bild eines gezielten Vorgangs verbunden, das u.a. Bücher, Prüfungen, Schulen und Hochschulen umfasst. Als soziale Aktivität ist Unternehmertum dagegen eher als Kunstlehre zu betrachten, und damit auf ein hohes Maß an praktischer Erfahrung angewiesen.

Interessanterweise gibt es bislang keinen standardisierten Berufs- oder Studienabschluss für wirtschaftlich selbstständig agierende Personen, kein „Unternehmer-Diplom" als Voraussetzung für eine Berufsausübung. Dies steht in augenfälligem Kontrast zu den meisten anderen Berufsbildern mit vergleichbarer Verantwortung. Sowohl Ingenieure, Ärzte, Rechtsanwälte, Steuerberater oder Handwerker wie interessanterweise auch Manager durchlaufen einen Ausbildungsweg von ca. 10 bis 15 Jahren, bevor sie umfassende Verantwortung in ihrem Beruf übernehmen dürfen. Diese Ausbildungswege bestehen sowohl aus formalen Bildungsabschnitten wie Lehre oder Studium als auch aus Gesellen- oder Referendariatszeiten oder anderen Perioden, in denen die praktische Anwendung und der Erwerb von Erfahrungswissen im Mittelpunkt stehen. Staatlich geregelte Abschlüsse, Diplome, Staatsexamina oder Zulassungen dokumentieren die erfolgreiche Bewältigung und berechtigen zur Berufsausübung.

All dies gibt es für Unternehmer nicht, obwohl derzeit erste Tendenzen zu einer verstärkten formalen Ausbildung erkennbar sind.[127] Über die Befähigung zum Unternehmer und somit auch zum Nachfolger entscheidet keine wie auch immer zusammengesetzte Prüfungskommission, sondern der Markt. Umso entscheidender ist es für Unternehmer, dessen Anforderungen zu kennen und zu erfüllen. Gehen wir also der Frage nach, was ein Nachfolger alles wissen und können muss, um seine Rolle auszufüllen.

3.2.1   Qualifikationsbereiche von Nachfolgern

Eine eher funktionale Betrachtungsweise ergibt folgende Anforderungen an Unternehmer[128]:

- Berufsspezifische Kompetenz
- Betriebswirtschaftliche Kompetenz
- Vertriebskompetenz

---

[127] So leiten die beiden Autoren eigenständige Studiengänge, die spezielle Qualifikationen für Nachfolger auf akademischem Niveau vermitteln. Siehe www.fhw-berlin.de bzw. www.studiengang-unternehmertum.de

[128] vgl. Pfannenschwarz (2008), S.169ff.

- Führungskompetenz
- Innovationskompetenz
- Eigentümerkompetenz

Jede dieser Kompetenzen soll im Folgenden kurz erläutert und darauf hin analysiert werden, wie und wo sie für Nachfolger zu erwerben sind.

Berufsspezifische Kompetenz

Damit ist die inhaltliche Verbindung zum Unternehmensgegenstand gemeint. Ein selbstständiger Bäcker muss beispielsweise alle Prozesse in der Backstube beherrschen, ähnliches gilt prinzipiell für alle anderen Selbstständigkeiten, die auf berufsspezifischer Spezialisierung beruhen, ebenso für alle technisch orientierten Unternehmen, solange der Unternehmer eine starke direkte Verbindung zur operativen Ebene wahrt.

Die berufsspezifische Kompetenz steht i.d.R. zu Beginn des Qualifikationsweges eines Unternehmers, entweder in einer dualen Ausbildung oder einem Erststudium, und bildet gewissermaßen den Nährboden der Unternehmertätigkeit. Familiennachfolger genießen hier einen Startvorteil, denn üblicherweise gewinnen sie bereits während Kindheit und Jugend einen recht guten Einblick in das Unternehmen und seine fachlichen Grundlagen.

Die berufsspezifischen Anforderungen einer Unternehmerausbildung unterscheiden sich kaum vom Standard, insofern bietet sich hier das gesamte breite Spektrum an Qualifizierungsmöglichkeiten und -wegen an. Je nach Gegenstand des Unternehmens ist eine technische Erstausbildung oder eine andere berufsspezifische Qualifizierung erforderlich oder zumindest ratsam. Zu berücksichtigen ist jedoch die Unternehmensgröße, d.h. die Frage, inwieweit der Unternehmer selbst direkt für die Planung, Anleitung oder Überwachung der operativen Arbeit verantwortlich ist, oder ob diese Tätigkeiten auf eine 2. und ggf. 3. Führungsebene delegiert werden.

Betriebswirtschaftliche Kompetenz

Als nächster Punkt ist es für jeden Unternehmer unumgänglich, die Prinzipien und Mechanismen der angewandten Betriebswirtschaftslehre hinreichend zu verstehen. Der persönliche Zugang kann durchaus sehr intuitiv begründet sein – die berühmte „Nase für Geschäfte und Gelegenheiten" – solte jedoch aus rechtlichen und wirtschaftlichen Gründen auch durch formalisierte Aspekte wie Kalkulation, Buchhaltung oder Bilanzierung ergänzt werden.

In vielen fachlichen Ausbildungsgängen und Aufbaustufen wie der Meisterqualifikation sind die wichtigsten betriebswirtschaftlichen Aspekte enthalten und hier üblicherweise bereits auf die spätere Berufsausübung zugeschnitten. Anders sieht es mit der Hochschulausbildung aus. Der Großteil aller wirtschaftswissenschaftlichen Studiengänge führt zu einem Profil, das primär zum Mitarbeiter in einem Großunternehmen qualifiziert. Nur vergleichsweise wenige Angebote konzentrieren sich auf „KMU-Management", „BWL für den Mittelstand", „Entrepreneurship" oder gar „Unternehmensnachfolge". Die Inhalte sind für künftige Unternehmer nicht direkt auf die eigene Firma übertragbar, obwohl natürlich die grundsätzlichen Wirkungsweisen identisch sind. Dieser Kompetenzbereich wird oft auch berufsbegleitend in

Form von einzelnen Seminaren oder Workshops erlernt, mit allen Vor- und Nachteilen eines eher erratisch zusammen gestellten Curriculums.

Zur betriebswirtschaftlichen Kompetenz gehört auch das Denken und Handeln in strategischen Dimensionen, die Analyse von Geschäftsfeldern, Branchenstrukturen, Geschäftsmodellen und Wettbewerbsfaktoren. Diese Aspekte sind zwar schwierig in harte Zahlen und Daten zu fassen, gerade deshalb aber ein unverzichtbarer Bestandteil der unternehmerischen Planung.

Vertriebskompetenz

In Zeiten eines hochdynamischen globalen Wirtschaftssystems mit hohem Wettbewerbsdruck und gesättigter Nachfrage in vielen Branchen gewinnt der Aspekt der Vertriebsleistung permanent einen höheren Stellenwert. Was bedeutet dies für Unternehmer?

Zunächst ist diese Kompetenz nur sehr begrenzt über formalisierte Wege wie Bücher, Seminare oder Studiengänge erwerbbar, sondern muss in der Praxis erfahren und erlernt werden.

Dies bedeutet jedoch nicht zwangsläufig, dass der Unternehmer auf der gleichen vertrieblichen Ebene operieren muss wie seine Mitarbeiter. Je nach Größe des Unternehmens besteht seine Aufgabe weniger im direkten Verkauf seiner Produkte, sondern vielmehr in der Platzierung seines Unternehmens als Gesamtheit. Die Fähigkeit zur Darstellung und zur Präsentation des Unternehmens und seiner Leistungsfähigkeit ist daher unverzichtbar, auch wenn der Vertrieb auf Produktebene von Mitarbeitern durchgeführt wird.

Führungskompetenz

Noch diffiziler ist die Frage der Führungsfähigkeit zu bewerten. Unstreitig stellen sich jedem Unternehmer täglich unzählige Führungsfragen, wenn er nicht völlig auf Mitarbeiter verzichten will und kann. Je größer das Unternehmen ist, desto wichtiger wird dieser Aspekt zwangsläufig.

Ähnlich wie beim Vertrieb ist Führung nur durch einen langfristigen kontinuierlichen Prozess von Rückkopplungsschleifen zwischen eigenen Aktivitäten und der Reaktion der Umwelt darauf zu erlernen. Formalisierte Curricula oder Seminare können dabei Grundlagenwissen vermitteln und eine Reflektion der Erfahrungen unterstützen, aber Führen selbst ist weder aus Lehrbüchern noch aus Workshops direkt erlernbar. Ein wesentlicher Teil des Lernprozesses erfolgt daher zwangsläufig in der Beobachtung von anderen Führungskräften – insbesondere der Vorgesetzten und den eigenen Reaktionen auf deren Führungsversuche – sowie in dem fortlaufenden Versuch und Irrtum der eigenen Führungsaktivitäten.

Ratsam ist daher eine möglichst frühe Einbindung von potenziellen Nachfolgern in Führungsaufgaben. Dies kann bereits während der Schulzeit in Form von entsprechenden Aktivitäten im Freizeit- oder Vereinsbereich, bei studentischen Organisationen, Praktika und dann in den ersten beruflichen Stationen erfolgen.

Insbesondere bei Nachfolgern mit einer vorrangig technisch ausgerichteten Expertise stellt sich dabei die Richtungsfrage, ob sie die ihnen zur Verfügung stehende Zeit mit der Vertiefung der technischen Kompetenz oder mit einem Schwenk in eine Führungsposition besser nutzen können. Die richtige Antwort darauf kann jeweils nur im Einzelfall gefunden werden.

Innovationskompetenz

Mit Innovationskompetenz ist der sehr individuelle Zugang zur persönlichen Quelle an Innovationsfähigkeit und Kreativität gemeint, aus welcher der Unternehmer völlig neue, originelle und dem bisherigen Stand überlegene Lösungen für betriebliche Probleme oder für Fragen des Marktes schöpfen kann. Damit wird der Unterschied vom reinen „Faktor-Kombinierer", der Bekanntes nur marginal verbessert, zum „Innovator" im Schumpeterschen Sinne markiert[129].

Obwohl diese echten unternehmerischen Innovationsleistungen im Alltag eher selten ist und nicht wenige Unternehmer durchaus erfolgreich den Weg des inkrementellen Wachstums gehen, stellen sie gewissermaßen die Sternstunden und entscheidenden Wegmarken für den wirtschaftlichen und persönlichen Erfolg dar. Vielfach beruht der Aufbau eines ganzen Wirtschaftsimperiums auf einer einzigen durchschlagend neuen Problemlösung, manchmal sogar über mehrere Generationen hinweg.

Insofern könnte man formulieren: Ziel jedes Unternehmers muss es sein, seine Grundinnovation irgendwann im Laufe seines Unternehmerdaseins zu verwirklichen – je früher, umso größer der Ertragshebel. Zudem dürfte die allgemeine Beschleunigung insbesondere des Wirtschaftslebens dazu führen, dass eine kontinuierliche Unternehmensentwicklung solche unternehmerischen Quantensprünge deutlich häufiger als früher erforderlich macht, dass ein Unternehmer im Laufe seiner 30- bis 40-jährigen Laufbahn also mehrfach Durchbrüche dieser Art erzielen muss, um seinen Betrieb ständig auf höchster Wettbewerbsfähigkeit zu halten.

Diese Fähigkeit kann vielleicht am besten mit dem Begriff des „angewandten unternehmerischen Wahnsinns" umschrieben werden. Damit ist die Qualität gemeint, in bestimmten Punkten von der allseits akzeptierten Norm abzuweichen, völlig eigene Wege zu gehen und dies auch gegen den Widerstand des Umfelds durchzuhalten[130]. „Lernen" wiederum ist in diesem Kontext ein sehr ambivalentes Vorhaben: einerseits notwendig, um den Kontakt zur Realität und insbesondere den laufenden Veränderungen darin nicht zu verlieren, andererseits riskant, da die gebildete Differenz in Gefahr geraten könnte.

Ist die Fähigkeit hierzu alleine durch äußere Schritte herausbildbar? Dies darf mit Fug und Recht bezweifelt werden, jedenfalls sind den Autoren keine entsprechenden Weiterbildungsangebote bekannt. Auch der Besuch von Kreativitätsseminaren o.ä. hilft hier wohl wenig. Zudem droht das Paradox, dass echte Innovation in dem Maße unwahrscheinlich wird, wie Wissen oder Fähigkeiten formalisiert werden. Sobald man ein Curriculum aufbaut, geht der eigentlich entscheidende Punkt verloren. Weitere Forschung sowie die Schaffung von expe-

---

[129] vgl. Röpke (2002), S. 61

[130] vgl. hierzu auch den „Disruption"-Ansatz, Dru (1997)

rimentellen Bildungsangeboten sind daher dringend notwendig. Die von den Autoren betreuten Studiengänge stellen sich u.a. der hier skizzierten Frage.

An dieser Stelle schließt sich der Kreis zur Frage der unternehmerischen Motivation. Wie oben erläutert, können insbesondere belastende Faktoren aus dem familiären System den Zugang zu dieser Qualität verschütten oder behindern. Je authentischer und mit sich selbst im Einklang der Unternehmer seine Arbeit und sein Leben erfährt, umso höher dürfte die Chance auf einen solchen Geniestreich sein.

Eigentümerkompetenz

Dieser Aspekt zeichnet sich dadurch aus, dass er durchaus formalisierbar zu vermitteln und zu erlernen wäre, dass dies aber in der Praxis äußerst selten geschieht. Gemeint ist die Perspektive des Inhabers – und nicht des operativen Unternehmers – auf seinen Betrieb, der damit als Wertanlage und Investitionsobjekt erscheint. Der Wert ergibt sich zwar betriebswirtschaftlich aus der unternehmerischen Leistung, stellt aber dennoch eine eigene Größe dar.

Für die allermeisten Inhaber kleinerer und mittlerer Unternehmen ist dies eine sehr ungewohnte Denkhaltung. Sie leben in und mit dem Betrieb und fühlen sich als untrennbarer Teil desselben. Die Eigentümerperspektive bedingt eine mentale Trennung von Person und Unternehmen, was in vielen Fällen einen echten Lern- bzw. Erkenntnisschritt erfordert. Symptomatisch erkennbar wird dies gerade bei einer Übergabe, sobald die Frage des Unternehmenswertes Relevanz gewinnt.

Andere Unternehmerfamilien agieren dagegen fast ausschließlich auf der Eigentümerebene. Die operative und teilweise auch strategische Führung liegt dann in den Händen von familienfremden Managern, die Familie gibt die unternehmenspolitischen und -strategischen Leitlinien vor. Daraus ergibt sich meist ein Portfolio-Management-Ansatz: das Unternehmen wird tatsächlich als eine von mehreren Investitionen gesehen, die mit anderen (entweder anderen Unternehmensbeteiligungen oder anderen Investitionsarten wie Immobilien oder Finanzderivaten) in das richtige Verhältnis gesetzt werden muss.

Die fachlichen Voraussetzungen dazu bringt beispielsweise eine Qualifikation als Investment-Banker mit sich, die jedoch sehr wenige Unternehmer durchlaufen. Hier böte sich durchaus noch Raum für innovative Angebote – nicht nur für die sehr großen und vermögenden Eigentümerfamilien, die sich im Zweifel die besten Berater leisten, sondern auch für die vielen Mittelständler, die im Laufe ihres Berufslebens das eine oder andere Mietshaus, Eigentumswohnungen, Kunstwerke oder andere Anlageformen erworben haben[131].

---

[131] Viele mittelständische Unternehmer gehen nach den ersten wirtschaftlichen Erfolgen und einem grundlegenden Aufbau ihrer Firma intuitiv dazu über, das erwirtschaftete Vermögen nicht mehr nur im Betrieb zu reinvestieren, sondern es in „sicherere" Anlageformen zu stecken, ohne diese jedoch professionell (im Sinne von ergebnisoptimierend) zu verwalten bzw. zu gestalten. Im Rahmen einer Nachfolge entdeckt die Familie dann, dass sich hier nolens volens eine zweite Firma gebildet hat – nicht selten übernimmt dann eine Tochter die Immobilienverwaltung.

Heiko Moritz hat im Rahmen seiner Ausbildung und seines Ingenieurstudiums wohl den Bereich der fachlichen Kompetenz hinreichend abgedeckt. Eine gezielte kaufmännische Ausbildung fehlt ihm jedoch noch. Erste Erfahrung im Vertrieb und in Führungssituationen müssen noch vertieft werden. Seine unternehmerische Eignung konnte er bislang nur in Ansätzen entwickeln bzw. beweisen.

Auch seine Schwester verfügt über eine ausgeprägte praktische Kompetenz als Industriedesignerin, im Marketing und im Kundenkontakt. Zudem bringt sie aufgrund ihres MBA-Studiums solide betriebswirtschaftliche Kenntnisse mit. Insofern böte eine Nachfolgelösung beider Geschwister als „Sibling Partnership" eine gute Kombination der unterschiedlichen Qualifikationen.

In ähnlicher Form ergänzen sich die Kompetenzen von Herrn Groß (fachlich und Führung) und Herrn Wonschack (betriebswirtschaftlich und Vertrieb). Ihre Beteiligung am Unternehmen führte dazu, dass sie sich in den letzten Jahren auch mit der unternehmerischen und der Eigentümer-Ebene beschäftigten.

3.2.2   Situative Einflussfaktoren

Die obige lange Liste von wünschenswerten Kompetenzen versteht sich natürlich als idealtypisches Bild. Weder finden sich in der Praxis Unternehmer, die sämtliche dieser Eigenschaften, Kenntnisse und Fähigkeiten vollumfänglich mitbringen[132], noch ist dies überhaupt möglich oder auch nur sinnvoll. Daher stellt sich die Frage, in welcher Form diese Aspekte realisierbar sind.

Unternehmerpersönlichkeit

Auch hier gilt das Primat der Persönlichkeit: je nach individuellen Stärken und Schwächen besetzt jeder Unternehmer in einem selbstregulierenden Prozess diejenigen Rollen und Kompetenzfelder, in denen er sich sicher und „zuhause" fühlt. Dies ist in den meisten Fällen eine pragmatische und konstruktive Lösung, sofern die dadurch entstehenden Lücken auf eine andere Weise kompensiert werden.

Zudem trägt eine Konzentration auf die Stärken meist dazu bei, den o.g. beschriebenen Zugang zur persönlichen unternehmerischen Innovationskraft zu unterstützen. Je mehr sich der Unternehmer auf einzelne Aspekte konzentriert, umso gezielter müssen die Lücken durch Alternativmaßnahmen geschlossen werden.

Unternehmensgröße

Ein wesentlicher Einflussfaktor stellt die Größe – im Sinne der Komplexität – des Unternehmens dar. Je kleiner das Unternehmen, umso weniger Ressourcen stehen zur Deckung aller Anforderungen zur Verfügung, und umso eher muss der Unternehmer generalistisch

---

[132] In der Riege der bekannten Superhelden unserer westlichen Comic-Kultur fehlt bislang bezeichnenderweise der „Super-Entrepreneur", aber vielleicht nimmt sich bald ein neues Casting-Show-Format dieser Lücke an...

agieren und diese Funktionen selbst übernehmen. In Klein- und Kleinstunternehmen mit nur wenigen Mitarbeitern werden also die breitesten Anforderungen an den Chef oder die Chefin gestellt.

Mit zunehmender Mitarbeiterzahl können die Kompetenzebenen durch die Beschäftigung von entsprechend spezialisiertem Personal substituiert werden, üblicherweise ebenfalls in der genannten Reihenfolge. Die fachlichen Aspekte werden am ehesten von qualifizierten Mitarbeitern übernommen, von einem Meister oder Techniker. Bis eine betriebswirtschaftlich ausgerichtete Stelle eingerichtet werden kann, muss der Betrieb dagegen wachsen. Sinngemäß gilt dies auch für die anderen Funktionen.

Wie bereits beschrieben, ist es Unternehmern und Nachfolgern von großen und sehr großen Familienunternehmen durchaus möglich, sich auf die Eigentümerrolle zu beschränken. Dies setzt dann voraus, dass auch die Unternehmerkompetenz vom Management ausgeübt wird.

Führungsteam

Des Weiteren stellt sich im Zusammenhang mit der Größe die Frage, welche Struktur das Führungsteam im Unternehmen hat. Der „Controlling Owner" befindet sich in einer anderen Ausgangssituation als beispielsweise drei Geschwister, die das Unternehmen gemeinsam leiten und die sich daher sehr viel mehr spezialisieren können. Diese Möglichkeiten erweitern sich noch in „Cousin Consortiums" und durch den gezielten Einbezug von familienfremden Managern, um etwaige Lücken zu schließen.

Auch der Einsatz von Beratern und anderen Externen wäre hier zu nennen. Doch wie die Praxis zeigt, ist es nur sehr begrenzt möglich, z.B. die betriebswirtschaftliche Kompetenz auf den Steuerberater zu übertragen, da dieser zu wenig Einflussnahme auf die faktischen unternehmerischen Entscheidungen ausüben kann.

Unternehmensgegenstand, Branche und Markt

Auch das weitere Umfeld, in dem sich das Unternehmen bewegt, spielt hier eine Rolle. Technologiegetriebene Branchen erfordern andere Schwerpunkte als der Handel oder Dienstleistungsunternehmen. Nicht selten zieht eine Unternehmensnachfolge längerfristig einen Wechsel in einen anderen Markt oder zumindest eine andere Marktposition nach sich. Ist beispielsweise der Gründer stark technologieaffin und hat ein sehr innovationsstarkes Unternehmen gegründet, kann der eher betriebswirtschaftlich orientierte und ausgebildete Nachfolger aus dieser Ausgangssituation einen global agierenden Anbieter dieser speziellen Produkte gestalten.

3.2.3   Modell des unternehmerischen Kompetenzerwerbs

Die vorgenannten Aspekte können folgendermaßen integriert und grafisch dargestellt werden:

Abb. 31   Schematische Darstellung des unternehmerischen Kompetenzerwerbs

Ergänzend muss jedoch betont werden, dass sich, abhängig von der jeweiligen Persönlichkeitsstruktur des Unternehmers, natürlich erhebliche Unterschiede in der konkreten Ausgestaltung ergeben können. Beispielsweise bedeutet Führungskompetenz für den einen Unternehmer, sehr autoritativ und direkt zu führen, während ein anderer dieselbe Aufgabe eher durch eine langfristige Entwicklung von Mitarbeiterkompetenzen und entsprechender Delegation löst.

So betrachtet stellt sich die Herausforderung der unternehmerischen Kompetenzbildung – wenig überraschend – als lebenslange Aufgabe dar. Dies spiegelt einerseits durchaus die Selbstwahrnehmung der meisten Unternehmer wider, die ihre Aktivitäten als kontinuierlichen Lern-, Such- und Verbesserungsprozess begreifen. Andererseits wird die Thematik kaum auf einer Metaebene betrachtet, sondern eher intuitiv angegangen. Dies trifft in den meisten Fällen auch auf die Karriereplanung von Nachfolgern zu, falls man überhaupt von einem solchen Begriff sprechen kann. Auch wenn seit einiger Zeit von Experten gefordert[133], sind die Ansätze dazu derzeit selten und zersplittert.

---

[133] vgl. Wimmer (2002)

3.2.4   Die Beurteilung der Qualifikation

Die Beurteilung der Managementfähigkeiten eines Nachfolgers ist eine komplexe Aufgabe. Diplome, Zeugnisse, Zusatzqualifikationen ... lang ist die Liste der Dokumente, nach denen ein Unternehmer einen potenziellen Nachfolger auswählen kann. Wenn es jedoch um die Einschätzung der Managementfähigkeiten geht, fehlen im Mittelstand verbindliche Informationen ebenso wie formalisierte und trotzdem aussagekräftige Beurteilungssysteme. Da der Faktor „Unternehmerpersönlichkeit" auch bei Kreditinstituten im Rahmen der Kreditwürdigkeitsprüfung mehr und mehr an Bedeutung gewinnt (auch wenn gerade diese Soft-facts nur äußerst schwierig zu bewerten sind), sind Modelle entwickelt worden, die die Unternehmerbeurteilung erleichtern oder zumindest Anhaltspunkte geben sollen. Bisher ist es allerdings so, dass vielen Bewertungsmethoden der direkte Bezug zu den Anforderungen, die das Unternehmen in seiner jeweils ganz individuellen Situation an das Management stellt, fehlt. In der Praxis wird eine Bewertung – wenn überhaupt – durch die Erfahrung und Menschenkenntnis des Übergebers geprägt. Zur Sicherung des Betriebs ist es jedoch dringend notwendig, die intuitive durch eine systematische Beurteilung zu untermauern, um eine nachvollziehbare Einschätzung des Nachfolgers zu ermöglichen.

Das Anforderungs-Eignungs-Profil (AEP-Modell)

Das AEP-Modell bewertet die Managementqualifikationen daran, wie der einzelne Bewerber den Anforderungen der jeweiligen Führungsaufgabe gerecht wird oder werden kann. Es handelt sich hierbei nicht um ein quantitatives Modell mit dem die Eignung anhand verschiedener Parameter berechnet werden kann, sondern um ein aus der Beratungspraxis der Autorin entwickeltes Prozessmodell, das eine systematische Vorgehensweise zur Ableitung von Stärken und Schwächen ermöglicht. Als neutrale Beurteilungsgröße dient dabei die Frage nach der aktuellen Situation des Unternehmens: Welche unternehmerischen Qualifikationen sind gerade in der jetzigen Lage gefordert? Es liegt auf der Hand, dass ein Wachstumsunternehmen andere Anforderungen stellt als ein Betrieb, der in eine Krise geraten ist.

Am Anfang der Beurteilung steht somit die Formulierung der jeweiligen unternehmerischen Aufgabe bzw. des Anforderungsprofils. Dabei hat es sich als praktikabel erwiesen, nach den bereits genannten sechs Kategorien zu differenzieren:

1. berufsspezifische Anforderungen (z.B. Meisterbrief, technisches Studium etc.)

2. betriebswirtschaftliche Anforderungen (z.B. Kenntnisse in Kalkulation und Unternehmenssteuerung etc.)

3. vertriebliche Anforderungen (z.B. Kommunikationsfähigkeit, Verhandlungsgeschick)

4. Anforderungen an die Führungskompetenz (z.B. verantwortungsvolle Unternehmensführung, Mitarbeiterführung, persönliche Stärke,)

5. Anforderungen an die Innovationskraft (z.B. Risikofreudigkeit, unternehmerische Visionen)

6. eigentümerspezifische Anforderungen (z.B. investitionstheoretische Kenntnisse, Banken-Know-how etc.)

Innerhalb der jeweiligen Kategorie werden die Anforderungen in einem zweiten Schritt nach Prioritäten geordnet, um ein noch differenziertes Bild zu erhalten. Vor allem sollten sogenannte K.O.-Kriterien festgelegt werden, jene Anforderungen also, die der Bewerber auf jeden Fall erfüllen muss. Aus diesen allgemeinen Leistungsmerkmalen werden positionsspezifische Bedingungen für die Fähigkeiten des Nachfolgers abgeleitet, die sich strikt an den individuellen Gegebenheiten des Unternehmens orientieren.

Defizite und Problemlösungen

Der sich anschließende Abgleich zwischen Anforderungs- und Qualifikationsprofil zeigt die Lücken in der Leistung und lässt damit auf mögliche Schwächen der zukünftigen Nachfolger schließen. Je nach Ausmaß der Lücken sollte über entsprechende Weiter- bzw. Fortbildungsmaßnahmen nachgedacht werden, die helfen können, diese Lücken zu schließen. Dabei muss auf jeden Fall die zeitliche Komponente beachtet werden. Die nachfolgende Generation sollte die Anforderungen zum Zeitpunkt der endgültigen Übernahme der Geschäftsleitung zu großen Teilen erfüllen können. Und das bedeutet, dass rechtzeitig mit der entsprechenden Fortbildung (unter Umständen sogar mit mehreren Jahren Vorlaufzeit) begonnen werden muss.

Eine andere Möglichkeit, auf eventuelle Qualifikationslücken zu reagieren, besteht in Veränderungen der Unternehmensorganisation. Mitarbeiter mit entsprechenden Kompetenzen können die Übernehmenden in bestimmten Bereichen entlasten, während diese unter Umständen auf anderen Gebieten weiterreichende Tätigkeiten als das bisherige Management ausüben können. Natürlich kann der Abgleich der Profile auch vorhandene Leistungsreserven des neuen Managements zum Ergebnis haben – in diesem Fall dürfte der abgebenden Generation die Entscheidung um so leichter fallen.

Bei diesen und sämtlichen anderen Maßnahmen zur Beurteilung potenzieller Nachfolger gibt es nur einen Maßstab – und das sind die Anforderungen, die das spezielle Unternehmen an „seinen" Unternehmer stellt. Nur wenn diese Anforderungen erfüllt werden, ist die Zukunft des Betriebs auch unter der neuen Geschäftsleitung gesichert!

Horst Moritz ist Beratern gegenüber sehr reserviert. Ludwig Wonschack bewegt ihn aber dazu, die Profile der Nachfolge-Kandidaten von einer spezialisierten Beraterin aufstellen zu lassen. Hier exemplarisch die Profile von Heiko, Veronica, Manfred Groß und Ludwig Wonschack:

Eigenschaften/Benotung nach Schulnoten	Heiko	Veronica	Herr Groß	Herr Wonschack
Technisches Studium: z B Maschinenbau oder Elektrotechnik	2	4	2	3
Fremdsprache (mind Englisch)	2	1	3	1
Wirtschaftliches Verständnis (ggf MBA)	3	1	3	1
EDV-Kenntnisse (guter Anwender)	1	2	3	2
Zwischensumme	*8*	*8*	*11*	*7*
Guter Zuhörer	4	2	3	3
Optimistisch („laufen lassen können")	3	2	3	2
Delegationsfähig (MbO)	4	1	2	2
Kommunikationsfähigkeit	3	2	2	2
Motivationsstärke	2	2	2	2
Konsequenz / Hartnäckigkeit	4	1	2	1
Entscheidungsfreudigkeit	2	1	2	3
Teamfähigkeit	3	1	2	2
Moderationsstärke (zielorientiert)	2	1	3	2
Taktiker / Stratege	3	2	4	2
generalistisches Denken (kein „Fachidiot")	3	2	4	2
Zwischensumme	*33*	*17*	*29*	*23*
Risikobereitschaft	1	3	3	4
Spaß am Unternehmertum	1	2	3	3
Privatbereich in Ordnung (Partner muss ähnlich ticken)	4	2	1	2
Zwischensumme	*6*	*7*	*7*	*9*

Abb. 32   Qualifikationsprofile der möglichen Nachfolger

Die Veranschaulichung der Situation in grafischer Form liefert Horst Moritz eine Menge Stoff für seine weiterführenden Überlegungen...

3.3   Strategieentwicklung und Umsetzung im Geschäftsplan

„Die Zukunft: Für die Schwachen: das Unvermeidbare. Für die Ängstlichen: das Unbekannte. Für die Mutigen: die Chance." (Victor Hugo)

Die Qualifikation des Managements, die strategischen Weichenstellungen für die Zukunft des Unternehmens und die hierzu erforderlichen Ressourcen sind die wesentlichen Basiselemente für eine erfolgreiche Weiterführung. Eine strategische Konzeption der unternehmerischen Aufgabe „Nachfolgeregelung" ist jedoch noch lange nicht selbstverständlich[134]. Viele Unternehmer haben das Thema Nachfolge überhaupt nicht geklärt, sondern bedenken lediglich steuer- oder erbrechtliche Fragen. Eine betriebswirtschaftliche Auseinandersetzung erfolgt nur am Rande[135].

Dabei stellt die Nachfolgeregelung ein hochkomplexes Thema im Bereich Management und Strategie dar. Da die Notwendigkeit einer Nachfolgeregelung durch Ereignisse wie Tod oder längere Krankheit ganz plötzlich eintreten kann und das unter Umständen die Existenz des Unternehmens gefährdet, ist eine Nachfolgeregelung im Sinne von Notfallplanung für alle Unternehmen von größter Relevanz.

Wie jede Planung versucht auch die Nachfolgeplanung durch zielgerichtetes Handeln den Erfolg des Unternehmens positiv zu beeinflussen, obwohl es natürlich auch hier nicht möglich ist, die Zukunft detailliert vorherzusehen. Das nennt man Strategie oder, wie es Kaplan/Norton formulierten: „(...) ein Bündel von Hypothesen über Ursache und Wirkung."[136]

In der Grundlagenliteratur zu Strategie und strategischem Management finden sich verschiedene Ansätze zur Definition einer Strategie und der Bedeutung von strategischem Management für die Unternehmensführung[137]. Durchweg wird jedoch betont, dass es nicht ausreicht, zur Steuerung eines Unternehmens diverse Kennzahlen für bestimmte Betriebsbereiche zu definieren und deren Erfüllung zu kontrollieren. Erst die Verknüpfung dieser Daten auf Basis von Ursache-Wirkungs-Annahmen erlaubt die Ausrichtung auf ein strategisches Gesamtziel. Dabei wird zwischen Spätindikatoren (z.B. Rentabilität, Marktanteil, Kundenzufriedenheit) und Frühindikatoren (z.B. Fehlerquote, Durchlaufzeiten, Umsatzanteil an innovativen Produkten) unterschieden[138].

Eine Unternehmensnachfolge in Familienunternehmen stellt in der Realität keine klinische Versuchsanordnung dar, sondern findet im Rahmen einer gelebten Unternehmensstrategie statt und verläuft dementsprechend häufig informell und unstrukturiert. Sie steht auch nicht isoliert im Raum, sondern ist eingebettet in die Vorstellungen und Ziele der Familie, die Eigentum und/oder Management verbindet. Als Metaebene existiert daher zusätzlich die Familienstrategie, die einen übergeordneten Werterahmen für das Unternehmen bildet.

Mit dem konzeptionellen Instrument des Geschäftsplans (vielfach im Gründungskontext als Businessplan bezeichnet) werden alle strategischen und unternehmerischen Fragen einer Unternehmensnachfolge erfasst und systematisch beantwortet. Seine Struktur eignet sich deshalb nicht nur zur Beschreibung von Neugründungen, sondern – etwas anders gestaltet –

---

[134] vgl. Nagl (2005), S. 15 f. In der dortigen Studie ist bei 60% der befragten Familienunternehmen die Nachfolge noch nicht geklärt.

[135] vgl. Menke (1998), S. 3 ff.

[136] vgl. Kaplan/Norton (1999), S. 28

[137] vgl. Mintzberg (1987), Müller-Stewens/Lechner (2003), S. 21

[138] vgl. Kaplan/Norton (1999), S. 143 f.

auch besonders gut zur Planung einer Unternehmensnachfolge. Schließlich stellt eine Unternehmensnachfolge auch eine Form der Existenzgründung dar[139].

3.3.1   Der Geschäftsplan für die Nachfolge

Geschäftspläne werden im Normalfall im Vorfeld einer Existenzgründung erstellt. Dabei dient der Geschäftsplan dem Unternehmer als Planungs- und Organisationshilfe. Er dient als ausformulierter Handlungs- und Entscheidungsrahmen, an dem sich die Beteiligten während der verschiedenen Phasen der Gründung orientieren können. Abweichungen vom geplanten Verlauf können so leichter bewertet werden und Entscheidungen über eventuelle Kurskorrekturen sind auf Basis plausibler Annahmen besser zu treffen. Die formale Struktur des Geschäftsplanes gewährleistet außerdem, dass alle relevanten Fragestellungen durchdacht und mögliche Risiken früh erkannt werden. Ein Geschäftsplan simuliert den zukünftigen Geschäftsverlauf. Gründern erlaubt das einen Plan-Ist-Vergleich[140] und darauf aufbauend die Entscheidung über den Einsatz der Ressourcen.

Eine weitere wichtige Funktion des Geschäftsplans ist die Kommunikation der Geschäftsidee an zukünftige Vertragspartner. Dabei stehen vor allem die zukünftigen Finanzierungspartner im Vordergrund, die Vorlage eines Geschäftsplans ist unabdingbare Voraussetzung für einen Gründungskredit. Für diese Adressatengruppe ist vor allem die Darstellung der geplanten finanziellen Entwicklung als Grundlage für die Finanzierungs- bzw. Investitionsentscheidung wichtig. Weitere Adressaten können zukünftige Kooperationspartner, Lieferanten oder Kunden sein.

Bei der Nachfolgeplanung übernimmt der Geschäftsplan dieselben Funktionen: Für viele Nachfolger bedeutet die Übernahme des Unternehmens eine Existenzgründung, bei der ähnliche Aufgaben gelöst werden müssen wie bei der Neugründung. Auch Nachfolger benötigen einen Planungsrahmen, der ihnen hilft, die Komplexität der Einstiegsphase zu bewältigen, Entscheidungsgrundlagen bereitstellt und Orientierung bietet. Außerdem verursacht die Finanzierung des Kaufpreises und/oder nötige zusätzliche Investitionen häufig einen hohen Kapitalbedarf. Kapitalgeber erwarten auch bei der Nachfolgefinanzierung fundierte und strukturierte Informationen.

Im Gegensatz zu Gründern können Nachfolger jedoch auf Daten und Fakten des existierenden Unternehmens zurückgreifen. Die Planung des zukünftigen Geschäftsverlaufs, die Umsatzeinschätzung, die benötigten Ressourcen im Material oder Personal sowie Marktentwicklungen können so in vielen Fällen auf Basis der Vergangenheitswerte verprobt werden.

Schließlich dient der Geschäftsplan dazu, die Strategie für das Gesamtunternehmen und die einzelnen Geschäftsfelder zu formulieren sowie die strategischen „Assets" des Unternehmens für die einzelnen Bereiche (wie Mitarbeiter, Marktchancen, Absatz, Produkte und Produktion) zu formulieren. Dies ermöglicht eine strukturierte und konstruktive Umsetzung der

---

[139]   vgl. Hering/Olbrich (2003), S. 9 f., sprechen in diesem Sinne auch von der „Übernahmegründung".

[140]   vgl. Struck (2001), S. 2

strategischen Ziele und bildet einen Rahmen für alle unternehmerischen Entscheidungen. Ein Geschäftsplan ist daher nicht nur ein Instrument für die Gründungs- oder Übernahmezeit, sondern Steuerungsinstrument für alle Unternehmen. Während dies für Großkonzerne schon lange gelebte Praxis ist, stellt es für Familienunternehmen immer noch ein seltenes Instrument dar.

Allerdings kann ein Geschäftsplan alleine nicht den Erfolg eines Unternehmens garantieren so betonen Hannon/Atherton den Unterschied zwischen „plan" und „planning" und behaupten: „planning as a process appears to be a more valuable small business management tool than the production of a plan"[141].

3.3.2 Struktur des Geschäftsplans

Obwohl in der Literatur darauf hingewiesen wird, dass es „den" Geschäftsplan nicht gibt, da er sich in Struktur und Form letztlich an den Gegebenheiten des Unternehmens auszurichten hat[142], hat sich in der Praxis eine einheitliche Gliederung durchgesetzt[143], die aus drei Hauptteilen besteht[144]: Der erste Teil besteht aus Informationen, Daten und Annahmen zur geplanten Geschäftsaktivität. Er enthält die strategischen Komponenten des geplanten Unternehmens, d h. eine Beschreibung des Geschäftsmodells, eine Analyse von inneren und äußeren Umfeldfaktoren und die strategische Positionierung des Unternehmens. Der zweite Teil umfasst die Erträge und Finanzen mit plausiblen Planungen zu Umsatz, Gewinn, Investitionen und Liquidität. Im dritten Teil werden die Analysen und Planungen in Form von Grafiken, Marktanalysen und Modellrechnungen angefügt.

Am Anfang des Geschäftsplans steht eine kurze, prägnante Zusammenfassung des gesamten Vorhabens, die sogenannte Executive Summary. Die Executive Summary gibt einen kurzen, nachvollziehbaren Überblick über die geplanten Aktivitäten und soll das Interesse des jeweiligen Adressaten wecken. Inhaltlich sind dabei folgende Punkte relevant:

- der Geschäftszweck und die Wettbewerbsvorteile, die das Unternehmen bieten kann,

- Produkte und Leistungen und deren Markt- oder Technologievorteile,

- die Schlüsselpersonen des Unternehmens und ihr Know-how,

- der Stand der Planung und die weiteren Schritte zur Umsetzung der Unternehmensnachfolge

- Eckwerte zu quantitativen Planungsgrößen.

Die Herausforderung besteht darin, alle wichtigen Informationen kurz und prägnant zu übermitteln. Nur so wird die Executive Summary bei potenziellen Finanzpartnern zum „Türöff-

---

[141] vgl. Hannon/Atherton (1997)

[142] vgl. Struck (2001), S. 20

[143] vgl. Wittenberg (2006), S. 159

[144] vgl. Struck (2001), S. 1

ner". Diese prüfen tagtäglich zahlreiche Geschäftspläne und wenden entsprechend begrenzte Zeit dafür auf. In den folgenden Teilen des Geschäftsplans hat der Unternehmer die Chance, den positiven ersten Eindruck durch anschauliche Darlegung der einzelnen Bestandteile zu verstärken und die Erfolgspotenziale des Vorhabens überzeugend zu erläutern.

3.3.3   Qualitative Komponenten

Der Geschäftsplan startet mit einer Beschreibung des Unternehmens. Diese kann mit einem kurzen Abriss der Unternehmensgeschichte mit den wichtigsten Entwicklungsschritten (Änderungen der Rechtsform, Wechsel in der Führungsstruktur, Aufnahme neuer Produkte, Märkten oder Kundengruppen) beginnen. Besondere Erfolgsfaktoren sollten dabei herausgehoben werden. Anschließend sollten die Visionen der Unternehmer für die Zukunft herausgestellt werden. Dabei spielen in diesem Teil die quantitativen Umsatz- oder Ergebnisziele eine untergeordnete Rolle; wichtiger ist die verständliche Formulierung der unternehmerischen Visionen und Strategien. Abschließend werden die wichtigsten formalen Fakten zu Besitzverhältnissen, Gesellschaftern und Beteiligungsstruktur und den bestehenden Vertragsverhältnissen, etwa zu Vertriebs- oder Kooperationspartnern, aufgelistet.

Ludwig Wonschack, der sich mit der Erstellung von Geschäftsplänen aus seinen früheren beruflichen Stationen gut auskennt, schlägt Horst Moritz vor, dass er zusammen mit Manfred Groß einen Geschäftsplan aufstellt, in welcher Richtung sie das Unternehmen weiter entwickeln würden, falls sie die endgültigen Nachfolger werden sollten. Horst Moritz gibt zwar nicht viel auf Papier und Pläne, hält dies jedoch für eine gute Idee, um einerseits seine beiden Mitgesellschafter zu motivieren, und andererseits auch neue Ideen für die Zukunft des Unternehmens zu generieren.

Der Geschäftsplan beginnt mit einer Beschreibung des Unternehmens, bei der vor allem die bisher untersuchten Punkte zum Tragen kommen. Anschließend wird eine Strategie für die Nachfolge und die Zeit danach formuliert. Die bisherigen Geschäftsfelder sollen weiter betrieben werden und Herrn Groß und Wonschack sollen darin mehr Verantwortung vor allem auch in den Vertriebsaufgaben wahrnehmen. Durch Produktneuentwicklungen soll die Abhängigkeit von wenigen Kunden und Branchen reduziert werden.

Management und Mitarbeiter

In einem nächsten Abschnitt wird die Qualifikation von Management und Mitarbeitern beschrieben. Hierbei steht das zukünftige Management selbst im Vordergrund. Kapitalgeber werden ihre Bereitschaft, die Unternehmensnachfolge zu finanzieren, insbesondere bei kleinen und mittleren Unternehmen in hohem Maße von der Qualifikation der Nachfolger abhängig machen. Deshalb ist die besondere Eignung des zukünftigen Managements glaubhaft darzulegen. Dabei können vor allem die fachliche Ausbildung, Fortbildungsmaßnahmen, Branchen- und Führungserfahrung, Geschäftskontakte und eine vorherige Tätigkeit im Übernahmebetrieb eine Rolle spielen. Erkannte Schwächen dürfen ruhig thematisiert werden, es sollte jedoch direkt ein Lösungsvorschlag gegeben werden. Fehlen zum Beispiel betriebs-

wirtschaftliche Kompetenzen, so kann auf interne oder externer Berater sowie geplante Weiterbildungen verwiesen werden.

Neben den Nachfolgern sollten im Geschäftsplan auch alle weiteren Schlüsselpersonen im Unternehmen mit ihren Funktionen beschrieben werden. Das können sowohl interne Führungsmitarbeiter sein, als auch externe Berater oder der eingerichtete Beirat. Ein funktionierendes Management ist auch einer der wichtigsten Aspekte bei Kreditentscheidungen von Banken. Eine schematische Darstellung der Mitarbeiterstruktur nach Anzahl pro Aufgabenbereich, Alter, Qualifikation und evtl. Gehalt ergänzt diesen Abschnitt. Auch die notwendigen Anpassungsmaßnahmen im Nachfolgeprozess sollten dargestellt werden.

Auf der Grundlage des Geschäftsplans von Groß und Wonschack entwickelt Horst Moritz zusammen mit seiner Frau und einem langjährigen Freund und Unternehmerkollegen eines Abends ein Alternativmodell:
Veronica soll als weitere Geschäftsführerin in das Unternehmen einsteigen. Vor ihrem Einstieg ist allerdings eine Qualifikationsphase zu absolvieren, in der sie sich weiter mit den Produktionsverfahren vertraut macht, z.B. durch eine ein- bis zweijährige Berufstätigkeit in einem Unternehmen in der Branche. Bis zu diesem Zeitpunkt führt Horst Moritz zusammen mit Groß und Wonschack die Geschäfte. Heiko Moritz beteiligt sich zusätzlich als stiller Gesellschafter mit der Option, wenn der Vater aussteigt auch Managementverantwortung zu übernehmen.
Veronica wird dann ein komplett neues Geschäftsfeld im Unternehmen aufbauen. Sie hat vielversprechende Produktideen im Bereich der Veranstaltungstechnik, die mit den bisherigen Techniken und Produktionsverfahren im Unternehmen abgedeckt werden können. Durch diese Aktivitäten können freie Produktionskapazitäten genutzt sowie Kunden- und Branchenabhängigkeit weiter reduziert werden.

Schließlich gehört das Unternehmensorganigramm in den Geschäftsplan, um dem Adressaten eine Übersicht über Funktions- und Verantwortungsbereiche des gesamten Unternehmens zu geben. Gerade die funktionierende Aufgabenteilung und das Delegieren von Arbeitsbereichen und Entscheidungsbefugnissen ist ab einer bestimmten Unternehmensgröße Erfolgsvoraussetzung. Eventuell kann es sinnvoll sein, zwei Organigramme für die Zeit vor und nach der Nachfolge zu erstellen.

Die Nachfolgeplanung wird ergänzt durch eine Skizze der geplanten zukünftigen Organisation der Moritz GmbH:

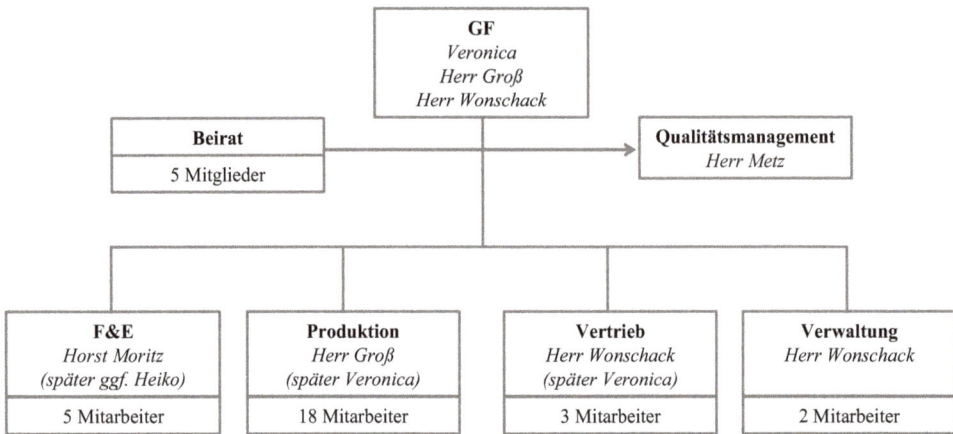

Abb. 33   Zukünftiges Organigramm der Moritz GmbH

Produkt- und Leistungsportfolio

Der dritte Abschnitt beschäftigt sich mit der Beschreibung des Produkt- und Leistungsportfolios. Dies kann in der Reihenfolge des Umsatzanteils oder nach der jeweiligen Lebenszyklusphase erfolgen. Neben der technischen und funktionalen Beschreibung des Produktes ist vor allem wesentlich, welchen Kundennutzen das Angebot verspricht und welchen USP[145] das Unternehmen besitzt. Existieren repräsentative Produktbroschüren, können diese als Anlage angefügt werden. Wichtig ist auch, die Potenziale für die Zukunft, z.B. durch die Betonung der Produktentwicklung herauszustellen. Auch auf das Thema Schutz vor Nachahmern sollte eingegangen werden. Nicht alle Produkte und Leistungen sind patent- oder schutzrechtsfähig, in Abhängigkeit von den Produkten sind strategische Überlegungen gefragt. Schließlich sollte dargestellt werden, ob Produkte unter gesetzliche Zulassungsbeschränkungen fallen (z.B. in der Chemie-, Pharma- oder Lebensmittelbranche). Die Darlegung der entsprechenden Regelungen, Prüfverfahren und Ansprechpartner gehört in Risikobranchen mit in den Geschäftsplan.

Markt und Branche

Der vierte Abschnitt beschäftigt sich eingehend mit den Marktbedingungen. In einer Marktanalyse werden bestehende und zukünftige Kunden des Unternehmens und ihre quantitativen (z.B. Kundenanzahl, Marktsegmente) und qualitativen Merkmale (z.B. Kundenbeschreibung, Kaufentscheidungsfaktoren) dargestellt. Dazu gehören auch Fragen nach dem Kundennachfrageverhalten (z.B. von externen Faktoren wie Mode oder technischem Fortschritt beein-

---

[145]   USP = unique selling proposition; also welchen einzigartigen Vorzug die Produkte haben

flussbar?) sowie der aktuellen und zukünftigen regionalen Präsenz. Die genaue Definition des eigenen relevanten Marktes schafft hierbei die Basis für die zukünftige Marktsteuerung: Je genauer das eigene Marktsegment definiert werden kann, desto plausibler werden auch die daraus resultierenden Annahmen zu Kundenzahlen und Umsatzpotenzialen. In diesen Kontext gehört auch die Betrachtung des Wettbewerbs. Neben einer allgemeinen Analyse der Wettbewerbskräfte im eigenen Markt ist die Darstellung des Unternehmens und seiner wichtigsten Konkurrenten in einem Stärken-Schwächen-Profil (sog. SWOT-Analyse) hilfreich.

Die Absatzstrategie beantwortet die Frage, wie das angebotene Produkt zum Kunden kommt. Der Nachfolger hat den Vorteil, dass es bereits bestehende Kundenkontakte und Vertriebswege gibt. Trotzdem sollten auch in Geschäftsplänen von Nachfolgern die Vertriebswege und auch die organisationalen Ressourcen, die im Unternehmen oder mit externen Vertriebspartnern zur Verfügung stehen bzw. aufgebaut werden, beschrieben werden.

Auch das Thema der Preisgestaltung gehört in einen Geschäftsplan. Theoretisch muss jedes Unternehmen einen tragfähigen Kompromiss zwischen beiden Polen der Preisspanne finden: Das obere Ende der Preisspanne wird vom Markt vorgegeben, das untere von der Kostenstruktur des Unternehmens und einem angemessenen Gewinnaufschlag. Oberhalb des Marktpreises wird das Produkt keine Käufer finden, und wenn es auf der anderen Seite nicht die Produktionskosten und einen angemessenen Gewinn ermöglicht, ist es nicht rentabel. Oftmals besteht in kleinen und mittleren Unternehmen die Aufgabe jedoch gerade darin, die Produktions- und Entwicklungskosten so zu optimieren, dass zu Marktpreisen angeboten werden kann – auch dies gehört in knapper Form in einen Geschäftsplan. Falls in den Marktpreisen aufgrund zukünftiger technologischer oder gesellschaftlicher Entwicklungen Aufwärts- oder Abwärtstrends abzusehen sind, ist dies zu erläutern. Schließlich sind Aussagen über verkaufsunterstützende Maßnahmen, sowie die Marketing- und Kommunikationsstrategie des Unternehmens zu erwähnen.

Die Produktion

Der fünfte Abschnitt beschreibt die Produktionsstrategie des Unternehmens. Bestellwesen und Lieferzeiten sowie der eigentliche Produktionsprozess sollten so beschrieben sein, dass sie auch einem Branchenfremden verständlich werden. Dabei sind vor allem perspektivische Betrachtungen anzustellen: Ist bei bestimmten Produkten eine Auslagerung der Produktion sinnvoll? Die eigene Produktion erhöht zwar das Know-how und die Erfahrungswerte des Unternehmens, ist aber auch mit Investitionen in Anlagen und Maschinen verbunden und erfordert ggf. hohe Anstrengungen in das Qualitätsmanagement. Eine Auslagerung der Produktion macht das Unternehmen häufig flexibler, da weniger Ressourcen in Maschinen, Anlagen und Personal gebunden werden.

3.3.4 Quantitative Komponenten

Grundlage des quantitativen Teils ist der vorangegangene qualitative Teil des Geschäftsplanes. Nur wenn sich die Zahlen logisch aus den beschriebenen Strategien und Geschäftsvorfällen ableiten lassen, entsteht ein plausibles Ganzes. Viele Geschäftspläne kranken daran, dass zwar ambitionierte Umsatz- und Ertragszahlen dargestellt werden, aus dem qualitativen

Teil aber nicht stringent hervorgeht, mit welchen Potenzialen das Unternehmen diese Erfolge erwirtschaften möchte und kann.

Ausgangslage der quantitativen Planung sind die zukünftigen Umsätze. Diese sind schwierig zu planen, da sie von zahlreichen Einflussgrößen abhängen: Was bewirkt der Wechsel in der Führungsspitze des Unternehmens? Müssen direkte Auswirkungen auf die Umsatzzahlen etwa durch fehlende Geschäftskontakte des Nachfolgers erwartet werden? Führt ein mit der Nachfolge verbundener Strategiewechsel zu einer deutlichen Umsatzausweitung? An diesen Beispielen lässt sich die Verzahnung von qualitativem und quantitativem Bereich gut erkennen. Weitere Planungsgrundlagen sind die Analysen zum Markt- und Wettbewerbsgeschehen.

Die Umsatzzahlen der vergangenen Perioden stehen den Nachfolgern zur Verfügung, sie können analog der neuen Strategien fortgeschrieben werden. Dabei bildet die letzte Gewinn- und Verlustrechnung die Grundlage, die mit aktuelleren Monatsberichten aus den betriebswirtschaftlichen Auswertungen der Finanzbuchhaltung ergänzt werden kann. Für weitere Analysen stehen neben Statistiken, Marktforschungsinstituten und dem Internet vor allem der Altunternehmer und die Vertriebsmitarbeiter zur Verfügung.

Der geplante Umsatz muss mit den möglichen zu produzierenden Absatzmengen verglichen werden. Hat das Unternehmen überhaupt das Leistungsvermögen, um den Umsatz erwirtschaften zu können? Welche Mitarbeiter müssen noch gefunden werden, um die Umsatzziele zu erreichen? Sind ggf. aus der Betrachtung Personalreserven zu erkennen, die zu Freisetzungen führen?

Aus den bisherigen Daten wird eine Quote für den Materialeinsatz errechnet, die dann auf die geplanten Absatzmengen angewendet wird. Die so errechneten Materialkosten sind noch um erwartete Preisänderungen im Einkauf zu korrigieren. Damit errechnet sich die Marge (auch Deckungsbeitrag 1 genannt).

In die Planung der Personalkosten fließen die Ergebnisse der Mitarbeiteranalyse ein – auch hierbei ist das Szenario vor und nach der Übernahme zu berücksichtigen. Der bisherige Personalaufwand ist also um die Kosten für ausscheidende und hinzukommende Mitarbeiter zu korrigieren und mit den erwarteten Änderungen der tariflichen oder vertraglichen Gehaltsstrukturen und den Sozialversicherungskosten zu ergänzen.

Die Planung der Sachaufwendungen (Mieten, Zinsen, Abschreibungen, sonstiger Betriebsaufwand) können häufig nach den bisherigen Werten unter Berücksichtigung einer Preissteigerungsrate fortgeschrieben werden. Bei den Abschreibungen sind eventuelle Neu- oder Ersatzinvestitionen zu berücksichtigen, die den Wert des Anlagevermögens verändern.

Aus den so geplanten Werten kann nun als Differenz der Erträge und Aufwendungen des Unternehmens das geplante Ergebnis errechnet werden.

TMS Quick-Check 2.1	Planung 2008		Planung 2009		Planung 2010	
	TEUR	%	TEUR	%	TEUR	%
Umsatzerlöse	10 745	108,8	10 554	103,5	10 000	100,0
Gesamtleistung	**9.874**	**100,0**	**10.200**	**100,0**	**10.000**	**100,0**
Materialeinsatz	6 734	68,2	7 025	68,9	6 800	68,0
Rohertrag = DB I	**3.140**	**31,8**	**3.175**	**31,1**	**3.200**	**32,0**
Personalaufwand	1 470	14,9	1 495	14,7	1 500	15,0
DB II	**1.670**	**16,9**	**1.680**	**16,5**	**1.700**	**17,0**
Abschreibungen	140	1,4	130	1,3	145	1,5
Miet- / Leasingaufwand	312	3,2	320	3,1	324	3,2
sonst betr Aufwand	456	4,6	389	3,8	540	5,4
sonst betr Erlöse	31	0,3	70	0,7	40	0,4
Zinsaufwand	45	0,5	21	0,2	11	0,1
Betriebsergebnis	**748**	**7,6**	**890**	**8,7**	**720**	**7,2**
Steueraufwand	-250	-2,5	-300	-2,9	-300	-3,0
	0	0,0	0	0,0	0	0,0
NE GF-Gehalt	0	0,0	0	0,0	0	0,0
NE Restbetrag	0	0,0	0	0,0	0	0,0
Neutrales Ergebnis	**-250**	**-2,5**	**-300**	**-2,9**	**-300**	**-3,0**
Unternehmensergebnis	**498**	**5,0**	**590**	**5,8**	**420**	**4,2**

Abb. 34   Plan-Gewinn und Verlustrechnung der Moritz GmbH

Zweiter Abschnitt des quantitativen Teils ist die Ermittlung des Kapitalbedarfs. Hierfür sind zunächst die erforderlichen Investitionen zusammenzustellen. Dabei müssen auch Folgekosten der Investition, wie Transport und Montagekosten oder Umbaumaßnahmen, berücksichtigt werden. In vielen Fällen ist der Kaufpreis für das Unternehmen der entscheidende Faktor bei der Kapitalbedarfsberechnung. Auch eine Sicherheitsreserve für unvorhergesehene Ausgaben sollte eingeplant werden.

Dieser Teil kann erst endgültig erstellt werden, wenn die Art der Nachfolge sowie die hierfür erforderlichen Finanzierungsbedarf (z.B. Höhe des Kaufpreises) feststehen.

Der dritte Abschnitt der quantitativen Planung beschreibt die Finanzplanung des Unternehmens. Mit ihr werden die Zahlungsbewegungen in ihrem zeitlichen Ablauf geplant, mit dem Ziel, die ständige Zahlungsfähigkeit und damit das Überleben des Unternehmens zu sichern. Da nicht alle Zahlungen zum Zeitpunkt ihrer Verbuchung auch liquiditätswirksam werden, müssen Zahlungsziele für Forderungen an Kunden, aber auch für Verbindlichkeiten gegenüber den eigenen Lieferanten bedacht werden. Die tatsächlichen Debitoren- und Kreditorenlaufzeiten können eine erhebliche zeitliche Verzögerung der Zahlung im Vergleich zur vertraglichen Laufzeit verursachen, was für kleine Betriebe existenzbedrohend werden kann. Die tatsächlichen Laufzeiten können der Bilanz entnommen werden, wenngleich auch hier stichtagsbedingt Verzerrungen auftreten können.

Auf dieser Basis können die Aufwands- und Umsatzwerte der Ertragsplanung übernommen werden. Nicht berücksichtigt werden Positionen wie z.B. Abschreibungen, die zwar aufwandswirksam, aber nicht liquiditätswirksam sind. Investitionsausgaben, Entnahmen und Kredittilgungen hingegen sind nicht aufwandswirksam, schmälern jedoch die liquiden Mittel, Einlagen, Darlehensaufnahmen und der Verkauf von Anlagevermögen erhöhen sie entsprechend. Daher sind auch diese Positionen zu berücksichtigen.

Aus dem Saldo von Einnahmen und Ausgaben errechnet sich das Finanzergebnis. Aus den monatlichen Über- bzw. Unterdeckungen zuzüglich eines Risikopuffers wird der Finanzierungsbedarf festgelegt. Diese Berechnung ist eine fundierte Gesprächsgrundlage für Finanzmittelgeber. In diesem Zusammenhang wird vom Fremdkapitalgebern auch die schon erwähnte Kapitaldienstfähigkeitsberechnung erwartet, mit der nochmals gezeigt werden kann, dass das Unternehmen seinen Zins- und Tilgungsverpflichtungen auch in Zukunft nachkommen kann. Die Auseinandersetzung mit diesem Thema im Rahmen des Geschäftsplans wird die Kreditwürdigkeit des Unternehmens positiv beeinflussen.

Planung 2008	
	TEUR / p a
Betriebsergebnis	748
Abschreibungen	140
Rückstellungsänderungen	0
Zinsaufwand	45
Banken-Cash-Flow	**933**
	0
Erhöhung des wirtschaftlichen Eigenkapitals	**0**
	0
Verminderung des wirtschaftlichen Eigenkapitals	**0**
sonst. Erhöhungen (+) / Verminderungen (-) :	
Kapitaldienstgrenze	**933**
abzgl. Kapitaldienst (siehe rechts)	**45**
Überdeckung (+) / Unterdeckung (-)	**888**
Ausnutzung der Kapitaldienstgrenze (%)	**4,8**

Abb. 35   Kapitaldienstfähigkeit der Moritz GmbH in 2008

Aus der Darstellung wird deutlich, dass der Cashflow der Moritz GmbH Mittel in erheblichem Umfang für die Finanzierung bereitstellen kann.

Wird mit dem Geschäftsplan eine Bank als möglicher Kreditgeber adressiert, wird diese ggf. eine Aufstellung der Vermögensverhältnisse des oder der zukünftigen Gesellschafter verlangen. Diese gehört nicht in den Geschäftsplan, sondern kann später bei Bedarf nachgereicht werden.

3.4   Risikomanagement

Der Begriff des Risikomanagements steht in engem Zusammenhang mit einem aussagefähigen Controlling. Ein effektives Controlling baut auf den Planzahlen des Geschäftsplans auf. Dabei werden die Daten so aufbereitet, dass eventuell entstehende Risiken frühzeitig erkannt und entsprechende Maßnahmen eingeleitet werden können.

Das KonTraG (Gesetz zur Kontrolle und Transparenz in Unternehmen) enthält in seiner aktuellen Fassung vom 5. März 1998 eine klare und dennoch auslegungsfähige Vorschrift: Kapitalgesellschaften müssen über ein geeignetes System zur Erkennung, Erfassung und Kontrolle von Risiken verfügen sowie die Einleitung geeigneter Maßnahmen nachweisen können, um diese Risiken zu minimieren, bzw. bewusst steuern zu können. Nach § 91 II AktG gehört es zu den Sorgfaltspflichten eines Vorstands (analog auch GmbH Geschäftsführer; vgl. § 43 I und II GmbHG) ein angemessenes Risikomanagement sowie ein internes Überwachungssystem zu etablieren. Ein entsprechender Risikobericht muss im Jahresabschluss des Unternehmens enthalten sein[146].

Im Wesentlichen zielt das KonTraG damit auf die Kontrolle größerer Aktiengesellschaften. Allerdings werden auch andere größere Kapitalgesellschaften durch das Gesetz erfasst, denn die Vorschriften gelten auch für GmbHs und GmbH & CO. KGs, die einen Aufsichtsrat gemäß Mitbestimmungs- oder Betriebsverfassungsgesetz von 1952 bilden müssen. Und gerade in den vergangenen Jahren wurde eine Vielzahl kleinerer, mittelständisch geprägter Aktiengesellschaften etabliert, für die das Gesetz ebenfalls Geltung hat: Auch hier ist – betriebsindividuell unterschiedlich und abhängig von Branche, Größe und Struktur des Unternehmens – ein Risikomanagementsystem (RMS) einzuführen. Allerdings lässt das KonTraG offen, wie ein „geeignetes" System auszusehen hat. Diese fehlende Präzisierung führt dazu, dass Unternehmen breite Gestaltungsmöglichkeiten haben.

Abgesehen von den gesetzlichen Anforderungen steht aber auch für Einzelunternehmen und Personengesellschaften der betriebswirtschaftliche Nutzen im Vordergrund. So verbessert ein Risikomanagement auch die Position des Unternehmens im Ratingverfahren der Banken: Kreditvergabeentscheidungen werden zunehmend von der transparenten Kommunikation und dem Management der Risikofaktoren abhängig. Unternehmen sind gefordert, diesen Anforderungen an die Kreditvergabe offen und konstruktiv zu begegnen. Ohne den Banken die entsprechende Transparenz über Unternehmen, Geschäftsmodell und Zukunftsperspektiven zu verschaffen, wird eine Finanzierung mit günstigen Kreditkonditionen zukünftig nicht mehr möglich sein. Ein adäquates Risikomanagementsystem kann hier die notwendigen Informationen liefern, die den Rating-Prozess verschlanken und mit positiven Argumenten für das Unternehmen unterfüttern. Wenn der Firmenkunde entsprechend aufbereitete Unterlagen bereitstellen und so seine Bonität nachweisen kann, wird die Kreditbearbeitung wesentlich erleichtert und der Arbeitsaufwand der Bank gesenkt. Gleichzeitig erhält das Unternehmen eine bessere Rating-Note und damit auch günstigere Finanzierungskonditionen.

---

[146] vgl. Felden, B. (2005), S. 46

Ein ganzheitlich verstandenes Risikomanagement ist aber in diesem Sinne nicht nur eine Erfüllung von externen Anforderungen an das Berichtswesen, sondern bei effektiver Anwendung ein betriebswirtschaftliches Steuerungsinstrument für das Management, mit dem aktiv Wettbewerbsvorteile geschaffen werden können[147]. Natürlich verursachen neue Systeme zunächst bei der Einführung und anschließend in der regelmäßigen Anwendung und Pflege erheblichen Aufwand. Wenn bei der Unternehmensnachfolge ohnehin neue Managementstrukturen eingeführt werden, kann das ein Ansatzpunkt sein. Außerdem sollte der Nutzen aus Unternehmenssicht nicht unterschätzt werden: Losgelöst von Finanzierungsfragen sind gerade mittelständische Unternehmen wesentlich anfälliger für klassische Einzelrisiken aus dem aktuellen Geschäftsverlauf (Ausfall einzelner Großkunden, rechtliche Rahmenbedingungen, Nachfolge ungeklärt, Ausfall einzelner aber zentraler Anlagen usw.), denen durch ein umfassendes Risikomanagementsystem nachhaltig begegnet werden kann.

In Familienunternehmen gibt es darüber hinaus besondere Risikopotenziale:

- Durch die Dualität von Eigentum und Management wird das unternehmerische Risiko häufig unmittelbar vom Unternehmer und dessen Familie getragen.

- Die Erträge des Unternehmens sind mit dem privaten Wohl und der Altersversorgung des Unternehmers verknüpft.

- Die häufig geringe Eigenkapitalquote bedingt Schwierigkeiten bei der Kapitalbeschaffung. Finanzierungsmöglichkeiten über den freien Kapitalmarkt sind nur begrenzt vorhanden.

- Der Unternehmenserfolg ist in hohem Maße von wenigen Schlüsselpersonen abhängig.

- Risikomindernde Diversifikationsstrategien sind aufgrund begrenzter Ressourcen meist nicht realisierbar.

- Häufig existieren nur wenige Steuerungssysteme und die Transparenz der Unternehmenszusammenhänge ist gering.

Je kleiner das Unternehmen, desto eher wird es von den Risikofaktoren betroffen sein. Mittelstandsspezifische Risikomanagementsysteme müssen nicht zuletzt deshalb leicht zu implementieren und umzusetzen sein.

Langfristig betrachtet steigert die konsequente Umsetzung und Durchführung eines Risikomanagementsystems den Wert des Unternehmens. Denn ob direkt messbar, über Rückstellungen, Wertberichtigungen und eine hohe Zinsbelastung, oder indirekt über ineffiziente bzw. redundante Kostenstrukturen oder suboptimale organisatorische Abläufe – ein fehlendes Risikomanagement beeinflusst ganz unmittelbar die Performance eines Unternehmens. Die Auswirkungen finden sich als Kosten in der Gewinn- und Verlustrechnung sowie als „störende" Bilanzpositionen im Jahresabschluss wieder. Ein ganzheitlicher und unternehmenswertorientierter Risikomanagement-Ansatz nimmt diese Problematik auf und setzt hier mit seinen Optimierungen an.

---

[147] vgl. Mehrmann (2004), S. 40

3.4.1 Risiken und Chancen

Wenn man ein Risiko als kalkulierte Prognose eines möglichen Schadens begreift, wird schnell deutlich, dass der Risikobegriff eng mit dem Begriff der Chance verbunden ist. Eine Chance ist dann nichts anderes als eine kalkulierte Prognose eines möglichen Nutzens. Risikomanagement kann also zugleich Chancenmanagement sein. Damit entsteht in der Anwendung von Risikomanagement ein konkreter Nutzen für das Unternehmen und der administrative Aufwand kann in messbare Vorteile, z.B. eine bessere Liquidität oder geringere Kosten, umgewandelt werden.

Versucht man im Zuge eines Risikomanagements zunächst, mögliche Risiken und Chancen für das Unternehmen zu identifizieren und kategorisieren, bietet sich eine Aufteilung in verschiedene Risiko- und Chancencluster an.

„Umfeldrisiken" können durch politische Instabilitäten im eigenen oder Partnerländern oder politische Einflussnahme auf die Wirtschaftspolitik mit positiven oder negativen Auswirkungen entstehen. Auch die Änderung relevanter gesetzlicher Grundlagen im Gesellschafts-, Personal- oder Steuerrecht sowie Natur- und Umweltkatastrophen, klimatische Veränderungen und Naturschutz gehört zu den Umfeldrisiken. Bei Umfeldrisiken haben Familienunternehmen kaum Möglichkeiten der Einflussnahme.

Zu „Markt- und Branchenrisiken" liefert das bereits beschriebene Modell von Porter[148] ein passendes Gerüst. Muss das Unternehmen mit neuen Wettbewerbern rechnen, könnten Gegenmaßnahmen darin liegen, Nischenmärkte zu schaffen, eine hohe Kundenbindung aufzubauen oder den Vertrieb zu intensivieren. Ist das Unternehmen von einzelnen Kunden abhängig, muss es versuchen, über langfristige Verträge den Kunden an sich zu binden oder über Cross-Selling-Ansätze zusätzliche Verkaufsaktivitäten zu realisieren. Letztlich muss jedoch konstatiert werden, dass Familienunternehmen Markt- und Branchenrisiken nur in engen Grenzen beeinflussen können.

Insofern bleiben als Anwendungsgebiet für ein Risikomanagementsystem insbesondere die Risiken und Chancen, die im Unternehmen selbst liegen und dort als Reaktion auf die jeweiligen externen Einflüsse bewusst gesteuert werden können. Diese können wie folgt unterschieden werden:

- Leistungsrisiken (Produktion, Logistik und F&E)

- Managementrisiken (Mitarbeitern und Führungskräften)

- Organisationsrisiken (Organisationsstruktur, Prozessen)

- Systemrisiken (EDV, Datenverlust)

- Finanzrisiken (Liquiditätssituation, Währungsrisiken)

---

[148] vgl. Kapitel 2.4.3

Weitere typische Risiken in Familienunternehmen sind meist gut beherrschbar. So zum Beispiel im rechtlichen Bereich: Haftpflichtschäden beim Kunden können über begrenzte Gewährleistungsrechte in den AGB über Versicherungslösungen bis hin zur Auslagerung von Teilbetrieben in haftungsbegrenzte Rechtsformen geregelt werden. Auch technologische Risiken sind leicht vorstellbar: Vor den Schäden beim Ausfall der EDV-Anlage schützen ein ausreichender Virenschutz, regelmäßige Backups sowie ggf. ein Notstromaggregat.

Betriebswirtschaftliche Risiken sind in kleineren Unternehmen oftmals durch Kalkulationsfehler bedingt: Genaue und aktuelle Daten aus der Buchhaltung, die ständige Überprüfung der Kalkulationssätze sowie Sicherheitsaufschläge reduzieren das Risiko.

In der Finanzperspektive wird Risikomanagement in engen Zusammenhang mit dem Liquiditätsmanagement gebracht. Eine wichtige Stellschraube zur Reduzierung des Liquiditätsrisikos ist die Optimierung der zeitlichen Abläufe. Dahinter steht der Gedanke, dass sich durch möglichst kurze zeitliche Abläufe die darin liegende Kapitalbindung verringert und das Geld wieder früher für andere Zwecke zur Verfügung steht[149]. Ein fundiertes Forderungsmanagement, klare Kreditlimits, ein effizientes Mahnwesen und die vorherige Bonitätsprüfung der Kunden können hier Risiken reduzieren.

Eine weitere Schwachstelle vieler kleiner Betriebe ist die Lagerhaltung: Günstige Konditionen für hohe Abnahmemengen verleiten oft zu hohen Lagerbeständen, mit der Konsequenz von hohem gebundenen Kapital. Demzufolge kann die Reduzierung der Lagerbestände und Durchlaufzeiten durch regelmäßigen Abverkauf von Altbeständen, effektive Logistik oder eventuelle Bereinigungen des Produktprogramms schnell liquide Mittel freisetzen.

Im Bereich der strategischen Risiken steht die nicht geklärte Nachfolgesituation ganz oben. Der erste Schritt zur Vermeidung dieses Risikos ist die frühzeitige Beschäftigung des Unternehmers mit diesem Thema und ein aktuelles Notfallmanagement. Dazu gehört auch die Stärkung des internen Managements zur Notfallabsicherung – und um eventuell auch hier potenzielle Nachfolgekandidaten aufzubauen. Dafür muss der Unternehmer früh Verantwortung an seine Führungskräfte abgeben.

3.4.2   Professionelles Risikomanagement

Wie kann ein Risikomanagementsystem entwickelt und realisiert werden? Aufgrund der Gestaltungsfreiheit, die das KonTraG in diesem Punkt lässt, stellt sich die Frage nach den richtigen Schritten, nach Art, Umfang und Niveau des Risikomanagementsystems mit um so größerem Nachdruck. Unternehmen, die ein adäquates Risikomanagement einführen wollen, müssen sich bei ihrer „Entwicklungsarbeit" an den gesetzlichen und unternehmensinternen Erfordernissen sowie an der Machbarkeit eines solchen Systems orientieren. Dabei haben sich in der Praxis folgende Schritte als sinnvoll erwiesen:

- Schritt 1: Risikoerfassung aller den Bestand des Unternehmens gefährdenden Einzel- und Klumpenrisiken. Dabei ist es wichtig, ggf. auch Mitarbeiter in den Fachabteilungen einzu-

---

[149] vgl. Kraemer, M. (2006), S. 15

beziehen, da diese oft Ansätze haben, die in der Führungsebene nicht bekannt sind. Hilfreich ist eine vorherige Festlegung der Risikofelder (Produkte, Finanzen, IT, Recht, etc.). Zur besseren Handhabung sollten die Unternehmensrisiken weiter unterteilt werden.

- Schritt 2: Risikoquantifizierung: Wie hoch sind die Auswirkungen auf das Unternehmen? Was für Voraussetzungen gelten für das Eintreten des Risikos, wie wirkt es sich aus und welche Folgen würde es im Unternehmen verursachen?

- Schritt 3: Risikobewertung nach der Eintrittswahrscheinlichkeit und der Schadenshöhe

- Schritt 4: Risikogegensteuerung durch entsprechende Maßnahmenpakete und Vorgehensweisen: Grundsätzlich muss das Unternehmen die Frage beantworten, ob es das erkannte Risiko tragen, also keine weiteren Maßnahmen zur Absicherung treffen will. Bei der Entscheidung zur Bewältigung hat der Unternehmer auch oft die Option, das Risiko durch einen externen Anbieter zu versichern. Versicherungen bestehen für verschiedenste Risikobereiche, sind aber mit laufenden Kosten verbunden. Die Absicherung gegen Risiken durch Versicherungen empfiehlt sich vor allem für die Risiken mit den höchsten Schadensfolgen und danach für diejenigen mit der höchsten Eintrittswahrscheinlichkeit[150]. Will das Unternehmen die Risiken selbst bewältigen, müssen entsprechende Maßnahmen beschlossen und eingeführt werden, die entweder die Eintrittswahrscheinlichkeit des Risikos oder die daraus resultierende Schadenshöhe verringern.

- Schritt 5: Risikomonitoring (durch ein umfassendes Risikomanagementsystem, das die Geschäftsleitung in die Lage versetzt, jederzeit einen Überblick über die aktuelle Risikoposition des Unternehmens und über den Stand der Maßnahmen zu gewinnen)

Basierend auf diesen fünf Schritten ist es Aufgabe der Unternehmensführung und/oder ihrer Berater, ein effizientes und kostenoptimales Modell zu entwickeln. Eine pragmatische und an den verfügbaren Kapazitäten ausgerichtete Vorgehensweise sollte dabei im Mittelpunkt stehen. Ziel ist die schnelle und wirksame Etablierung des Systems. Im Projektverlauf werden die entsprechenden Berichte und Risikodokumentationen festgelegt und die einzelnen Risiken erhalten Frühwarnindikatoren, bei deren Erreichen die Gegenmaßnahme ausgelöst wird.

Veronica entwirft ein Risikomanagementsystem für die Moritz GmbH. Hier ein Auszug:
Risikoerfassung: Als eines der Hauptrisiken identifiziert sie die hohe Abhängigkeit von einigen Großkunden und Technologien.
Risikoquantifizierung: Beim Wegfall des wichtigsten Kunden oder bei der Substitution der angebotenen Technologie könnte auf einen Schlag ein Großteil des Umsatzes wegfallen. Da einige Kunden im öffentlichen Sektor anzusiedeln sind, haben auch politische Entwicklungen großen Einfluss, z.B. könnte eine Verlagerungen der Zuständigkeiten hin zur EU den Wegfall des Kunden bewirken.
Risikobewertung: Ein Wegfall der betreffenden Kunden würde die Existenz des Unternehmens bedrohen. Die Eintrittswahrscheinlichkeit wird gegenwärtig noch gering eingestuft, steigt aber mittelfristig deutlich an.

---

[150] vgl. von Collrepp (2004), S. 320

Risikogegensteuerung: Da die verursachenden Entwicklungen nicht beeinflusst werden können, bleibt dem Unternehmen nur, das Risiko durch eine Diversifizierung des Kundenkreises und Produktportfolios zu vermindern. Dazu muss in den etablierten Geschäftsfeldern die Entwicklungstätigkeit intensiviert werden und auch die geplante Eröffnung des neuen Geschäftsfeldes Veranstaltungstechnik durch die Tochter von Herrn Moritz geht in diese Richtung.

Risikomonitoring: Um die Gegenmaßnahmen verfolgen zu können, werden verschiedene neue Kennzahlen in das Controlling aufgenommen, z.B. der Anteil am Gesamtumsatz von Produkten, die nicht älter als ein Jahr sind. Auch die ABC-Analyse der Kunden wird als dauerhaftes Controllinginstrument etabliert.

3.4.3   Risikomanagement und Unternehmenswert

Ein solches Risikomanagementsystem und sein Maßnahmenplan liefern kontinuierlich konkrete Hinweise auf Verbesserungspotenziale im Unternehmen. Diese Potenziale sollten konsequent gehoben und realisiert werden: Auf diese Weise lässt sich die Ertragslage des Unternehmens unmittelbar verbessern und damit – sozusagen als größter zu erzielender Nutzen eines professionellen Risikomanagementsystems – der Unternehmenswert fortlaufend steigern.

Dieser Effekt setzt bei der Wertermittlung im Ertragswertverfahren an. Der Unternehmenswert errechnet sich dort aus den durchschnittlichen Erträgen, die mit einem Kapitalisierungszinsfuß abgezinst werden. Dieser besteht aus einem Basiszinssatz und einem Risikoaufschlag. Der Risikoaufschlag kann durch den Nachweis effektiver Risikovermeidung niedriger angesetzt werden. So wirkt sich das Risikomanagement durch die Verkleinerung des Nenners bei gleichem Zähler in der Ertragswertformel ebenfalls unmittelbar auf den Unternehmenswert aus.

So begriffen und konsequent angewendet bedeutet Risikomanagement nicht nur die lästige und kostspielige Erfüllung von gesetzlichen oder bankinternen Standards, sondern vor allem eine effiziente und systematische Sicherung der Unternehmenszukunft.

Der Erfolg bei der Einführung und dem Betrieb eines Risikomanagementsystems hängt von vielen Faktoren ab. Entscheidend ist zunächst, dass die Aufgabe auf Verantwortungsebene der Geschäftsführung vorangetrieben wird. Gleichzeitig müssen die Mitarbeiter eingebunden werden und die operativen Aufgaben des Risikomanagements umsetzen. Das Management muss die Belegschaft daher im nötigen Maß für das Thema sensibilisieren und eine entsprechende „Risikokultur" vorleben[151].

Die beim Aufbau des Systems getroffenen Annahmen müssen ständig auf ihre weitere Gültigkeit überprüft werden, für die operativen Ergebnisse, z.B. in Form von Berichten, sollten

---

[151] vgl. Mehrmann (2004), S. 41

klare Anweisungen bestehen und auch Sanktionen bekannt sein, die bei der Nichteinhaltung verhängt werden.

Der Unterhalt eines Risikomanagementsystems ist mit Kosten verbunden. Deshalb hilft eine ständige Optimierung, auch unter dem Aspekt der für den Mittelstand wichtigen Kostenreduzierung. Risikomanagement sollte als Projekt behandelt und mit einem entsprechend professionellen Projektmanagement betrieben werden.

Bevor Sie die Geschäfte ganz übernehmen, schlage ich vor, daß Sie sich erst einmal an meiner Seite langsam einarbeiten...

4   Methodenkompetenz

Der Prozess einer Unternehmensnachfolge erfordert sowohl bei der übergebenden als auch bei der übernehmenden Generation nicht nur Fachwissen über die zu regelnden Bereiche, sondern auch Kenntnisse über den idealtypischen Ablauf und die zu bewältigenden Prozesse. Erst mit einer umfassenden methodischen Kompetenz kann der Prozess einer Nachfolgeregelung aktiv erfolgreich gesteuert werden.

Lernziele

Nach dem Studium dieses Kapitels sollten Sie folgendes wissen:

- Die offene Kommunikation aller am Nachfolgeprozess Beteiligten ist ein wesentlicher Erfolgsfaktor. Lernen Sie die unterschiedlichen Konfliktpotenziale und mögliche Lösungswege kennen.

- Trotz aller Individualität ist der Nachfolgeprozess in einzelne Prozessschritte zu untergliedern, die den Aufbau eines stringenten Nachfolgekonzeptes ermöglichen. Sie erfahren, welche typische Phasen es gibt und wie eine strukturierte Umsetzung gelingt.

- Sie lernen praxiserprobte Kommunikationsregeln kennen und sowohl vor als auch nach der Übergabe zielgerichtet einzusetzen.

- Typische Probleme bei der Übergabe und deren Lösung bilden einen weiteren wichtigen Lernschritt.

4.1   Teilnehmer am Nachfolgeprozess

Neben der abgebenden und der nachfolgenden Generation sind bei einem Nachfolgeprozess noch zahlreiche weitere Beteiligte eingebunden: Darunter fallen z.B. die Mitarbeiter des Unternehmens, die Kunden, Lieferanten und Kooperationspartner, die beteiligten Finanzpartner sowie externe Berater. Alle diese Gruppen haben verschiedene Erwartungen und Ansprüche an die Übertragung und die Vorgehensweise in den einzelnen Übergabephasen. Diese zu kennen, ermöglicht ein konstruktives und faires Prozedere, bei dem in Konfliktsituationen nach möglichst ausgleichenden Lösungen gesucht werden kann und diese konstruktiv umgesetzt werden.

Zur Lösung von Konflikten ist das Wissen über mögliche Konfliktquellen der entscheidende erste Schritt. Hinzu kommt die Fähigkeit möglichst aller Beteiligten, ihre Ziele zu formulieren und offen untereinander zu kommunizieren. Die Reflektion der unterschiedlichen Anspruchshaltungen und die Bereitschaft zu konsensualen Lösungen gehören ebenfalls unabdingbar zu einem erfolgreichen Nachfolgeprozess. Lässt sich unter den Beteiligten ein Konsens über die zu verfolgenden Ziele herstellen und sind diese von allen akzeptiert, bildet sich eine gemeinsame Planungsgrundlage, mit der ein systematischer Nachfolge-Fahrplan aufgebaut werden kann.

Ich hab da überhaupt keinen Bock,
rein zuwachsen!

4.1.1   Übergebende Generation

„Solange ich noch jeden Morgen schneller die Bürotreppe hinaufkomme als meine Lehrlinge, bin ich auch noch nicht zu alt." (80-jähriger Unternehmer bei einer Podiumsdiskussion)

Unternehmer, die jahrzehntelang für ihren Betrieb stehen und deren Familie häufig schon seit Generationen ein Unternehmen betreiben, identifizieren sich stärker mit dieser Firma als ein vielleicht erst seit kurzer Zeit im Unternehmen tätiger Angestellter. Bei Unternehmern, die ihren Betrieb selbst gegründet haben, ist die Identifikation oftmals noch höher[152]. Das ganze Unternehmen ist vielfach organisatorisch und in der Unternehmensführung auf diese Personen ausgerichtet, die auch einen Großteil des Firmen-Know-hows besitzen. Auch persönlich ist die Identifikation mit dem Unternehmen hoch: der Erfolg des Unternehmens bedeutet persönlichen Erfolg, dessen Schwächen scheinen persönliche Schwächen. Dieser Unternehmertyp hat häufig Schwierigkeiten mit der Umsetzung einer Nachfolgeregelung. Das wiederum kann gefährlich für den Unternehmenserfolg sein, weil z.B. mit zunehmendem Alter die Risikobereitschaft abnimmt und die Aufgeschlossenheit gegenüber technischen und betriebswirtschaftlichen Innovationen erfahrungsgemäß nicht mehr so groß ist. So kann das Unternehmen – häufig unbewusst – in eine Schieflage geraten, die eine Übertragung gefährdet.

In einem Nachfolgeprozess spielt die abgebende Generation folglich eine zentrale Rolle. Sie muss die Relevanz des Themas erkennen und früh genug die Initiative ergreifen[153] – und sie legt die Spielregeln für den weiteren Verlauf des Nachfolgeprozesses fest.

Dabei bedeutet die Übertragung des Unternehmens in der Regel den Beginn eines neuen Lebensabschnitts, was vielen Unternehmern nicht leicht fällt: Das tägliche Leben des Unternehmers ändert sich, weil die Aufgaben im Management fehlen, der Tagesablauf ändert sich, weil die beruflichen Aufgaben nicht weiter den Tag strukturieren. Häufig werden sich auch die sozialen Kontakte ändern, da sie durch das Berufsleben bestimmt sind. Diese Lücken müssen sorgfältig gefüllt werden – auch das gehört zu den Herausforderungen einer Unternehmensnachfolge[154].

Vor dem Hintergrund der oftmals starken Abhängigkeit des Unternehmens vom bisherigen Management muss der Übergeber auch klären, wie die Stabilität des Unternehmens bei plötzlichen Ausfällen gewährleistet ist. Ohne Vorbereitung auch für diesem Bereich des plötzlichen Ausfalls ist die Handlungsfähigkeit des Unternehmens bis hin zur Existenzbedrohung eingeschränkt.

---

[152] vgl. Habig/Berninghaus (1998), S. 48 ff.

[153] vgl. von Plüskow (2001)

[154] Wenn er die unternehmerische Betätigung auch in seiner Freizeit weiter betreiben will, um damit eine sinnvolle Beschäftigung zu finden, stehen dafür zahlreiche Möglichkeiten zur Verfügung. Auf Internetseiten wie www.althilftjung.de oder www.ehrenamt.de stellen erfahrene Altunternehmer ihr Know-how ratsuchenden Gründern und Nachfolgern zur Verfügung und können so weiterhin wertvolle unternehmerische Hilfestellung geben.

Schließlich ist eine erfolgreiche Unternehmensübergabe in vielen Fällen auch für die Finanzierung der weiteren Lebenshaltungskosten entscheidend. Nicht selten wird in Familien noch eine weitere Versorgung über das Unternehmen vorausgesetzt oder der Veräußerungserlös soll den Lebensstandard sichern.

Horst Moritz wurde 1943 als zweiter Sohn geboren. Im gleichen Jahr gründete sein Vater die Schlosserei Moritz. 1972 heiratete er. Aus der Ehe mit Else Moritz wurden die drei Kinder geboren, 1976 Heiko, 1978 Veronica und 1983 Kevin.

Horst Moritz wurde nach seiner Schlosserlehre im väterlichen Betrieb bereits danach von seinem Vater zum Eintritt in die Firma gedrängt. Er hat aber durchgesetzt, zunächst ein Ingenieurstudium zum Maschinenbauer zu absolvieren. Nach dem erfolgreichen Abschluss hat er – sehr zur Besorgnis des Vaters – zunächst eine Anstellung in einem großen Industrieunternehmen angetreten, bevor er dann 1974 als zweiter Geschäftsführer in den Familienbetrieb eintrat.

Sein Vater beteiligte ihn zunächst mit 30 % der Gesellschaftsanteile, blieb aber weiterhin Hauptgeschäftsführer. Mit zunehmendem Alter zog er sich immer weiter aus der Geschäftstätigkeit zurück. 1993 starb der Vater plötzlich durch einen Herzinfarkt. Herr Moritz wurde so zum alleinigen Inhaber und Geschäftsführer.

Heute ist Horst Moritz 65 Jahre. Er ist immer noch Hauptgeschäftsführer. Auf einem Seminar hat er sich jüngst über die Unternehmensnachfolge informiert und will nun auch für sich eine geeignete Lösung finden.

Es ist deutlich, wie die eigenen Erfahrungen seine Entscheidungen bezüglich der Nachfolge prägen. Einerseits versteht er den Drang seiner Kinder, eigene Erfahrungen außerhalb des Unternehmens zu sammeln. Andererseits sieht er sich – wie sein Vater – als gütiger Patriarch, unter dessen weiser Führung sich die gesamte Familie unter einem (Firmen-) Dach sammeln sollte.

4.1.2 Nachfolgende Generation

„Fortunately my father died one year after I joined the firm" (Nachfolger aus den USA)[155]

Für jeden Nachfolger sollte es bei der Beurteilung des Nachfolgeunternehmens genau eine zentrale Frage geben: Erfüllt dieses Unternehmen die Erwartungen, die ich mir als Unternehmer für meine Zukunft wünsche? Neben den Risiken und Chancen, die sich aus dem gegenwärtigen und vergangenen Status des Unternehmens ableiten lassen, gibt es auch eine Reihe persönlicher Faktoren, die eine derartige Entscheidung beeinflussen. Dazu gehören sowohl die persönliche Eignung wie auch familiäre Erwartungen, Standortaspekte oder Fragen des richtigen Zeitpunkts der Übernahme.

---

[155] Barnes (1988), S. 11

Ist für das Unternehmen im Vorfeld ein ausführliches Anforderungsprofil für die nachfolgende Generation ausgearbeitet worden, können auch die potenziellen Nachfolger davon profitieren: Entsprechen die geforderten Fähigkeiten und Kenntnisse den vorhandenen Qualifikationen, wo ist Qualifizierungsbedarf und wie und in welcher Zeit kann dieser gedeckt werden? All das sind wichtige Fragen, die vor der Übernahme sorgfältig beantwortet werden wollen.

Zentraler Erfolgsfaktor insbesondere in kleineren Unternehmen ist auch das persönliche Zueinanderpassen der abgebenden und nachfolgenden Generation im täglichen Umgang. Durch den bereits angesprochenen Zuschnitt des Unternehmens auf das bisherige Management ist eine zeitliche begrenzte Zusammenarbeit beider Generationen sinnvoll. Das ist jedoch nur möglich, wenn die „Chemie stimmt" und wenn die Aufgaben und Verantwortungsbereiche klar abgegrenzt sind.

Für die meisten Nachfolger steht die Frage der Finanzierung einer Übernahme im Vordergrund der Entscheidung. Durch die Übernahme entstehen in der Regel hohe finanzielle Belastungen und in vielen Fällen ein höheres persönliches Risiko für den Nachfolger und seine Familie. Die eigene Risikobereitschaft richtig einzuschätzen, gehört daher ebenfalls zu den Aufgaben der nachfolgenden Generation.

Obschon zahlreiche Umfragen der letzten Jahre eine Zunahme familienexterner Nachfolgen feststellen, finden immer noch rund die Hälfte aller Unternehmensnachfolgen innerhalb der Unternehmerfamilie statt[156]. Die Übertragungsmodelle dieser Regelungen sind oftmals unentgeltlicher Art, z.B. als Schenkung oder vorweggenommene Erbfolge. Das verringert die Dominanz insbesondere finanzwirtschaftlicher Fragestellungen, wirft jedoch andere – und zusätzliche – auf: Ein Nachfolger, der eine bequeme Lösung sucht und sich „ins gemachte Nest" setzen möchte, wird in den seltensten Fällen langfristig mit dem Unternehmen erfolgreich sein. Der Eintritt in den elterlichen Betrieb ist nicht zwingend das attraktivste Lebensmodell für den Nachwuchs.

Vielfach ist auch die Beziehung der Nachkommen zum elterlichen Unternehmen eher ambivalent. Die Firma bedeutet durch das hohe Maß an Zeit und Aufmerksamkeit für die Kinder in Unternehmerfamilien oft eine Konkurrenz in der elterlichen Zuwendung. Als Reaktion darauf erfolgt entweder eine Distanzierung vom Betrieb oder die Fokussierung auf eine Position im Unternehmen als einzige Alternative. Über diese – oftmals verdeckten – Beweggründe sollten Übergeber und Nachfolger im Zuge des Nachfolgeprozesses sprechen, um späteres Scheitern zu vermeiden.

Außerhalb der eigenen Familie finden sich potenzielle Nachfolger unter Freunden und Bekannten sowie Mitarbeitern des Unternehmens (personenorientierte Übernahme) oder durch institutionelle Interessenten aus dem Kreis der bisherigen Kunden, Lieferanten oder auch bei Wettbewerbern, für die der Erwerb des Unternehmens einen strategischen Vorteil bedeutet.

---

[156]   vgl. z.B. L-Bank (2002), S. 12. Die dort realisierten Übernahmen zwischen 1997 und 2002 fanden zu 74% in der Familie statt, wohingegen die geplanten Nachfolgen von 2002 bis 2007 nur noch zu 51% familienintern sind. Diesen Trend bestätigt auch das IfM Mannheim, vgl. IfM Mannheim Jahresbericht 2005, S. 56.

Familienexterne Lösungen über eine personenorientierte Nachfolge können als Übernahme durch ein firmeninternes Management (MBO = Management Buy Out) oder ein firmenexternes Management (MBI = Management Buy In) realisiert werden. Firmeninterne Nachfolger haben den Vorteil, dass die innerbetrieblichen Strukturen und Prozesse aus der täglichen Praxis bekannt sind. Durch die bisherige Zusammenarbeit können die Verkäufer ein solides Urteil über die Eignung der Kandidaten abgeben. Auch die frühzeitige Einbeziehung der Übernehmer in Managemententscheidungen kann leichter realisiert werden. Auf der anderen Seite gibt es bei diesem Modell auch spezifische Schwierigkeiten: Das neue Management muss als ehemaliger „Kollege" seine Position bei der Belegschaft neu definieren.

Erfahrungen aus anderen Unternehmen bringen neue Impulse in das Unternehmen – ein Faktor, der für die Übertragung an Externe spricht. Gerade bei der Auswahl eines externen Managements ist jedoch die passgenaue Qualifikation und hier insbesondere die Führungserfahrung in Familienunternehmen von entscheidender Bedeutung für den Erfolg. Managern mit Konzernvergangenheit fehlt die Erfahrung für die Besonderheiten in der Führung mittelständischer Betriebe mit „ungeschriebenen Gesetzen" der Firmenkultur, fehlender Zuarbeit und unklaren Verantwortungsbereichen.

Erfahrungen einzubringen ist also sinnvoll, mit der Übernahme alles neu zu gestalten, bewährte Strukturen und eine funktionierende Zusammenarbeit durch Optimierungsversuche zu zerschlagen, jedoch der falsche Weg. Bewährtes bewahren und behutsam ändern sollte der Blickwinkel der Übernehmer werden. Dazu ist zunächst erforderlich, den Betrieb gründlich kennen zu lernen – möglichst durch eine enge Zusammenarbeit mit dem bisherigen Inhaber.

Wird eine Nachfolgeform gewählt, bei der die Unternehmerfamilie weiterhin an der Führung oder am Eigentum beteiligt ist, muss das Fremdmanagement umso mehr die bisherigen Regeln akzeptieren[157]. Klare Spielregeln für Art und Zeitpunkt des Familieneinflusses, festgelegte Kommunikationswege und -anlässe sowie Entscheidungskompetenzen für alle Teilbereiche müssen dabei definiert und von allen Seiten akzeptiert sein. Hilfreich ist beispielsweise die Festlegung eines Familiensprechers als Ansprechpartner und Schnittstelle zwischen Familie und Management.

Heiko Moritz hat wie sein Vater einen Ingenieurstudiengang erfolgreich absolviert. Nach dem Scheitern der Zusammenarbeit mit dem Vater hat er eine gut dotierte Stelle mit Führungsverantwortung in einem weltweit tätigen Maschinenbaukonzern übernommen und zeigt kein Interesse, als Nachfolger in den väterlichen Betrieb einzusteigen, solange der Vater noch aktiv ist. Generell findet er eine unternehmerische Tätigkeit aber sehr spannend.

Veronica hat einen weniger karriereorientierten Lebenslauf als ihr Bruder. Sie hat nach dem Abitur zunächst im Ausland gelebt und dort in verschiedenen Firmen gearbeitet. Als sie 1997 nach Deutschland zurückkehrte, begann sie zunächst ein Studium als Industriedesignerin, das sie 2002 erfolgreich abschloss. 2003 trat sie ihre erste Stelle in diesem Beruf

---

[157] vgl. Beise (2007) zitiert hier Peter May, der sogar von „Demut" des Managers im Familienunternehmen spricht.

bei einem mittelständischen Start-Up-Unternehmen der Unterhaltungselektronikbranche an, merkte aber dann, dass ihr die praktische Arbeit als Designerin nicht besonders zusagt. Das Umfeld der Arbeit ist ihr zu „abgehoben" und zu wenig kreativ. Sie wechselte daraufhin ins Marketing. 2005 begann sie nebenher ein Abendstudium der Betriebswirtschaftslehre, da sie überlegte, sich irgendwann selbstständig zu machen. Sie hat früher nie über eine Tätigkeit im Unternehmen des Vaters nachgedacht, kann sich das inzwischen aber vorstellen. Sie glaubt die charakterlichen Eigenschaften eines Unternehmers zu haben und steht dem Leben als Unternehmerin positiv gegenüber. Zwar hat ihr Studium auch gewisse Parallelen zu den Tätigkeiten der Moritz GmbH gehabt (z.B. Werkstoffkunde, Produktionsverfahren), aber im technischen Bereich fehlen ihr Kenntnisse. In der letzten Zeit hat sie einige Ideen für Produktneu- bzw. -weiterentwicklungen ausgearbeitet, die für die Moritz GmbH interessant sind.

Kevin Moritz hat seine Neigung zur Musik zu einem Studium der Musikwissenschaft geführt, wenngleich er sich jetzt schon fragt, was er nach seinem Abschluss damit machen soll. Eine Tätigkeit im elterlichen Unternehmen, das er aus diversen Ferienjobs kennt, kann er sich jedoch auch nicht so richtig vorstellen. Eine Gesellschafterrolle hätte er dennoch gerne.

Herr Groß und Herr Wonschack besitzen beide eine solide technische Ausbildung und kennen das Unternehmen gut. Während Herr Groß seine Ausbildung im Betrieb absolvierte und seitdem sich bis zum Betriebsleiter hochgearbeitet hat, ist Herr Wonschack erst seit einigen Jahren im Unternehmen. Er hat vorher bei einem größeren Mittelständler gearbeitet und dort vertriebliche Funktionen ausgefüllt. Bei der Moritz GmbH ist er kaufmännischer Leiter, wobei seine betriebswirtschaftlichen Kenntnisse alleine aus der Praxis stammen. Sie verstehen sich sowohl untereinander als auch mit der Belegschaft gut und stehen der Idee gegenüber offen, als Nachfolger in Betracht zu kommen. Beide sind bereits jetzt mit jeweils 10 % am Unternehmen beteiligt.

4.1.3   Familie

Durch die Verzahnung von Familie und Unternehmen existiert in vielen Familienbetrieben ein starker Einfluss der Familie – auch bei alltäglichen betrieblichen Entscheidungen. Das Management muss hier mitunter zwei Herren dienen, wenn die Familie als Gegenleistung für das Tragen unternehmerischer Risiken Einfluss auf Führungsentscheidungen nehmen möchte. Die sozialen Systeme in Familie und Unternehmen funktionieren nach unterschiedlichen Gesetzmäßigkeiten – diese Welten zu erkennen und möglichst auseinander zu halten, ist eine der Herausforderungen im Nachfolgeprozess.

Streitigkeiten unter den Angehörigen sind erfahrungsgemäß der häufigste Grund für Probleme bei der familieninternen Nachfolge und lassen Unternehmensübergaben sogar scheitern. Die Konsequenz daraus kann nur sein, nicht nur die direkt Beteiligten, sondern auch die jeweilige Familie von Anfang an in den Planungsprozess der Nachfolge einzubeziehen. Das gilt auch für die Familie des Nachfolgers, für die der Nachfolgeprozess den Wechsel zu neuen Lebensbedingungen bedeutet. Der neue Status als Unternehmer ist in der Regel mit höheren Risiken auch für die Familie und mit einer höheren Arbeits- und Zeitbelastung für den

Nachfolger verbunden. Seine Familie wird den Nachfolgeprozess nur dann unterstützen, wenn sie an Planungs- und Entscheidungsprozessen beteiligt wird. Auch hier gilt die Grundregel des offenen Austauschs über die Ziele und Erwartungen der Beteiligten und der permanente Abgleich mit dem jeweiligen Stand der Umsetzung.

Eine Gefahr für die Unternehmenszukunft kann ohne oder mit mangelhafter Nachfolgeregelung durch eine Erbengemeinschaft entstehen: Wird das Eigentum am Unternehmen qua Erbfolge auf Personen übertragen, die wenig Interesse am Erfolg des Unternehmens haben oder Partikularinteressen in den Vordergrund stellen, kann die Erbauseinandersetzung bis zur Zerschlagung des Unternehmens führen – was keinem dient. In solchen Fällen sollte es im Interesse aller Familienmitglieder liegen, dass das Unternehmen im Ganzen an einen, und zwar den dafür geeignetsten Nachfolger übertragen wird, selbst wenn dies nicht zu einer den Quoten entsprechenden Aufteilung des Erbes führt[158].

Mitunter werden bei der Auswahl der familieninternen Nachfolger Ebenbilder gesucht: Der Nachfolger soll möglichst in gleicher Art und zu gleichen Bedingungen wie der Altinhaber die Firma leiten und dessen Andenken fortführen. Ein solcher Nachfolger wird entweder gegen seinen eigenen Führungsstil arbeiten oder aber das Unternehmen nicht merklich weiter entwickeln.

4.1.4 Mitarbeiter

In mittelständischen Familien-Unternehmen ist der Führungswechsel mit Einschnitten in verschiedensten Unternehmensbereichen verbunden. Änderungen bedeuten für die Belegschaft zunächst Unsicherheit, Angst vor Arbeitsplatzverlust und Umstrukturierungen. Daraus folgt häufig eine ablehnende Haltung gegenüber Veränderungen. Die nachfolgende Generation wird anders führen und so auch die Unternehmenskultur prägen. Erfolgsentscheidend ist, ob der neue Stil zu den gegebenen Rahmenbedingungen passt.

Das lässt sich nur entscheiden, wenn die Mitarbeiter (ab dem Zeitpunkt, an dem die Nachfolgeregelung feststeht) in die Planung einbezogen werden. Für den Nachfolger empfiehlt es sich dann, Einzelgespräche mit den wichtigsten Mitarbeitern zu führen und dabei eine positive Erwartungshaltung für die geplante Übernahme aufzubauen.

Die Akzeptanz der nachfolgenden Generation hängt auch von seiner Herkunft ab:

Nachfolgern aus der Inhaberfamilie wird schnell unterstellt, die Übertragung der Führungsverantwortung habe mehr mit der Familienzugehörigkeit, denn mit der Qualifikation zu tun. Langjährige leitende Mitarbeiter bauen Vorurteile und Neid auf, weil sie sich für besser geeignet halten. Zudem fällt es ihnen schwer, den Sohn/die Tochter der Inhaberfamilie, die sie bereits aus Kinderzeiten kennen, nun als Vorgesetzte zu akzeptieren. Auch wenn ehemalige Mitarbeiter die Nachfolge antreten, können diese Schwierigkeiten entstehen. Zu lösen sind sie über eine sorgfältige Auswahl der nachfolgenden Generationen, einer umfangreichen

---

[158] vgl. von Plüskow (2001)

Kommunikation sowie einer Toleranz der übernehmenden Generation gegenüber Erfolgs-modellen aus der Vergangenheit.

Externe Nachfolger müssen häufiger mit dem Vorwurf umgehen, die internen Gegebenheiten nur unzureichend zu kennen, organisch gewachsene Strukturen daher nicht zu verstehen. Andere wiederum erwarten ungeduldig den frischen Wind, weil sie sich ein Aufbrechen verkrusteter Strukturen versprechen. Nötige Umstrukturierungen sollten auch hier eher in einer gemäßigten Form und Geschwindigkeit angegangen werden. Wichtig ist, den Mitarbei-tern nicht mehr zu versprechen, als voraussichtlich gehalten werden kann und den Wandel der Unternehmensführung in langsamen Schritten und unter ständiger Einbeziehung der Mitarbeiter zu realisieren. Eine regelmäßige Information der Belegschaft über den Stand der Entwicklungen und die geplanten weiteren Schritte kann Misstrauen reduzieren und die Un-geduldigen beschwichtigen.

Auch nach der Übergabe ist es von zentraler Bedeutung, dass möglichst viele Aufgaben des Tagesgeschäftes delegiert werden. Die nachfolgende Generation neigt – ebenso wie oftmals die Vorangegangene dazu – Aufgaben an sich zu reißen. Das zeigt wenig Vertrauen in die Mitarbeiter und verhindert die Konzentration auf die wichtigen Führungsaufgaben. Lob und Anerkennung für geleistete Arbeiten, aber auch Kritik und wohlwollende Begleitung, kurz: die Fokussierung auf Ergebnisse und die Vermeidung übertriebener Kontrolle sind auch in Familienunternehmen die Erfolgsfaktoren. Mitarbeiter, die ihren Zuständigkeitsbereich nach eigenem Ermessen organisieren und gestalten können, sind in der Regel motivierter und zufriedener.

In der ersten Phase nach der Übergabe ist für die nachfolgende Generation ein neutraler Gesprächspartner hilfreich, mit dem in beratenden Gesprächen die Entwicklung des Unter-nehmens reflektiert werden kann. Dafür können die Altinhaber oder langjährige Mitarbeiter in Frage kommen, ein Beirat/Aufsichtsrat oder auch ein externer Berater. Wesentlich ist eine hohe Vertrauensbasis zwischen den beteiligten Personen.

4.1.5   Finanzpartner

Die finanzierenden Banken haben im Nachfolgeprozess eine Sonderrolle: Sie werden Nach-folgen nur dann finanzieren, wenn sie Vertrauen in die Personen und das Nachfolgekonzept gewinnen. Deshalb sind Finanzmittelgeber sehr früh in den Planungsprozess einzubinden.

Das originäre Interesse eines Finanzmittelgebers – und hier sind in erster Linie in der Praxis die Hausbanken involviert – ist zum einen der Fortbestand des Unternehmens und damit die Weiterführung der Geschäftsbeziehungen. Zum anderen ist mit der bewussten Einbindung in den Nachfolgeprozess auch eine Risikominimierung im Hinblick auf einen möglichen Forde-rungsausfall verbunden. Die wirtschaftliche Brisanz des Themas für den Finanzsektor spie-gelt sich in den Ratingverfahren und Bonitätsbeurteilungen wider: Ungeregelte Nachfolge-planungen stellen ein direktes Geschäftsrisiko für Kreditgeber dar.

Schließlich können Banken bei der Nachfolge in doppelter Weise Erträge realisieren: Die nachfolgende Generation muss u.U. einen Kaufpreis finanzieren und dafür Fremdkapital aufnehmen. Der Altinhaber wird die erzielte Summe anlegen wollen und sucht hierfür versierte Partner.

Im Mittelstand engagierte Kreditinstitute sind zudem wichtige Multiplikatoren für das Thema. Die Firmenkundenberater sind häufig die ersten Signalgeber, um einen Nachfolgeprozess anzuschieben. Mit vielfältigen Informations- und Unterstützungsangeboten können Kreditinstitute eine wichtige Begleitfunktion in ihrer Region übernehmen. Dabei geht es auch um die Sicherung der regionalen Wirtschaftsstruktur, die sich durch Stilllegungen und Zusammenschlüsse von ehemals eigenständigen Unternehmen massiv verändern kann.

Die von Banken in diesem Zusammenhang angebotenen Dienstleistungen umfassen über die allgemeine Erstberatung der Beteiligten insbesondere die Unterstützung im Finanzierungsprozess: dazu gehört auch die Beantragung von Fördermitteln bei staatlichen Förderinstitutionen. Eine besondere Schwierigkeit ist, dass mit der Übertragung des Betriebsvermögens in der Regel vorhandene Sicherheiten des Altinhabers für die betrieblichen Verbindlichkeiten wegfallen. Da in vielen Fällen Eigenkapital in erforderlichem Umfang nicht vorhanden ist, müssen alternative Absicherungen gefunden werden. Eine Bürgschaftsübernahme durch öffentliche Förderinstitute kann hier die Lösung sein, die auch über den Finanzierungspartner beantragt wird.

Vor diesem Hintergrund ist ein von Beginn an transparenter und offener Dialog zwischen den Übertragungspartnern und den Finanzmittelgebern unabdingbar. Dabei stehen nicht nur finanzielle Themen, sondern auch betriebliche und strategische Fragen auf der Tagesordnung. Auch auf persönliche Fragen zur fachlichen und persönlichen Qualifikation als Unternehmer muss sich die nachfolgenden Generation vorbereiten. Ein profundes Übernahmekonzept als Visitenkarte hilft, die Bank von dem Vorhaben zu überzeugen.

Die Moritz GmbH ist zu rund einem Drittel eigenfinanziert, die Besitzgesellschaft hat im vorigen Jahr umfangreiche Kredite für den Neubau der Firmenimmobilien aufgenommen. Diese Entwicklung ist in der Bilanz des Unternehmens (vgl. Abb. 21) konsolidiert dargestellt. Dabei hat sich die Kreissparkasse von Brückstadt als langjähriger Partner der Firma und der Familie stark engagiert, entschieden vom damaligen Vorstand Dr. Rolf Becherling, der Horst Moritz seit Jahrzehnten kennt und nicht den geringsten Zweifel an der Kreditwürdigkeit hatte.

Seit zwei Jahren ist Dr. Becherling allerdings im Ruhestand. Der Firmenkundenbetreuer Peter Zwick, der heute für die Moritz GmbH zuständig ist, sieht die Situation als nicht unkritisch an. Die Firma selbst läuft zwar durchaus profitabel, die langfristige Perspektive scheint jedoch durch die unklare Nachfolgesituation und die deutlich sinkenden Umsätze gefährdet, was zu entsprechenden Abschlägen beim bankeninternen Rating des Kreditengagements führt. Er hat Herrn Moritz bereits per Mail angekündigt, dass er beim nächsten Jahresgespräch hierzu ein konkretes Konzept erwartet. Diesem gefällt eine Einmischung durch die Bank zwar überhaupt nicht, aber er weiß, dass er darauf reagieren muss.

4.1.6   Kunden

Gerade in Familienunternehmen werden Kundenkontakte oft auf einer sehr persönlichen und informellen Basis gepflegt. Da die bestehenden Marktverbindungen ein zentrales Erfolgkriterium für die Unternehmenszukunft darstellen, ist eine saubere Übertragung unabdingbar. Alte und neue Vertriebsverantwortliche sollten daher das persönliche Gespräch mit den wichtigsten Kunden suchen und auch hier für Vertrauen für die weitere Zusammenarbeit werben.

Bei diesen Gesprächen ist es besonders wichtig, keinen Zweifel an dem gemeinsamen Willen und Entschluss zur Übergabe aufkommen zu lassen. D h. die nachfolgende Generation muss beim Kunden als zukünftiges Management vorgestellt werden und dabei die nötige Rückendeckung der Altinhaber erhalten.

Allerdings ist auch eine klare Rollenverteilung wichtig. Wenn der Altinhaber das Gespräch wesentlich dominiert, können die Gesprächspartner die Potenziale der nachfolgenden Generation nicht erkennen. Wenn bei Rückfragen der Kunden die Kompetenzen und Ressorts nicht klar aufgeteilt sind, ist nicht erkennbar, wer der richtige Ansprechpartner ist, was Zweifel und Unsicherheit bei Kunden hervorruft. Wenn beide Generationen im Unternehmen für die Kunden Ansprechpartner sind, können diese Unklarheiten in der Kommunikation zwischen den Nachfolge-Partnern zum eigenen Vorteil nutzen.

4.1.7   Lieferanten

Schließlich sind Transparenz und frühzeitige Kommunikation nicht nur bei Kunden, sondern auch bei den Lieferanten ein wesentlicher Faktor dafür, die durch jahrelange Zusammenarbeit aufgebauten Lieferkonditionen zu erhalten. Allerdings soll die Übertragung auch die bisherigen Lieferantenbeziehungen auf den Prüfstand stellen. Neben einer plausiblen Struktur, geringen Abhängigkeiten und tragfähigen Beziehungen sind auch die in den letzten Jahren vereinbarten Konditionen zu überprüfen. Nicht selten lassen sich durch ein modernes Beschaffungsmanagement und einen systematischen Einkauf Einsparpotenziale realisieren.

Bisweilen können Lieferanten aber auch eine weitaus entscheidendere Rolle bei der Unternehmensübertragung spielen: Gelten zwischen Unternehmen und Lieferanten Vertragsbeziehungen, wie wir sie etwa im Automobilhandel oder auch bei Franchisenehmern vorfinden, hat das Lieferanten- oder Händlernetzwerk nicht nur ein Mitspracherecht bei der Auswahl des zukünftigen Managements, sondern wird ggf. sogar eigene Prüfverfahren vornehmen.

4.1.8   Externe Berater

Eine externe Begleitung des Nachfolgeprozesses ist in mehreren Bereichen unabdingbar. Die Komplexität der Aufgabenstellung und die unterschiedlichen Themenbereiche erfordern einen strukturierten und ganzheitlichen Ansatz, der aus eigener Initiative neben dem Tagesgeschäft in der Regel nicht zu bewältigen ist.

Für die strategische und betriebswirtschaftliche Seite ist ein in Changemanagement erfahrener Unternehmensberater hilfreich. Bei persönlichen oder familiären Konflikten hilft ein Experte mit Mediationserfahrung. Rechtliche Themen sollten durch einen Juristen abgedeckt werden; in vielen Fällen ist ein versierter Rechtsanwalt oder Notar unabdingbar. Schließlich benötigt eine erfolgreiche Nachfolge für die steuerlichen Berechnungen einen erfahrenen Steuerberater oder Wirtschaftsprüfer.

Viele Nachfolgeprozesse werden jedoch lediglich von Beratern mit Partialexpertise ohne Gesamtblick unterstützt[159]. Vor allem in größeren Unternehmen wird es jedoch nicht ohne ein Beraterteam gehen, das die notwendigen Erfahrungen aus mehreren Bereichen einbringen kann.

Als Heiko nach seiner Ausbildung ins Unternehmen kam, besprach Horst Moritz die anstehende Nachfolge mit seinem langjährigen Steuerberater und Vertrauten, Dr. Arnd Rupolicz, der eine kleine Kanzlei in Brückstadt unterhält. Dr. Rupolicz erarbeitete damals bereits Entwürfe für einen neuen Gesellschaftsvertrag sowie für ein Unternehmertestament, allerdings ohne sich mit Heiko abzustimmen. Als dieser dann nach einem Streit das Unternehmen verließ, lagen die Entwürfe noch unbesprochen in der Schublade.
In den letzten Jahren hat sich Horst Moritz auf einigen Seminaren und Tagungsveranstaltungen eingehend über die Fragen und Probleme der Nachfolge informiert und ist dabei auch auf spezialisierte Berater für diesen Bereich gestoßen. Heute tendiert er zu einer ganzheitlichen Betrachtung der Situation. Paragraphen, Verträge und steuerliche Aspekte sind ein vergleichsweise kleiner Teil davon.

---

[159] vgl. Nagl (2005), S. 20. Bei den dort untersuchten Unternehmensnachfolgen wurden nur 23% der Fälle von Unternehmensberatern begleitet.

Schon längst hätte ich die Firma meinem Sohn übergeben... allein der ganze Ärger mit den Lieferanten oder der tägliche Frust mit unfähigem Personal, von der widerwärtigen Konkurrenz ganz zu schweigen... — aber mir fehlt ein Hobby!!!

4.2 Prozess der Nachfolge

„Bei der Nachfolge werden Paragraphen lebendig, und die BWL wird emotional."
(Felden)

4.2.1 Prozessmodell

Obwohl jede Nachfolge auf Basis einer individuellen Ausgangslage auch einen auf diese zugeschnittene Lösungen verlangt, hat sich in der Praxis ein Modell mit aufeinander aufbauenden Prozessschritten etabliert.

Am Anfang steht dabei nach der grundlegenden Information über das Thema bei den Beteiligten der Abgleich der vorhandenen und erforderlichen Fach- und Managementkompetenzen sowie die systematische Analyse der Ausgangslage. Darauf baut die Erstellung eines Nachfolgekonzeptes für die Eigentums- und Managementübertragung auf, die mit allen Beteiligten abgestimmt und diskutiert werden muss.

Schließlich wird ein Nachfolge-Fahrplan erstellt, in dem die einzelnen Maßnahmen in einen Zeitplan gestellt und mit verbindlichen Terminen und Verantwortlichkeiten versehen werden.

Der Nachfolgeprozess wird auf Basis dieser Struktur in vier Phasen eingeteilt:

- Sensibilisierung und generelle Information
- Bestandsaufnahme und Nachfolgestrategie
- Modellkonzeption und Nachfolgefahrplan
- Übertragung und Umsetzung

4.2.2 Sensibilisierung und generelle Information

Zunächst ist zu klären, welche Anspruchsgruppen bei der Unternehmensübertragung zu identifizieren sind und sie für das Thema zu sensibilisieren. Je mehr Konsens bei den Beteiligten über die Handlungserfordernisse des Themas hergestellt werden kann, desto besser wird sich die folgende Zusammenarbeit gestalten. Die Beteiligten sollten eine klare Vorstellung davon bekommen, was sie erwartet und was von ihnen erwartet wird.

Den Anstoß hierfür sollte die abgebende Generation geben; allerdings zeigt die Praxis, dass der Handlungsdruck mitunter eher aus der nachfolgenden Generation oder von wichtigen Geschäftspartnern wie z.B. Banken kommt.

Im nächsten Schritt müssen sich die Beteiligten über ihre mit der Nachfolge verbundenen Ziele klar werden. Dieser Prozess der Zielfindung ist ein wichtiger erster Schritt und darf nicht vernachlässigt werden: Wer nicht weiß wo er hin will, kommt vielleicht gerade da an, wo er nicht hinwollte!

Die Ziele werden aus Sicht des Übergebers, des Nachfolgers und des Unternehmens unterschiedlich sein. Existieren mehrere Nachfolger oder Übergeber als Managementteam, sollten die Ziele der einzelnen Mitglieder abgestimmt und zu Gruppenzielen zusammengefasst werden.

Für die Formulierung der Ziele ist eine klare und eindeutige Formulierung wichtig. Auch konfliktträchtige Ziele müssen herausgearbeitet werden und zwischen den beteiligten Parteien klar kommuniziert werden. Die so erfassten Ziele bilden die Basis für die Nachfolgestrategie, aus der dann das Nachfolgekonzept und der Nachfolgefahrplan abgeleitet werden können.

4.2.3   Bestandsaufnahme und Nachfolgestrategie

Zur Beurteilung der Ausgangssituation im Sinne einer Bestandsaufnahme sind die drei wesentlichen Anspruchsgruppen: abgebende und nachfolgende Generation und Unternehmen in allen relevanten Bereichen zu analysieren. Zielsetzung und zentrale Fragestellung dieser Analyse ist die Übergabefähigkeit des Unternehmens von der abgebenden an die nachfolgende Generation.

Due Diligence

Ein in der Regel aus Sicht der nachfolgenden Generation angewandtes Verfahren einer solchen Unternehmensanalyse wird als Due Diligence bezeichnet. Eine Due Diligence ist eine intensive, ganzheitliche Unternehmensanalyse, die häufig von externen Beratern (Unternehmensberater, Wirtschaftsprüfer, Steuersachverständiger, Rechtsanwalt, technischer und Immobiliengutachter) unterstützt wird. Die Due Diligence ist ein wertvolles Werkzeug, um die im Unternehmen verborgenen Risiken und Schwächen, aber auch die Potenziale und Stärken aufzudecken und damit Handlungs- und Entscheidungsgrundlagen zu liefern. Da sie die Grundlage einer Unternehmenswertermittlung darstellt, ist es auch für die abgebende Generation hilfreich, nach diesem Vorgehensmodell eine Wertvorstellung zu entwickeln. Daraus kann dann ein Unternehmensprofil entwickelt werden, das potenziellen Interessenten einen ersten Einblick in die Unternehmenssituation gibt und die Verkaufsvorteile vermitteln kann.

Die Due Diligence untersucht insbesondere die zukünftigen wirtschaftlichen Erfolgspotenziale des Unternehmens und geht dabei auch auf eventuelle Risiken aus rechtlicher, steuerlicher und technischer Sicht ein. Sie stellt umfassend die Finanzierungsstruktur des Unternehmens und dessen Vermögenswerte dar. Schließlich untersucht sie alle längerfristigen (Arbeits-, Leasing- und Miet-)Verträge und analysiert die Kundenstruktur, Wettbewerbsbedingungen und Produktabsatzzahlen.

Auch bei unentgeltlichen Unternehmensübergaben innerhalb der Familie sollte eine Due Diligence zur Beurteilung der Gesamtsituation und Identifizierung nötiger Maßnahmen durchgeführt werden. Due Diligence umfasst in Familienunternehmen auch die damit verbundenen, besonderen Fragestellungen der familiären Verhältnisse: Besteht die Gefahr, dass eine Betriebsaufspaltung aufgelöst wird? Kann sich der Altinhaber aus dem Alltags-Geschäft zurückzuziehen? Passt die Qualifikation des Familiennachfolgers zum Unternehmen? Wir er oder sie bei den Mitarbeitern akzeptiert? Ist die Altersversorgung der abgebenden Generation ohne den Unternehmensverkauf gesichert?

Die Nachfolgepartner

Mehrere Dimensionen prägen eine erfolgversprechende Nachfolgestrategie. An allererster Stelle ist die personelle Dimension der Strategie zu klären: Das Unternehmen benötigt den „richtigen" Nachfolger – ein potenzieller Nachfolger das „richtige" Unternehmen. Die Suche nach den Nachfolgepartnern ist vor allem abhängig von der Größe des Unternehmens. Für kleinere Unternehmen kann z.B. durch Einstellen des Unternehmensprofils oder des Nachfolgerprofils in Börsen, breit gesucht werden, bei größeren empfiehlt sich die Einschaltung eines speziellen M&A-Beraters oder die gezielte Ansprache von besonders interessanten einzelnen Kandidaten bzw. Unternehmen, die auch aus den Reihen der Konkurrenz oder der Kunden kommen können.

Weiter gehört neben der Qualifikation der nachfolgenden Generation (siehe weiter oben) auch die Überzeugung der Nachfolger, mit diesem Unternehmen in eine erfolgreiche Zukunft zu blicken. Wenn konkrete Verhandlungen mit einem geeigneten Interessenten aufgenommen werden, werden die wesentlichen Elemente aus der Due Diligence zu einem aussagefähigen Unternehmensprofil zusammengestellt werden, das qualitative Angaben zur Firmenhistorie, zu Firmensitz, Betriebsflächen, Marktstellung, Kundenstruktur und Mitarbeiterstruktur sowie quantitative Daten in Form von Gewinn- und Verlustrechnung, Bilanzen, Ertragspotenzialanalysen und Investitionsbedarf enthält. Diese Informationen benötigt jeder potenzielle Nachfolger für seine Übernahmeentscheidung und jedes Kreditinstitut für seine Finanzierungszusage.

Die Zusammenarbeit

Nicht nur die richtigen Personen müssen vorhanden sein, auch müssen sie persönlich zueinander passen. Viele Nachfolgeregelungen scheitern, weil die beabsichtigte Zusammenarbeit zum Wohle des Unternehmens aufgrund persönlicher Disharmonien misslingt. Daraus zu schließen, eine abrupte Übergabe sei der richtige Schritt, ist kontraproduktiv: Viele, gerade kleinere Unternehmen sind auf ihre Inhaber zugeschnitten, ein gleitender Übergang daher Voraussetzung für die erfolgreiche Weiterführung. Zu wertvoll sind die Erfahrungen und Kompetenzen der abgebenden Generation hinsichtlich Branche und Markt, aber auch in Bezug auf das Unternehmen selbst und dessen individuelle Eigenarten.

Eine strategisch durchdachte Unternehmensübernahme sieht deshalb (wenn möglich) eine Phase des intensiven Austauschs zwischen alter und neuer Unternehmensführung vor. Dies kann durch eine Zeit der gemeinsamen Arbeit geschehen (in einer Größenordnung von ca. ein bis drei Jahren) oder durch die Einbindung des alten Managements in einen Beirat bzw. mittels Beratervertrag.

Die Gestaltung dieser Zusammenarbeit bleibt vor allem dem neuen Management vorbehalten: Es muss entscheiden, wie sehr es die abgebende Generation am operativen Geschäft beteiligen möchte. Unter Umständen kann sich der Kontakt zum Senior-Chef auch auf externe Gespräche beschränken – einfach weil die Erfahrung gezeigt hat, dass er sonst zu sehr in die operative Geschäftsführung eingreift.

Wenn die Übertragungspartner bereit sind zu einer gemeinsamen Übergangszeit im Unternehmen, sichern sie dem Betrieb in der Regel positive Synergie-Effekte. Die Erfahrung des „Alters" kann durch den Enthusiasmus und die neuen Ideen der „Jungen" beflügelt werden – und umgekehrt. Darüber hinaus bleibt die Kontinuität in der Unternehmensführung erhalten, was vor allem Finanzierungspartner und (potenzielle) Investoren positiv stimmen dürfte.

Die Gestaltungsvarianten

Zur Strukturierung der Nachfolgevarianten sind in der Literatur verschiedene Modelle entwickelt worden. Eine Einordnung des jeweils vorliegenden Nachfolgefalls in diese Modelle kann bei der Beurteilung und Erstellung des Nachfolgefahrplans behilflich sein, indem die jeweiligen Gestaltungsoptionen vorgegeben und die wesentlichen aus der jeweiligen Option resultierenden Konsequenzen sowie ggf. auch Präferenzkriterien aufgezeigt werden. So können im konkreten Fall die Beurteilungskriterien vor dem Hintergrund der Zielstellungen der Beteiligten gegeneinander abgewogen werden.

Selektionskriterien

Zunächst ist zu unterscheiden zwischen interner und externer Übertragung. Diese Unterscheidung kann sich sowohl auf die Familie als auch auf den Betrieb beziehen[160]. Einige Ansätze priorisieren die familieninterne Variante. Ist eine familieninterne Nachfolge nicht angezeigt, sollte als nächstes eine unternehmensinterne Nachfolge favorisiert werden. Erst danach werden familien- und unternehmensexterne Verfahren geprüft. Dieser Ansatz kann allerdings mit der Anforderung konfligieren, die jeweils besten Kandidaten unabhängig von ihrer Herkunft für die Nachfolge zu gewinnen.

Eine Einordnung nach entgeltlichen oder unentgeltlichen Unternehmensübergaben hat neben den finanziellen Auswirkungen vor allem Konsequenzen auf die erb- und steuerrechtliche Gestaltung. Bei einer Übertragung durch Vererbung oder Schenkung stehen den Übertragungspartnern verschiedene Steuervorteile in Form von Freibeträgen und vergünstigten Steuersätzen zur Verfügung. Allerdings muss die abgebende Generation prüfen, ob mit einer unentgeltlichen Abgabe des Unternehmens ihre monetären Ziele (z.B. mit Blick auf die Altersversorgung) erreicht werden.

Ein weiteres Unterscheidungskriterium ist die Planbarkeit der Nachfolgefälle. Ungeplante Nachfolgen treten ein, wenn die Übergabe ohne strukturiertes Übergabekonzept erfolgt, der Altinhaber also keinerlei Vorbereitungen getroffen hat. Dies ist in vielen Fällen mit Krankheit oder Tod des Altinhabers verbunden. Bei ungeplanten Nachfolgen können die Beteiligten nur noch Schadensbegrenzung vornehmen. Streitigkeiten und familiäre Zerrüttungen bis zum Untergang des Unternehmens sind eher der Normalfall denn die Ausnahme in solchen Fällen.

---

[160] vgl. Menke (1998), S. 44

Die finanzielle Dimension

Das leitet zur finanziellen Dimension über, die nicht außer acht gelassen werden darf: Für den abgebenden Unternehmer bedeutet dies z.B. die Sicherung des Familienvermögens über einen Verkauf oder die Wertsteigerung über den „richtigen" Nachfolger. Für die nachfolgende Generation sind damit Überlegungen zum zukünftigen Cashflow des Unternehmens verbunden, der die Kapitaldienstfähigkeit des Unternehmens oder aber die komsumtionalen Entnahmemöglichkeiten repräsentiert.

Schließlich sind zeitliche Aspekte zu beachten. Sowohl beschleunigende Faktoren (wie z.B. die Krankheit der abgebenden Generation) als auch hemmende Faktoren (wie die erforderliche Ausbildung der nachfolgenden Generation) bestimmen die Entscheidungsparameter dieser Dimension. Strategisch wichtig für alle Beteiligten ist die klare Bestimmung des endgültigen Übergabezeitpunktes; daraus lassen sich im Fahrplan die relevanten Meilensteine des Übergabekonzeptes herleiten.

Horst Moritz trifft sich mit einem Berater, der sich auf die konzeptionelle Beratung der Nachfolge spezialisiert hat. Gemeinsam mit diesem stellt er eine Liste der möglichen Optionen für seine Nachfolge mit den jeweiligen Vor- und Nachteilen auf:

Alleinige Nachfolge durch seinen Sohn Heiko
Hier wäre zu prüfen, ob sich Vater und Sohn zwischenzeitlich anders begegnen können als beim ersten Versuch – einige Jahre mehr Erfahrung auf beiden Seiten können durchaus einen Unterschied machen. Falls nicht, dann kommt nur eine „Wachablösung" in Frage: Heiko steigt – dann hoffentlich optimal qualifiziert – erst zum Zeitpunkt des Ausscheidens von Horst ein. Es liegt auf der Hand, dass dann jedoch wertvolles Wissen verloren geht. Dennoch ist diese Lösung einer anhaltenden, schwelenden Auseinandersetzung vorzuziehen.

Alleinige Nachfolge durch seine Tochter Veronica
Der Berater sieht diese Lösung als vollgültige Alternative, was Herr Moritz noch nicht so ganz nachvollziehen kann. Er beschäftigt sich jedoch eingehend mit dieser Variante und muss zugeben, dass Veronica viele Qualitäten und Kompetenzen nachgewiesen hat, die auch für die Moritz GmbH sehr wertvoll wären.

Gemeinsame Nachfolge durch Heiko und Veronica
Diese Variante findet Herr Moritz hochinteressant, er meint, dass sich die Qualifikationen seiner Kinder sehr gut ergänzen. Auch erbrechtlich wäre dies eine gute Lösung, da Kevin mit nicht betriebsnotwendigem Privatvermögen abgefunden werden kann, nicht jedoch zwei Kinder.
Allerdings hatten Heiko und Veronica bereits als Kinder nicht unbedingt ein sehr enges Verhältnis, ob die beiden gut zusammen arbeiten können, steht noch völlig offen.

Nachfolge durch die Mitarbeiter und Partner Groß und Wonschack
Herr Moritz ist sich nach wie vor nicht sicher, ob seine beiden Mit-Geschäftsführer tatsächlich die volle Verantwortung für das Unternehmen tragen könnten, und ob sie die Möglichkeit hätten, den Preis für einen Erwerb der Anteile aufzubringen.

Gemeinsame Nachfolge von Heiko und/oder Veronica mit Herrn Groß und/oder Herrn Wonschack

Diese Lösung würde dem Unternehmen ein Maximum an Kompetenzen und Erfahrungen bereit stellen, allerdings auch ein Maximum an Abstimmungsbedarf und Kooperationsfähigkeit. Insbesondere zwischen Heiko und Herrn Groß ist das Verhältnis stark belastet, Horst Moritz hält es für durchaus denkbar, dass Groß im Falle eines Eintritts von Heiko das Unternehmen – trotz seines fortgeschrittenen Alters – verlassen würde.

Hilfe!... ist hier irgendwo ein _Notar_ anwesend?

4.2.4   Modellkonzeption und Nachfolge-Fahrplan

Beim Erstellen eines Nachfolgemodells ist es hilfreich, die Übertragung von Vermögen und Unternehmensführung getrennt voneinander zu betrachten. Bei der Vermögensübertragung geht es z.B. um die optimale Ausnutzung erb- und steuerrechtlicher Optimierungspotenziale, bei der Übertragung der Führungsverantwortung soll ein möglichst reibungsloser und zeitlich optimal gewählter Übergang auf das neue Management erfolgen.

Eigentum

Die Übertragung des Eigentums leitet sich aus der zugrunde liegenden Nachfolgestrategie ab. Deren Bausteine mit Blick z.B. auf die Altersvorsorge, die weitere Einflussnahme auf unternehmerische Entscheidungen und die Finanzierung der Übernahme durch den Nachfolger entscheiden darüber, wann welche Vermögensteile auf die nachfolgende Generation übergehen. Selbstverständlich sind hierbei auch steuerrechtliche Parameter zu berücksichtigen.

Führungsverantwortung

Die Übertragung der Führungsverantwortung kann sofort oder sukzessive erfolgen. In Wissenschaft und Praxis wird eine Übergangsphase empfohlen, in der Übergeber und Übernehmer gemeinsam im Unternehmen arbeiten. Voraussetzung dafür ist, dass die Größe und Struktur des Unternehmens eine solche Ausweitung der Führungsebene erlauben.

Entscheidender Faktor ist dabei, dass die Position des Nachfolgers in einer solchen Phase eigenständig und abgrenzbar ist. Desto besser gelingt in dieser sensiblen Phase die Zusammenarbeit der Übertragungspartner und desto höher ist der Lerneffekt für den Nachfolger. Hilfreich in vielen Fällen ist ein für die nachfolgende Generation konzipiertes Traineeprogramm, das sie nach dem Prinzip der Job-Rotation durch alle Funktionsbereiche des Unternehmens führt und so das Verständnis für die Gesamtzusammenhänge im Unternehmen festigen kann. Wenngleich viele – insbesondere familieninterne Nachfolger das Unternehmen scheinbar detailliert kennen: Zusehen und Selbermachen sind zwei Paar Schuhe. Die Übernahme eigenständiger Verantwortungsbereiche ist wesentliches Element einer gelungenen Nachfolgeregelung.

An der sachlichen Frage der Verantwortung sollte sich auch – unabhängig von familiären Aspekten – die Frage der Vergütung orientieren: Einstiegsposition und Gehalt sollten sich an objektiven Vergleichsmerkmalen bemessen und der bisherigen Qualifikation in etwa entsprechen.

Notfallregelungen

Schließlich ist im Rahmen der Modellkonzeption auch zu berücksichtigen, welche Regelungen im Notfall, also für den Fall des plötzlichen Ausfalls eines der Beteiligten durch Krankheit oder Tod greifen. Solche unerwarteten Schicksalsschläge der Entscheidungsträger in mittelständischen Betrieben können schnell zu Engpässen in strategischen Aufgaben bis hin zu Liquiditätsengpässen führen. Fällt Betriebsvermögen im Zuge einer ungeplanten Nachfolge im Todesfall an eine Erbengemeinschaft, ist diese auch gemeinschaftlich für das Vermögen verantwortlich, was unter Umständen ebenso schwierig ist wie die Auseinandersetzung der Erbgemeinschaft mit den daraus resultierenden finanziellen Anforderungen.

Insofern besteht die Notwendigkeit zum Erstellen einer Notfallplanung unabhängig vom Alter des Unternehmers oder vom gegenwärtigen Stand seiner Nachfolgeplanung. Diese Regelungen sollten sowohl für die abgebende Generation als auch für die nachfolgende aufgestellt werden, denn Krankheiten und Unfälle können unabhängig vom Alter auftreten. Untersuchungen zeigen, dass mehr als ein Viertel aller Übertragungen ungeplant und ohne strukturiertes Konzept ablaufen[161].

Die Notfallregelungen betreffen sowohl den privaten als auch den betrieblichen Bereich: Im privaten Bereich ist die Verfügbarkeit wichtiger Dokumente wie z.B. Testament, der Ehevertrag, Versicherungspolicen, Konten, Wertpapiere, Immobilienbesitz, Bürgschaften, etc. von zentraler Bedeutung. Für den betrieblichen Bereich wird ein Notfallhandbuch angelegt und Vertreter oder Bevollmächtigte ernannt, die im Notfall berechtigt sind, die nötigen Schritte einzuleiten. Im Notfallhandbuch müssen diese Vertretungsregelungen und Zuständigkeiten dokumentiert sein. Auch werden Aufbewahrungsort und Zugang zu wichtigen Unterlagen wie etwa Gesellschaftsvertrag, Vollmachten bei Banken und Lieferanten, Kontakte der jeweiligen Gesprächspartner, etc. notiert. Ebenso werden wichtige Betriebsgeheimnisse, wie z.B. Rezepturen oder Herstellungsverfahren, die einen zentralen Wettbewerbsfaktor des Unternehmens ausmachen, hinterlegt.

In vielen mittelständischen Betrieben bestehen „ungeschriebene Gesetze", also informelle, aber geschäftswirksame Abmachungen über z.B. Liefer- oder Einkaufskonditionen, die nur auf mündlicher Basis bestehen und direkt an die Person des Geschäftsführers gebunden sind. Solche Regelungen werden ebenfalls im Notfallplan hinterlegt, damit es nicht zu Ungereimtheiten bei wichtigen Kunden oder Lieferanten kommt. Ebenfalls wichtig: Der Notfallplan muss in festgelegten Abständen überprüft und aktualisiert werden. Und schließlich: Er sollte an einem sicheren Ort hinterlegt werden, an dem er im Notfall auch gefunden wird.

Für Herrn Moritz ist die Frage eines „Notfall-Fahrplans" seit der Berufung seiner zwei Mit-Geschäftsführer erledigt. Auf Nachfragen des Beraters muss er jedoch zugeben, dass es auch heute noch Konten gibt, zu denen nur er selbst Zugang hat, und wichtige Unterlagen, von denen weder Groß noch Wonschack wissen, dass sie existieren und wo sie aufbewahrt werden.

Nachfolge-Fahrplan

Das zwischen den Nachfolgepartnern vereinbarte Modell ist im nächsten Schritt personell und zeitlich zu spezifizieren. Im Nachfolgefahrplan werden alle Maßnahmen zur Umsetzung des Modells mit zeitlichen Vorgaben und Verantwortlichen hinterlegt. Damit entsteht ein Umsetzungsmodell, dass dem Prozess die nötige Verbindlichkeit verleiht.

---

[161] IfM (2004), S. 85

Dieser Nachfolge-Fahrplan sollte in Form eines sog. Letter of Intent (LoI) von den Beteilig-ten unterschrieben werden. Dies verpflichtet beide Parteien auf die gewissenhafte Einhaltung geplanter Teilschritte. Darüber hinaus können Gründe formuliert werden, die eine Partei zum Abbruch der Verhandlungen berechtigen. Der Übergeber kann sich verpflichten, die Suche nach weiteren geeigneten Nachfolgern einzuschränken, sowie sich der Übernehmer ver-pflichtet, keine weiteren Übernahmeverhandlungen mit anderen Unternehmen zu führen. Eine solche Klausel wird in der Regel zeitlich begrenzt. Durch den LoI entstehen üblicher-weise zwar keine direkten vetragsrechtlichen Ansprüche, die daraus resultierenden Sorg-faltspflichten können unter Umständen aber Schadenersatzansprüche begründen.

Nach gründlicher Abwägung aller Faktoren entscheidet sich Herr Moritz für folgende Vor-gehensweise:
Er will seine Tochter Veronica zu einem Gespräch einladen und sie offiziell fragen, ob sie an einer Nachfolge interessiert ist. Falls ja, soll sie eine Testphase im Unternehmen absol-vieren, in der sie ein konkretes Projekt verantwortlich übernehmen und leiten soll. So kann sie einerseits Branchenerfahrung und Kenntnisse über Firma, Mitarbeiter und Prozesse erwerben und andererseits sich selbst, dem Vater und der Belegschaft beweisen, dass sie als künftige Unternehmerin qualifiziert ist. Dies könnte dann in eine etwa drei- bis vierjäh-rige gemeinsame Geschäftsführung von Horst und Veronica (sowie natürlich Herrn Groß und Herrn Wonschack) münden, bis sich Horst mit spätestens 70 endgültig aus der opera-tiven Führung des Betriebes zurückziehen möchte. Herr Groß würde dann gegebenenfalls auch ausscheiden.
Zu diesem Zeitpunkt könnte dann auch Heiko dazu stoßen. Dies sollen seine Kinder dann aber unter sich ausmachen, Horst möchte den in den letzten Jahren mühsam wieder gefun-denen Frieden mit seinem ältesten Sohn nicht mehr gefährden. Auch die weitere Rolle von Herrn Groß und Herrn Wonschack müsste sich dann nach den Vorstellungen von Veronica und ggf. Heiko richten.
Die Frage der Vermögensnachfolge will Horst Moritz unabhängig davon klären. Er kann sich vorstellen, dass alle drei Kinder an der Besitzgesellschaft beteiligt werden, wobei er sicherstellen will, dass den aktiven Nachfolgern das betriebsnotwendige Vermögen (insbe-sondere die Immobilien) immer zu vertretbaren Konditionen zur Verfügung stehen. In die-sem Zusammenhang prüft er auch, ob er seiner Schwägerin Anna-Maria ihren Anteil von 25 % der Besitzgesellschaft abkaufen will.

4.2.5   Übertragung und Umsetzung

„Nachfolgekonflikte werden in der Regel mit Stichwaffen gelöst" (Klingonische Weisheit)

Im Laufe der letzten Jahre ist vor allem bei Politikern und Beratern der Eindruck entstanden, dass insbesondere die Phase der Sensibilisierung – also der Hinführung der Nachfolgepartner zu einer aktiven Regelung der Nachfolge – schwierig sei und externer Unterstützung bedürfe. Spätestens mit Abschluss der Verträge gilt die Nachfolge als geregelt, alle lehnen sich entspannt zurück – und müssen in nicht seltenen Fällen miterleben, wie die Nachfolgeregelung letztlich doch noch scheitert, weil das Unternehmen seine Tore für immer schließen muss.

Im Fall eines Verkaufs an einen Wettbewerber bspw. müssen nach der Übertragung die Strukturen beider Unternehmen so aufeinander abgestimmt werden, dass bestmögliche Synergie-Effekte entstehen. Macht es Sinn, Produktionsprozesse zusammenzulegen? Oder liegen die Möglichkeiten der Kostenreduktion eher im Verwaltungsbereich, der dann für beide Unternehmen zuständig ist? Welche Cross-Selling-Möglichkeiten gibt es beim Kundenstamm des jeweils anderen Betriebs? Diese und weitere Fragen können nicht von heute auf morgen und oftmals nur in der Praxis des „Miteinander-Arbeitens" beantwortet werden. Auch benötigen die Partner intime Kenntnisse über die Funktionsfähigkeit, die Stärken, aber auch die Schwächen der jeweiligen Betriebe, um die beabsichtigten Synergieeffekte heben zu können. Hinzu kommt: Zusammenschlüsse von Unternehmen funktionieren nur, wenn die Belegschaft zur Zusammenarbeit bereit ist. Dabei hilft es in der Regel sehr, wenn das alte Management aus beiden Betrieben die Überzeugungsarbeit und Moderation bei den Mitarbeitern übernimmt.

Nach der Übergabe wird die nachfolgende Generation die Voraussetzungen, unter denen die Übertragungskonditionen ausgehandelt wurden, erneut überprüfen. Eine auf eigenen Erfahrungen basierende Beurteilung der Kunden, Mitarbeiter und Wettbewerber kann eventuell notwendige Kurskorrekturen einleiten.

Wichtig ist in der Umsetzungsphase schließlich auch, dass die vereinbarten Aufgaben und Verantwortlichkeiten eingehalten werden. Dafür ist es sinnvoll, einen regelmäßigen Abgleich – ggf. in Zusammenarbeit mit einem Externen – durchzuführen. Erforderliche Anpassungen können z.B. im Rahmen von halbjährigen Workshops besprochen und verabschiedet werden.

Veronica hat bereits unter der Hand von ihrer Mutter erfahren, welche Pläne Horst Moritz hegt. Einerseits freut sie sich, dass sie endlich als Nachfolgerin für voll genommen wird. Andererseits ist sie sich im Klaren darüber, dass die Arbeit mit und unter ihrem Vater auch für sie schwierig werden könnte.
Die professionelle Begleitung durch Berater, die nicht nur rechtlich und betriebswirtschaftlich qualifiziert sind, sondern auch die Kommunikationsprozesse zwischen den Beteiligten moderieren und unterstützen können, liegt ihr daher sehr am Herzen. Für sie ist das Nachfolgeprojekt erst dann abgeschlossen, wenn ihr Vater sowohl aus der Führung als auch aus der Gesellschafterrolle Firma komplett ausgeschieden ist – was nach ihrer Einschätzung erst mit seinem Ableben eintreten wird. Bis dahin kann jederzeit fast alles passieren, das hat Veronica aus den Beispielen von Freunden und Bekannten in Nachfolgesituationen gelernt.

Ich denke, wir schippern noch ein, zwei Jahre durch die Karibik. dann haben wir die Kohle durch und irgendwann will man ja auch seine Kinder wiedersehen...

4.3 Kommunikation der Nachfolge

Die professionelle Kommunikation aller Beteiligten im Verlauf des Nachfolgeprozesses trägt entscheidend zum Erfolg eines Generationswechsels bei. Gerade in Familienunternehmen, in denen die Kommunikation bereits durch das Zusammentreffen der zwei Sozialsysteme Familie und Unternehmen und ihren jeweiligen Gesetzmäßigkeiten erschwert sein kann, ist die Kommunikation nach innen und außen ein wesentlicher Erfolgsfaktor.

Die beiden vorherrschenden Entscheidungsparameter heißen Timing und Transparenz. Der Zeitpunkt der Bekanntgabe und der Kommunikation der Einzelschritte des Nachfolgeprozesses sollte von den Übertragungspartnern mit Bedacht gewählt werden. Eine zu frühe Information kann Unsicherheit, Ängste und Frustrationen bei den Beteiligten befördern. Eine zu späte Kommunikation wirkt demotivierend und es entstehen Gerüchte und Spekulationen. Mitarbeiter oder auch Kunden, die erst aus der Zeitung vom Machtwechsel im Unternehmen erfahren, werden verstimmt sein und sich unter Umständen enttäuscht abwenden.

4.3.1 Vor der Übergabe

Erste Gespräche werden meist mit wichtigen (externen) Beratungspartnern, wie z.B. mit dem Steuerberater oder spezialisierten Unternehmensberatern, stattfinden. Auch die Hausbank wird normalerweise sehr früh sowohl von der abgebenden Seite als auch der nachfolgenden Generation in die Pläne eingebunden. Diese Partner stehen bereits in einer frühen Phase auch als konzeptionelle Sparringspartner zur Verfügung. Die Mitarbeiter, Kunden und Lieferanten des Übernahmebetriebes sollten jedoch erst dann einbezogen werden, wenn klare Regelungen über die Übernahmekonditionen zwischen den Partnern ausgehandelt sind.

So lange noch keine klare Regelung für die Nachfolge feststeht, ein passender Übernehmer noch gesucht wird oder der familieninterne Nachfolger mehr Fragen als Antworten aufwirft, sollten keine Informationen an die Belegschaft durchsickern. Eine zu frühe Information schafft hier nur Raum für unnötige Spekulationen und kontraproduktive Unruhe. Steht allerdings der Nachfolge-Fahrplan und mit ihm alle Schritte und Maßnahmen zur Umsetzung der Übertragung, ist es Zeit, wichtige Mitarbeiter einzuweihen.

Für die Belegschaft stellt der Inhaberwechsel eine latente Bedrohung dar. Das alte Management geht und mit ihm vielfach auch Bewährtes und Vertrautes. Mit dem Neuen kommen viele Fragen, auf die die Mitarbeiter mit Verunsicherung reagieren: Die einen bangen um die Privilegien, die sie sich erarbeiten konnten; andere, die sich immer benachteiligt fühlten, versuchen, sich jetzt beim neuen Management durchzusetzen. Enttäuschte Erwartungen – egal welcher Herkunft – können jedoch auf das nachfolgende Management als dem vermeintlichen Verursacher der Veränderung zurückfallen.

Auch Kunden und Lieferanten gegenüber muss die Nachfolgeregelung souverän kommuniziert werden. Den Geschäftspartnern sollte signalisiert werden, dass bestehende Geschäftsbeziehungen fortgeführt werden und die Nachfolge als strukturierter Prozess von Übergebern und Übernehmern mit gemeinsamer Zielsetzung verfolgt wird. Der Generationswechsel als eine auf Wachstum und Entwicklung gerichtete Unternehmensstrategie wird sich dann positiv auf das Unternehmensimage auswirken.

Wenn wichtige Kunden und Lieferanten jedoch zu früh von der anstehenden Unternehmensnachfolge erfahren, sind sie nach dem Motto „Der hört doch ohnehin bald auf ...“ unter Umständen offen für neue Geschäftspartner oder in ihren Konditionen weniger verhandlungsbereit. Erfahren sie zu spät von dem Wechsel, könnten sie aufgrund der zurückliegenden engen Geschäftsbeziehungen zu Recht verstimmt sein. Auch für Key-Accounts und Haupt-Lieferanten des Unternehmens kommt es also auf das richtige Timing an.

Da Veronica umfangreiche Berufserfahrung im Marketing gesammelt hat, sieht sie die zielgerichtete Kommunikation der Nachfolge als wesentliches Element an. Sie vertritt die Maxime „Von innen nach außen informieren“, d h. erst die Klärung in der Familie, ggf. mit Unterstützung von Beratern, dann der Einbezug der leitenden Mitarbeiter, dann Gespräche mit den Banken, dann eine offizielle Ankündigung an alle Mitarbeiter, direkt gefolgt von einer Information an Kunden und wichtige Geschäftspartner. Am Schluss steht die breitere Öffentlichkeit, die ggf. über die Medien informiert werden kann.
Horst Moritz sieht dies alles wesentlich entspannter. Für ihn erscheint es völlig normal, dass ein Kind die Nachfolge antritt, warum sollte dies an die große Glocke gehängt werden?

4.3.2   Während der Übergabe

Haben sich Übergeber und Übernehmer über die Übergabe verständigt, agieren sie ja nicht im luftleeren Raum: Kommunikative Fehltritte können an dieser Stelle vieles zerstören und den Nachfolgern Hürden in den Weg stellen, an denen sie mittel- bis langfristig scheitern können. Wird die Übertragung jedoch von alter und neuer Führung Hand in Hand getragen und gestaltet, entsteht einer der wichtigsten Effekte: die geschlossene und überzeugende Kommunikation der Unternehmensnachfolge nach außen. Nur dann gelingt eine Außendarstellung wie in unserem Fall:

Herr Moritz kann die Szene bereits ganz deutlich vor seinem inneren Auge sehen:
Er steht auf der rechten Seite und strahlt. Lächelnd überreicht er seiner Tochter einen großen Schlüssel, die Söhne Heiko und Kevin sowie Herr Groß und Herr Wonschack blicken ebenfalls mit einer Mischung aus Freude und Anspannung in die Runde. Die ganze Belegschaft klatscht und freut sich, dass endlich eine gute und solide Perspektive für die Zukunft des Unternehmens gefunden wurde. Die Botschaft dieser Inszenierung ist deutlich: Hier passiert etwas Außergewöhnliches, ein freudiges und gleichzeitig bedeutsames Ereignis. Die Geste sagt dabei mehr als tausend Worte.
Ein Foto dieser bedeutsamen Geste begleitet die Pressemeldung zur Unternehmensübertragung der Moritz GmbH. Mit dem Schlüssel reicht Herr Moritz die Macht im Unternehmen an seine Nachfolger weiter. Der Pressetext berichtet weiter vom gegenseitigen Lob der Über-

tragungspartner und schließt mit einem Ausblick auf die erfolgreiche Zukunft, die der Betrieb unter der neuen Führung erleben wird.

Altes und neues Management haben in diesem Beispiel alles richtig gemacht. Foto und Pressemitteilung vermitteln den Eindruck einer rundum harmonischen Übergabe, von einer gelebten Kontinuität, die alte Tugenden bewahren wird und doch Platz für Innovation und Weiterentwicklung bietet. Damit wird der breiten Öffentlichkeit und allen Geschäftspartnern in gelungener Weise kommuniziert, dass das Unternehmen aus dem Generationswechsel gestärkt hervorgeht. Hier sind Veränderungen eingetreten, die nicht beunruhigend oder bedrohlich sind, sondern im Gegenteil positive Perspektiven vermitteln.

Für Mitarbeiter, Kunden und Lieferanten, aber auch die Finanzierungspartner eines Unternehmens ist dies die wichtigste Botschaft im Kontext einer Unternehmensnachfolge: Es bleibt alles beim Alten und wird sogar noch besser. Diese Botschaft mit Worten und Gesten überzeugend zu vermitteln ist eine der wichtigsten Kommunikationsaufgaben bei der Regelung der Nachfolge. Entscheidend ist auch hier das persönliche Gespräch. Denn Kunden könnten Zweifel bekommen, ob sie auch nach dem Ausscheiden des bisherigen Geschäftspartners noch so zuvorkommend behandelt werden wie bisher. Lieferanten wünschen sich, dass ihre Rechnungen weiterhin schnell und unproblematisch beglichen werden. Wissen sie, ob der oder die Nachfolger ebenso zuverlässig sind wie der Vorgänger? Zudem stehen im Mittelstand häufig persönliche Aspekte im Vordergrund. Um auch in diesem Bereich reibungslos überzuleiten, sollte das neue Management den entscheidenden Geschäftspartnern früh genug vorgestellt werden. In kleiner Runde kann der jeweilige Partner den oder die Nachfolger kennen lernen und ein persönliches Verhältnis zu ihm aufbauen.

Kreditinstitute nehmen unter den Geschäftspartnern eines Unternehmens eine Sonderrolle ein. Banken sind vor allem aus einem Grund an einer reibungslosen Übergaberegelung interessiert: Mit dem Personalwechsel an der Führungsspitze kann sich auch die Kreditwürdigkeit des Unternehmens ändern. Aufgrund der zunehmenden Gewichtung des Faktors „Unternehmerqualifikation" im Rating-Verfahren müssen Nachfolger damit rechnen, dass das Kreditinstitut kritische Fragen zu Ausbildung und Berufserfahrung stellt. Die Hausbank wird die unternehmerische Beurteilung des Übergebers – im Positiven wie im Negativen – nicht nahtlos auf die Nachfolger übertragen können und wollen.

Regelmäßige Kontakte mit der Hausbank sind daher unerlässlich. Hier muss das neue Management seine Kompetenz in der Praxis belegen. Wer mit fachlicher Qualifikation oder einer unternehmerisch fundierten Planung überzeugen kann, hat beim Finanzierungspartner gute Aussichten. Eine wichtige Frage, die im Vorfeld eines solchen Gesprächs zu klären ist, ist zum Beispiel, ob und wie private Absicherungen betrieblicher Verbindlichkeiten durch die Altgesellschafter übertragen werden können. Das neue Management verbessert sein Standing erheblich, wenn es diese Frage nicht nur durchdacht, sondern unter Umständen auch schon Vorschläge zur Lösung entwickelt hat, die es im Gespräch mit dem Kreditinstitut anbieten kann.

Während der Übergabephase ist die gemeinsame Präsenz von übergebender und nachfolgender Generation im Betrieb entscheidend. Die Kommunikation mit der Belegschaft kann u.a.

dadurch erleichtert werden, dass der Stabwechsel auch nach außen deutlich sichtbar vollzogen wird. Und das bedeutet: Der Nachfolger zieht in das „Chefbüro"; der Übergeber – falls er noch Funktionen im Unternehmen wahrnimmt – räumt das Terrain und nimmt mit einem anderen Büro vorlieb. Das bedeutet aber auch: Ist die Größe des Fahrzeugs im Unternehmen ein wichtiges Differenzierungsmerkmal, steht der größte Firmenwagen des Unternehmens ab jetzt dem Nachfolger zur Verfügung. Beides sind wichtige Signale, die den Mitarbeitern den Machtwechsel auf das neue Management ohne viele Worte deutlich vor Augen führen.

4.3.3   Nach der Übergabe

Die Übergabe selbst, bei der zum geplanten Stichtag Eigentum und Führungsverantwortung auf den Nachfolger übergehen, ist ein wichtiger Anlass für die Kommunikation. Die symbolische Darstellung der Führungsübertragung – zum Beispiel in Form einer offiziellen „Schlüsselübergabe" lässt den Wandel auch emotional greifbar werden und schafft ein entsprechendes Bewusstsein bei allen Beteiligten.

Das neue Management sollte darauf achten, dass vor der Übergabe gegebene Zusagen an die Mitarbeiter auch wirklich eingehalten werden. Es sollte in der Anfangsphase bewusst den Kontakt zu den Mitarbeitern und Geschäftspartnern suchen, und ebenso für diese ansprechbar bleiben.

Wenn Du versprichst, in den nächsten
fünfzig Jahren alles haargenau so zu
machen, wie ich es gemacht habe, könnte
ich Dir bei der Geschäftsübergabe etwas
entgegen kommen...

4.4   Einstieg ins Unternehmen

4.4.1   Erste 100 Tage

Die erste Zeit nach vollzogener Übergabe stellt sich in der Regel als Bewährungsprobe für die Nachfolger dar. Die Altinhaber stehen nicht mehr permanent als Ansprechpartner zur Verfügung und die Zusammenarbeit zwischen den Nachfolgern mit ihrem neuen Führungsstil und der Belegschaft wird nun auf die Probe gestellt. Für diese Zeit sollten sich die Nachfolger eine klare Strategie zurechtlegen, die ihnen hilft, die neuen Aufgaben zu bewältigen. Sie dürfen die Bindung der wichtigsten Mitarbeiter an das Unternehmen nicht aus den Augen verlieren. Gleichzeitig werden sich in dieser Phase die ersten Anpassungsbedürfnisse ergeben, wobei die ursprüngliche Nachfolgestrategie nicht sofort aufgegeben werden sollte. Hier gilt es die Brücke zu schlagen zwischen den ursprünglichen Zielen und der Anpassung des Unternehmens an den persönlichen Führungsstil und die eigenen langfristigen unternehmerischen Ziele des neuen Managements.

Ist die Übernahme bis hierhin strukturiert und professionell durchgeführt worden, haben der bzw. die Nachfolger bereits einen detaillierten Überblick über die Stärken und Schwächen des Unternehmens. Informationen aus der Bestandsaufnahme im Vorfeld der Nachfolgeplanung sind in einen detaillierten Geschäfts-Plan eingeflossen, der neben der Zukunftssicherung des Unternehmens auch die Finanzierungspartner überzeugt. Die konkreten Schritte zur Neujustierung des Unternehmens können regelmäßig mit der dahinter liegenden ursprünglichen Planung abgeglichen werden. Dabei gilt: Veränderungen an gut funktionierenden bestehenden Systemen sind nur selten opportun. Andererseits müssen gerade Unternehmen kontinuierlich modernisiert und an die sich schnell ändernden Rahmenbedingungen angepasst werden. Das neue Management in einem Übernahmeunternehmen bringt darüber hinaus eigene Ideen, Innovationen und Veränderungswünsche mit.

Zunächst empfiehlt es sich zu prüfen, welche der Traditionen und Rituale, die sich im Laufe der Jahrzehnte eingespielt haben, sinnvoll sind – und das nicht nur aus psychologischen Gründen. Was auf den ersten Blick skurril erscheinen mag, ist beim zweiten Hinsehen vielleicht ein handfester Kostenreduktionsfaktor. Deshalb werden die Abteilungen des Controllings und der Buchhaltung ein wichtiger Ansprechpartner in der Startphase des Nachfolgers sein. Eine konsequente Priorisierung der vielfältigen Arbeitspakete und ein effektives Zeitmanagement sind die wertvollsten Instrumente in dieser Phase.

Veronica ist sich darüber im Klaren, dass sie ihre Vorstellungen nicht gegen ihren Vater umsetzen kann, solange dieser noch im Unternehmen ist. Deshalb ist es ihr wichtig, einen möglichst gut abgegrenzten Verantwortungsbereich zu übernehmen, den sie dann auch wirklich nach eigenem Ermessen gestalten kann.
Sie hat auch bereits konkrete Vorstellungen dazu. Ein noch unbearbeitetes Geschäftsfeld für das Unternehmen ist der Bau von mobilen Anlagen für die Medien, insbesondere Hörfunk und TV, sowie für Veranstaltungstechnik und Eventmanagement. Aus ihrer Sicht hat die Firma alle Kompetenzen, um solche Produkte zu fertigen, allerdings bestehen noch

keine Kontakte zu dieser Zielgruppe. Wenn sie es schaffen kann, hier ein neues Geschäftsfeld zu eröffnen, erste Kunden zu gewinnen und die ersten Anlagen zu liefern, dann würde dies sowohl für die Firma als auch für sie selbst einen gewaltigen Fortschritt bedeuten. Sie weiß aber auch, dass sie diese Herausforderung dann erfolgreich bewältigen muss – ihre Leistung wird ihren Weg ins Unternehmen und im Unternehmen entscheidend prägen.

Am liebsten wäre es ihr, wenn sie dazu ein völlig eigenes Unternehmen gründen könnte, oder wenn die Moritz GmbH eine Tochterfirma dafür ins Leben ruft. Dann hätte sie auch „ihre" eigenen Leute, die organisatorische Verantwortung, und könnte wirklich alles genau nach ihren Plänen gestalten. Vielleicht ließe sich sogar Kevin dabei einbinden. Ihr ist klar, dass sie für eine derartige Lösung sehr viel Überzeugungsarbeit gegenüber ihrem Vater leisten muss, aber Kevin könnte ein entscheidendes Argument sein.

Erst in einem zweiten Schritt kann es darum gehen, wirkliche Neuerungen einzuführen, wobei auch in diesem Fall eine Berücksichtigung der Ausgangssituation unumgänglich ist. Gerade bei Innovationen im Führungsstil (z.B. dem geplanten Wechsel von einer patriarchalen Führung zu einer Teamkultur mit flachen Hierarchien) sollte überprüft werden, was den Mitarbeitern sinnvollerweise zuzumuten ist und die Zusammenarbeit tatsächlich beflügelt bzw. nicht in einem Bumerangeffekt lähmt.

Ist das Unternehmen technisch noch auf dem neuesten Stand oder sind notwendige Maßnahmen in Anbetracht der bevorstehenden Übergabe unangemessen lange aufgeschoben worden? Gerade ein Investitionsstau zeigt sich oftmals erst beim zweiten Hinsehen. Bei technischen Neuerungen muss jedoch auch die Kompetenz im Hause vorhanden sein, die neuen Maschinen zu bedienen. Nur wenige Übernehmer werden in der Lage sein, alle Neuerungen auf einmal umsetzen und finanzieren zu können. Die nötigen Investitionen müssen demnach nach Prioritäten geordnet werden – wobei persönliche Vorlieben, betriebliche Notwendigkeit und psychologische Signalwirkung für die Belegschaft sorgfältig gegeneinander abzuwiegen sind.

Die neue Unternehmensstrategie und ihre Umsetzung entscheiden letztlich über Erfolg oder Misserfolg einer Übernahme und die Zukunft des Betriebs. Doch viele Nachfolger wie auch die meisten mittelständischen Unternehmer haben Schwierigkeiten mit der klaren Formulierung einer Strategie – und damit, sie in eine umsetzbare und kontrollierbare Planung zu übersetzen. Für die erfolgreiche Umsetzung der Planung kann zudem entscheidend sein, dass das Unternehmen nicht nur seine Finanzierungspartner über diese Planung informiert, sondern sie gegebenenfalls in einzelne Fragestellungen auch aktiv einbezieht.

Planungen sind nicht statisch, sondern müssen aufgrund der sich ständig verändernden Bedingungen regelmäßig angepasst werden. Die Soll-Werte müssen also regelmäßig mit den Ist-Werten verglichen und die Planung entsprechend justiert werden. Um zu erreichen, dass die Informationen so realitätsnah und umfassend wie möglich sind, sollten alle Entscheidungsträger, die über die entsprechenden Informationen verfügen, von Anfang an in den Strategiefindungs- und Planungsprozess einbezogen werden. Diese Integration fördert zudem die Identifikation der wichtigsten Mitarbeiter mit der strategischen Marschrichtung. Das A und O einer überzeugenden Implementierung der Unternehmensstrategie ist jedoch, dass diese Strategie von der Unternehmensführung auch tatsächlich gelebt und nicht durch unreflektierte Verhaltensweise konterkariert und damit unglaubwürdig wird.

Niemand ist eine Insel – diese Binsenweisheit gilt vor allem für Menschen, die selbstständig sind. Ein engagierter Unternehmer ist mit Sicherheit mehr als 40 Stunden in der Woche für seinen Betrieb tätig, und auch nach Feierabend gibt es viele Termine und gesellschaftliche Verpflichtungen, die er für sein Unternehmen wahrnimmt. Der bzw. die Übernehmer eines mittelständischen Betriebs werden ihren Stundenplan also aller Voraussicht nach ändern müssen. Die neuen Herausforderungen werden Zeit in Anspruch nehmen, die sie dann nicht mehr für ihre Familie, Freunde oder Hobbys haben. Gleichzeitig gilt die Erkenntnis, dass auch Manager nur dann auf Dauer Höchstleistungen erbringen können, wenn sie körperlich fit sind und ein ausgeglichenes privates Umfeld haben. Das Sport- und sonstige Privatprogramm darf daher nicht zu sehr vernachlässigt werden.

4.4.2   Die neue Strategie

Nach der Neujustierung des Unternehmens ist zentrale Aufgabe der Unternehmensführung, den Kurs des Betriebs auf strukturiertes Wachstum zu setzen. Wie dieses Wachstum im Einzelnen aussieht, kann nur nach einer klaren Definition der Zielsetzung festgelegt werden; eine realistische und umsetzbare Zielvorgabe wiederum kann nur erfolgen, wenn zunächst der Ist-Zustand auch nach der Übernahme systematisch analysiert wird.

Bewährte Strategien aus anderen Unternehmen z.B. durch Benchmarkvergleiche können hier unterstützen[162]. Allerdings wird es nur für wenige mittelständische Betriebe möglich und sinnvoll sein, sich aus dem Stegreif an diesen Vorgaben zu orientieren. Da Familienunternehmen jedoch selten die Marktplayer sind, müssen vermeintliche Schwächen als Stärken kultiviert werden. Nach diesem Kompensationsansatz müssen im Mittelstand typische Gegensätze wie Kundennähe und professionelles Marketing, Eigennutz und Unternehmenswohl, Kernkompetenz und Netzwerkkooperation oder auch Fremdkapital und privates Vermögen dynamisch ausbalanciert werden, um daraus ein individuelles Potenzial zu generieren, das Großunternehmen gerade fehlt. Im Kontext einer Unternehmensübernahme stellt dabei das Spannungsfeld „Tradition und Innovation" eine besondere Herausforderung dar, die mit Fingerspitzengefühl gelöst sein will.

Uneinigkeit über die strategische Ausrichtung des Unternehmens führte vor einigen Jahren zum Austritt von Heiko. Dieser plädierte immer zu einer Lösung weg von den öffentlichen Auftraggebern (die immerhin mehr als 50 % des Umsatzvolumens beauftragen), da er „Beamte stinklangweilig" fand und viel lieber mit den jungen, dynamischen Führungskräften seiner Generation aus der Privatwirtschaft arbeitete.
Sowohl sein Vater als auch die leitenden Mitarbeiter konnten dies zwar persönlich durchaus nachvollziehen und hätten auch nichts dagegen gehabt, wenn sich Heiko vorerst auf

---

[162] vgl. Bernd Venohr; Klaus E. Meyer (2007)

die Kunden und Projekte konzentriert hätte, die ihm lagen. Eine langfristige strategische Ausrichtung alleine auf eine solche emotionale Begründung zu reduzieren, wird jedoch der Situation und der Problematik sicher nicht gerecht.

4.4.3 Typische Probleme beim Übergang

Empirische Untersuchungen konstatieren familienexternen Nachfolgen weitaus mehr Problempotenzial als innerfamiliären Übergaben. Vor allem fehlende unternehmerische Erfahrungen und Managementkenntnisse, aber auch zu wenige oder falsche Informationen bei der Vorbereitung der Nachfolge und falsche Prognosen über zukünftige Entwicklungen gehören zu den am häufigsten genannten Problemen[163].

Wertvorstellungen

Mit den Personen von Übergeber und Übernehmer treffen oftmals verschiedene Wertvorstellungen aufeinander. Die abgebende Generation ist unter Umständen noch durch materielle Not in der Kindheit geprägt. Der Fokus lag auf der Schaffung von dauerhaften Werten und Sicherheit für die Familie. Die Generation der Nachfolger ist überwiegend in materiellem Wohlstand aufgewachsen. Hieraus entstehende Konflikte werden häufig nicht bewusst artikuliert. Für Familien ist es fast unmöglich, diese Ebene der unausgesprochenen Erwartungen und Werte zu äußern. Missverständnisse beruhen zum Beispiel darauf, dass die ältere Generation stillschweigend davon ausgeht, dass alles so weitergeht, wie sie es seit Jahrzehnten erfolgreich praktiziert.

Eine beiderseitige klare Vorstellung über die Ziele der Übergabe vermeidet Konflikte, die aus Missverständnissen auf dem Weg dahin resultieren können. Dazu sollten auch klare Zwischenziele vereinbart und an Termine gebunden werden. Das Erreichen von nachvollziehbaren Zwischenschritten erleichtert und fördert die Orientierung. Nicht nur das zeitliche Erreichen der Ziele, sondern auch das inhaltliche Verständnis sollte dabei bei den Übergabepartnern übereinstimmen.

Methodenkonflikte

Methodenkonflikte entwickeln sich oft im Kontext der Einführung von technischen Innovationen. Übergeber und Übernehmer sind sich nicht über die zu wählende Vorgehensweise einig. Beispielsweise möchte der Nachfolger moderne Produktionsmethoden in einem Betrieb einführen – der Übergeber hat keine Erfahrungen mit diesen Methoden, fühlt sich unter Druck gesetzt und blockt ab. In diesen Situationen ist ein sensibles Vorgehen des Nachfolgers gefragt. Er sollte vor der Einführung Verständnis für die Vorteilhaftigkeit beim Übergeber entwickeln und dafür Werbung machen. Der Übergeber sollte in die Entscheidung einge-

---

[163] L-Bank (2002), S. 30: Beim Vergleich der Problemanfälligkeit von familieninternen und –externen Nachfolgen wird hier konstatiert: „Während 36% der familieninternen Nachfolger die Übernahme ohne Probleme meistern, sind es bei den unternehmensinternen und externen Übernehmern weniger als 10%." Aufschlussreich sind auch die dort folgenden Vergleiche von Problemursachen bei familieninternen und –externen Übernahmen.

bunden werden, um nicht eine unkonstruktive Konkurrenzsituation zwischen Übergabepartnern entstehen zu lassen.

Konflikte entstehen auch bei der unterschiedlichen Beurteilung von geschäftlichen Situationen. Dies ist bei der täglichen Zusammenarbeit im Unternehmen ein normales Phänomen, in der Übergangsphase aber eine besondere Herausforderung für die abgebende Generation. Mit langjähriger Routine entsteht die Tendenz zur Ungeduld, was unter Umständen das neue Management unter Druck setzt. Geduld und das Zugeständnis, Fehler machen zu dürfen, ist eine wichtige Fähigkeit der Übergeber in der Qualifikationsphase der übernehmenden Generation.

Rollenkonflikte

Rollenkonflikte entstehen, wenn die Zuständigkeiten und Verantwortungsbereiche unter den Übergabepartnern nicht klar aufgeteilt sind. Eine möglichst klare Abgrenzung der Funktionsbereiche zwischen den Positionen ist dabei hilfreich. Unklare Verhältnisse können schnell in den kundenrelevanten Bereich hineingetragen werden und hier zu unangenehmen Missverständnissen führen. Die Aufgabenverteilung sollte schriftlich fixiert werden.

Streitigkeiten über die Verteilung der Mittel können besonders in der Übergangsphase zu Konflikten führen, da vor allem, wenn beide Übertragungspartner darauf Zugriff haben und entscheidungsberechtigt sind. Ein typisches Thema sind Geschäftsführergehälter. Diese sollten unbedingt im Vorhinein festgelegt werden und unter allen Beteiligten akzeptiert sein. Ein Einstiegsgehalt als Geschäftsführer für den Übernehmer sollte sich an Durchschnittsgehältern vergleichbarer Positionen orientieren. Aber auch das Gehalt des Übergebers muss dann konsequenterweise in diesem Zusammenhang überprüft werden.

Für Horst Moritz stellt sich die Sachlage relativ einfach dar: seine Tochter Veronica kommt ins Unternehmen und „arbeitet halt mit". Über Stellenbeschreibungen, Funktionen und Kompetenzabgrenzungen hat er sich wenig Gedanken gemacht. Sein Berater weist ihn jedoch darauf hin, dass hier möglicherweise eine der Ursachen für den missglückten Nachfolgeversuch von Heiko liegen könnte. Dieser kam auch nicht näher definiert als „Angestellter" ins Unternehmen und übernahm ungesteuert die Aufgaben und Projekte, die gerade am dringendsten schienen – als „MFA, Mädchen für alles", wie sich Heiko manchmal vorstellte, und dies nur halb im Scherz meinte.

Horst sieht ein, dass eine vorherige Klärung von Erwartungen, Rollen und Verantwortungsbereichen sinnvoll für den Nachfolgeprozess ist. Er ist sich jedoch selbst nicht ganz sicher, ob er dies im hektischen Alltag dann auch durchhalten kann.

Ich begrüße die nächsten Angehörigen des Verstorbenen sowie den Vertreter des örtlichen Finanzamtes...

4.4.4   Unterstützung der Umsetzung

Externe können eine Nachfolge in unterschiedlicher Intensität unterstützen. Exemplarisch sollen nachfolgend die in der Praxis am häufigsten zu findenden Typen angesprochen werden:

Ein Beirat kann im Nachfolgeprozess und auch darüber hinaus die Funktion des neutralen Dritten einnehmen und ist auch für kleinere Unternehmen ein interessantes Steuerungswerkzeug[164]. Da für die Einrichtung eines Beirates keine gesetzlichen Bestimmungen vorliegen, kann die Anzahl der Mitglieder und deren Aufgaben frei bestimmt werden. Denkbar sind Mitglieder aus dem Kreis von Beratern, Banken oder auch befreundeten Unternehmern. Der Beirat kann bei Konflikten als Mediator fungieren. Auch Controllingaufgaben können von ihm übernommen werden. Genauso kann der Beirat die Auswahl und Besetzung der Stellen von leitenden Angestellten begleiten. Die mit einem Beirat anfallenden Kosten sind in der Regel überschaubar, da die Mitglieder pro Sitzung bezahlt werden.

Auch der Übergeber kann in den Beirat berufen werden. Generell sollte das wertvolle Wissen des Übergebers nicht verloren gehen. Auch eine weitere Einbindung des Übergebers über die Übergabe hinaus als freier Berater ist sinnvoll, wenn die Zusammenarbeit zwischen beiden gut funktioniert. Durch eine solche Regelung kann der Übergeber zusätzlich auch weitere Einnahmen nach der Übergabe realisieren, die zu seiner Altersabsicherung beitragen können.

Die Hinzuziehung externer Berater ist aus vielerlei Gründen für die Abwicklung eines Nachfolgeprojektes in Betracht zu ziehen. Der Unternehmer hat in der Regel keine Erfahrung mit dem Nachfolgethema, da diese Phase des Unternehmenslebenszyklus normalerweise für den Unternehmer nur einmal auftritt. Externe Berater bringen die Erfahrung aus zahlreichen betreuten Nachfolgefällen mit. Sie sind nicht in das Tagesgeschäft des Unternehmens eingebunden und können den Prozess mit höchster Priorität vorantreiben. Der Ansatz eines externen Beraters ist in der Regel ein ganzheitlicher, der alle Aspekte dieses komplexen Themas einbezieht. Spezielle rechtliche oder steuerliche Themen dürfen allerdings nur von Rechtsanwälten bzw. Steuerberatern beraten werden.

Veronica kann sich die Einrichtung eines Beirats sehr gut vorstellen. Allerdings vertritt sie die Ansicht: „Berater kann man jederzeit mieten, man muss sie nicht im Beirat sitzen haben." Sie würde sich vor allem unabhängige Experten und Unternehmer im Beirat wünschen, die sie sowohl bei der Entwicklung der Strategie beraten als auch bei ihrem Hineinwachsen in die unternehmerische Verantwortung unterstützen können.
Zudem böte ein Beirat eine gute Plattform für ihren Vater, sich zwar aus dem Tagesgeschäft zurückzuziehen, die Verbindung zur Firma aber aufrecht zu erhalten. Veronica weiß sehr gut, dass die Jahrzehnte der Erfahrung ihres Vaters ein fast unersetzlicher Wert für sie selbst und das Unternehmen darstellen. Diesen Wert will sie in jedem Fall erhalten.

---

[164]   vgl. Krüger (2006), S. 243

Ich begrüße die nächsten Angehörigen des
Verstorbenen sowie den Vertreter des
örtlichen Finanzamtes...

4.4.4   Unterstützung der Umsetzung

Externe können eine Nachfolge in unterschiedlicher Intensität unterstützen. Exemplarisch sollen nachfolgend die in der Praxis am häufigsten zu findenden Typen angesprochen werden:

Ein Beirat kann im Nachfolgeprozess und auch darüber hinaus die Funktion des neutralen Dritten einnehmen und ist auch für kleinere Unternehmen ein interessantes Steuerungswerkzeug[164]. Da für die Einrichtung eines Beirates keine gesetzlichen Bestimmungen vorliegen, kann die Anzahl der Mitglieder und deren Aufgaben frei bestimmt werden. Denkbar sind Mitglieder aus dem Kreis von Beratern, Banken oder auch befreundeten Unternehmern. Der Beirat kann bei Konflikten als Mediator fungieren. Auch Controllingaufgaben können von ihm übernommen werden. Genauso kann der Beirat die Auswahl und Besetzung der Stellen von leitenden Angestellten begleiten. Die mit einem Beirat anfallenden Kosten sind in der Regel überschaubar, da die Mitglieder pro Sitzung bezahlt werden.

Auch der Übergeber kann in den Beirat berufen werden. Generell sollte das wertvolle Wissen des Übergebers nicht verloren gehen. Auch eine weitere Einbindung des Übergebers über die Übergabe hinaus als freier Berater ist sinnvoll, wenn die Zusammenarbeit zwischen beiden gut funktioniert. Durch eine solche Regelung kann der Übergeber zusätzlich auch weitere Einnahmen nach der Übergabe realisieren, die zu seiner Altersabsicherung beitragen können.

Die Hinzuziehung externer Berater ist aus vielerlei Gründen für die Abwicklung eines Nachfolgeprojektes in Betracht zu ziehen. Der Unternehmer hat in der Regel keine Erfahrung mit dem Nachfolgethema, da diese Phase des Unternehmenslebenszyklus normalerweise für den Unternehmer nur einmal auftritt. Externe Berater bringen die Erfahrung aus zahlreichen betreuten Nachfolgefällen mit. Sie sind nicht in das Tagesgeschäft des Unternehmens eingebunden und können den Prozess mit höchster Priorität vorantreiben. Der Ansatz eines externen Beraters ist in der Regel ein ganzheitlicher, der alle Aspekte dieses komplexen Themas einbezieht. Spezielle rechtliche oder steuerliche Themen dürfen allerdings nur von Rechtsanwälten bzw. Steuerberatern beraten werden.

Veronica kann sich die Einrichtung eines Beirats sehr gut vorstellen. Allerdings vertritt sie die Ansicht: „Berater kann man jederzeit mieten, man muss sie nicht im Beirat sitzen haben." Sie würde sich vor allem unabhängige Experten und Unternehmer im Beirat wünschen, die sie sowohl bei der Entwicklung der Strategie beraten als auch bei ihrem Hineinwachsen in die unternehmerische Verantwortung unterstützen können.
Zudem böte ein Beirat eine gute Plattform für ihren Vater, sich zwar aus dem Tagesgeschäft zurückzuziehen, die Verbindung zur Firma aber aufrecht zu erhalten. Veronica weiß sehr gut, dass die Jahrzehnte der Erfahrung ihres Vaters ein fast unersetzlicher Wert für sie selbst und das Unternehmen darstellen. Diesen Wert will sie in jedem Fall erhalten.

---

[164]   vgl. Krüger (2006), S. 243

5 Studienkompetenz

Dieses Buch ist als Lehrbuch vor allem für Studierende gedacht. Daher wollen wir das Werk mit einigen Hinweisen zur Bearbeitung der Thematik aus studentischer Perspektive beschließen.

Lernziele

- Sie verstehen die Anforderungen an eine wissenschaftliche Auseinandersetzung mit Fragen der Nachfolge.

- Sie kennen die wichtigsten Punkte bei der Erstellung wissenschaftlicher Arbeiten, die sich mit der Nachfolge beschäftigen

- Sie kennen erste Anlaufpunkte für Netzwerke und Kontaktmöglichkeiten der nationalen und internationalen Forschungslandschaft und können diese für eigene Recherchen nutzbar machen.

- Sie wissen, welche Angebote zur Qualifizierung von Nachfolgern der Markt aktuell bereit hält und wie diese inhaltlich und thematisch einzuordnen sind.

5.1 Das Thema Nachfolge im Studium

Bis vor wenigen Jahren tauchte die Thematik der Unternehmensnachfolge praktisch überhaupt nicht in den Curricula einschlägiger Studiengänge auf. Dies hat sich mit der Schaffung von inzwischen ca. 50 „Entrepreneurship"-Professuren in Deutschland etwas geändert. Hier steht zwar meist der Neugründer im Mittelpunkt der Betrachtung, in vielen Fällen gehen jedoch auch eine oder mehrere Vorlesungen auf die Nachfolgethematik ein.

5.1.1 Veranstaltungen zu Familienunternehmen und zur Unternehmensnachfolge

Die inhaltliche Ausrichtung von Nachfolge-Vorlesungen oder -Seminaren ist erfahrungsgemäß sehr unterschiedlich und richtet sich vor allem nach der fachlichen Qualifikation und dem Erfahrungshintergrund des Dozenten. Falls dieser aus dem Finanzierungsbereich stammt, wird er völlig andere Schwerpunkte setzen als wenn er beispielsweise Change-Management- oder Personal-Berater war.

Unternehmensnachfolge bedingt zwangsläufig eine ganzheitliche Sichtweise. Es empfiehlt sich also eine Betrachtung aus unterschiedlichen Perspektiven, ggf. über den Einbezug weiterer Referenten, oder über zusätzliche Literatur.

5.1.2   Erstellung von Seminararbeiten und Bachelor- bzw. Master-Thesen

Die Autoren dieses Buches betreuten bereits eine Vielzahl von Arbeiten rund um das Thema Nachfolge. Hier einige Hinweise für Studierende, die sich einer solchen Aufgabe stellen.

Allgemeine Hinweise

Schriftliche Studienarbeiten stellen Werkzeuge für stringentes, wissenschaftlich fundiertes Denken dar. Es empfiehlt sich also, den Erfahrungsschatz, den die Zivilisation in über 500 Jahre Wissenschaftsgeschichte gesammelt hat, auch zu nutzen.

Themenstellung: Wählen Sie ein Thema, das Sie wirklich interessiert. Man merkt es einer Arbeit an, ob sie mit Herzblut geschrieben wurde, oder nur lustlos heruntergetippt.

Abgrenzung: Die meisten Studierenden tendieren dazu, zu viel in eine Arbeit hinein packen zu wollen. Eine saubere Abgrenzung des bearbeiteten Themengebiets wirkt sich positiv auf die Struktur und auch auf die Arbeitsbelastung aus. Sprechen Sie insbesondere diesen Punkt mit Ihrem Betreuer durch.

Exposé: Erstellen Sie in der ersten Phase der Arbeit ein Exposé, das die drei Kapitel Problemstellung, die Zielsetzung der Arbeit sowie die Vorgehensweise bzw. Methodik enthält. Damit zwingen Sie sich selbst zu frühzeitigem Nachdenken über die entscheidenden Punkte und erkennen, ob die Ausrichtung der Arbeit stimmt. Zudem können Sie auf der Grundlage dieses Exposés gut mit Ihrem Betreuer diskutieren. Und schließlich können Sie das Exposé praktisch unverändert als Kapitel 1 Ihrer Arbeit verwenden, die Zeit hierfür ist also aus arbeitsökonomischer Sicht sehr gut angelegt.

Arbeitsplan: Insbesondere bei umfangreicheren Arbeiten, z.B. Master- und Bachelor-Thesen, empfiehlt sich die Aufstellung eines Arbeitsplanes über die Wochen und Monate der Bearbeitungsfrist. Je nach persönlicher Veranlagung ist das entweder ein nützliches Planungswerkzeug, an das man sich dann tatsächlich hält, oder (wohl in der Mehrzahl aller Fälle) eine Maßnahme, um rechtzeitig genug schlechtes Gewissen und Torschlusspanik zu erzeugen, um die Arbeit endlich anzugehen...

Formale Punkte: Jede Hochschule, bzw. jeder Fachbereich und jeder Dozent erwartet Arbeiten in einer bestimmten Form. Informieren Sie sich frühzeitig über diese Formalia und arbeiten Sie sie gleich ein, z.B. in entsprechende Formatvorlagen. Verstöße gegen diese Formalia sind leicht zu vermeiden und führen umgekehrt schnell zur Abwertung.

Wissenschaftliches Arbeiten: Der Markt hält genügend Literatur zu diesem Thema bereit. Wir empfehlen die Anschaffung und Lektüre mindestens eines Ratgebers. Insbesondere die Frage der Zitierung, der Quellenangabe und der bibliographischen Daten verdient viel Aufmerksamkeit. Letztlich ist dies das Handwerkszeug jedes Menschen, der sich einer Aufgabe mit wissenschaftlichem Anspruch stellt – also auch für Sie, wenn Sie studieren.

Definitionsfragen: Die sinnstiftende Definition des Forschungsgegenstandes gehört mit zu den Grundlagen jeder wissenschaftlichen Arbeit. Wie in Kapitel 2 erläutert, ist die Definitionsfrage bezüglich Familienunternehmen nicht ganz einfach gelagert. Verwenden Sie nicht zuviel Zeit auf den Nachvollzug der noch andauernden Debatte oder auf die kreative Erarbeitung eigener Definitionsvorschläge. Nutzen Sie den vorhandenen Stand der Diskussion und gehen Sie schnell zum eigentlichen Thema über.

Eingrenzung: Falls Sie zum ersten Mal mit der Thematik der Nachfolge in Berührung kommen, dann kann eine Überblicksarbeit über die verschiedenen Aspekte und Themenbereiche, die damit zusammenhängen, nützlich für Ihren Lernprozess sein. Damit vollziehen Sie die wissenschaftliche Diskussion nach, fügen jedoch keine eigenen Bestandteile ein. Falls Sie – z.B. im Rahmen einer Thesis oder einer Promotion – den Anspruch haben, an der Theorieentwicklung mitzuwirken, dann sollten Sie Ihr Erkenntnisinteresse möglichst scharf bündeln. Das bedeutet in der Praxis Eingrenzung und Spezialisierung auf einen oder sehr wenige Aspekte. Obwohl das Forschungsfeld noch relativ jung ist, wächst es derzeit exponentiell, d h. es hat bereits die Phase hinter sich gelassen, in der man als Studierender die gesamte einschlägige Literatur kennen oder das komplette Themengebiet bearbeiten könnte.

Literatur: Die Fachzeitschrift „Family Business Review" stellt einen nützlichen Zugang zum aktuellen Stand der Diskussion dar und sollte in jedem Fall auf einschlägige Artikel geprüft werden. Zudem empfiehlt sich der Einbezug der internationalen Quellen in jedem Fall – eine Beschränkung der Literaturrecherche auf den deutschsprachigen Bereich, wie man ihn leider immer wieder antrifft, entspricht weder dem heutigen Stand der Technik noch den Anforderungen des Fachgebietes.

5.2 Hinweise zu Wissenschaft und Forschung

In diesem Kapitel finden Sie einige Angaben zu Netzwerken und weiterführenden Kontakten, falls Sie sich eingehender mit Fragen zu Familienunternehmen und/oder zu Nachfolgen in denselben beschäftigen wollen.

5.2.1 IFERA

IFERA ist die „International Family Enterprise Research Academy", ein weltweites Netzwerk von mehreren hundert Forschern und Wissenschaftlern, die sich dem Phänomen des Familienunternehmens verschrieben haben. Die Organisation wurde 2001 gegründet, und praktisch alle Experten zu Familienunternehmen aus dem akademischen Bereich sind Mitglied.

Die Nachfolgefrage stellt einen wesentlichen Teil dieses Komplexes dar, quantitativen Untersuchungen nach beschäftigt sich ca. ein Fünftel aller wissenschaftlichen Arbeiten über Familienunternehmen damit[165].

IFERA veranstaltet jährlich verschiedene Konferenzen und Treffen und legt insbesondere Wert auf die Unterstützung und Ausbildung des wissenschaftlichen Nachwuchses. Hier bietet sich die Möglichkeit, die aktuellen Fragen der wissenschaftlichen Diskussion live mit zu erleben bzw. mit zu gestalten.

IFERA erstellt derzeit eine Forschungsdatenbank mit Einträgen zu einschlägigen Artikeln und Veröffentlichungen, ein sehr nützliches Instrument für Studierende. Weitere Informationen finden sich auf der Website der Organisation www.ifera.org. In Deutschland ist die FHW in Berlin gerade dabei, mit dem EMF-Institut eine bundesweite Plattform zu diesem Thema aufzubauen.

5.2.2   FGF

Der „Förderkreis Gründungsforschung e.V." ist der Zusammenschluss praktisch aller Professoren und Hochschullehrer aus dem deutschsprachigen Raum, die Lehrstühle zu Entrepreneurship, KMU, Familienunternehmen oder Nachfolge besetzen oder entsprechende Lehrveranstaltungen anbieten.

Der FGF veranstaltet das jährliche Symposium „G-Forum", eine zweitägige Fachkonferenz, auf der jeweils aktuelle Forschungsprojekte und -ergebnisse vorgestellt werden und die so einen guten Überblick über die „Szene" bietet.

Nachfolge bzw. Familienunternehmen kommen im Themenkreis „Entrepreneurship" zwar durchaus vor, jedoch nicht unbedingt an prominenter Stelle. Es empfiehlt sich also eine Recherche, welche der hier vertretenen akademischen Stellen sich tatsächlich mit der Thematik beschäftigt. Die Website des FGF www.fgf-ev.de bietet hierzu weitere Informationen.

5.3   Aus- und Weiterbildungsangebote für Nachfolger

Der Aus- und Weiterbildungsmarkt stellt sich dem Unternehmer als umfangreich, komplex und wenig transparent dar. Dies gilt ebenso für den Teilbereich der Angebote für den Erwerb unternehmerischer Kompetenz, obwohl hier bereits eine starke Ausdünnung der Auswahl festzustellen ist. Die folgende Grafik soll eine grundlegendes Orientierungsraster für Nachfolger zur Verfügung stellen.

---

[165] Sharma et.al. (1996), zit. n. Sharma et.al. (2003), S. 91. Vgl. hierzu auch Dyer/Sanchez (1998), S. 14ff.

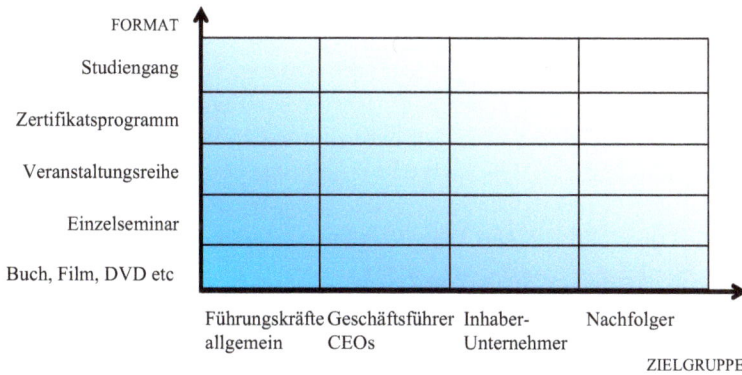

Abb. 36   Weiterbildungsstruktur im Bereich Unternehmensnachfolge

Auf der einen Seite stellt sich die Frage der Zielgruppe. Während eine ganze Reihe von Inhalten durchaus in allgemein gehaltenen Seminaren für ein relativ breites Publikum erlernt werden kann (beispielsweise die klassischen betriebswirtschaftlichen Ansätze und Methoden wie Rechnungswesen, Bilanzierung, Investition oder Finanzierung), so sind andere Themenbereiche nur sinnvoll in einer sehr spezifischen Ausrichtung zu vermitteln (beispielsweise die Details zur Erstellung eines Nachfolgekonzepts oder einer Unternehmenswertberechnung). Ein angehender Unternehmer muss also kritisch abwägen, inwieweit er auf allgemeine oder spezielle Angebote zurückgreifen will.

Die andere Dimension besteht im Format des Programms, womit hier die Kombination aus der verwendeten didaktischen Form (der Lerntechnologie), und dem Umfang bzw. der Intensität verstanden wird. Das Spektrum reicht hier von einmaligen, relativ kurzen Lerneinheiten wie der Lektüre eines Buches oder dem Besuch eines einzelnen Seminars bis hin zu komplex strukturieren Programmen und Studiengängen mit spezifizierten Lernzielen und einem durchdachten Curriculum.

Die Grauschattierung der Matrix symbolisiert die Dichte der Angebote auf dem Markt. Während es für das breite Publikum von Führungskräften ein sehr breites Spektrum von verschiedenen Formaten gibt, dünnt sich dieses speziell für Unternehmensnachfolger radikal aus. Ähnliches gilt für die Formate. Nachfolgend kurz einige detailliertere Hinweise dazu.

5.3.1   Studiengänge

Ein relativ neues Phänomen sind ganze Studiengänge für Unternehmer und/oder Nachfolger. Diese wurden bislang in Deutschland noch am ehesten im Bereich der klassischen MBA-Programme mit angesprochen, allerdings ist hier inzwischen eine deutliche Spezialisierung festzustellen. Beispiele wären der Unternehmer-MBA der Fachhochschule Deggendorf[166]

---

[166] www.u-mba.de

oder der – inzwischen leider eingestellte – Studiengang „MBA in Unternehmensentwick-lung" exklusiv für Nachfolger an der Hochschule Pforzheim[167].

Im Bachelor-Bereich sind ebenfalls einige Hochschulen aktiv geworden, beispielsweise die FHW Berlin mit einem in Vollzeit oder auch berufsbegleitend studierbaren Bachelor-Studiengang „Unternehmensgründung und Unternehmensnachfolge"[168]. Ein neues Projekt stellt ein dualer Studiengang der Berufsakademie in Karlsruhe dar, der im Oktober 2008 starten wird[169]. Die Szene ist – dem allgemeinen Trend des Hochschulbereichs in der Konse-quenz der Bologna-Reformen und der Umstellung auf gestufte Bachelor- und Masterab-schlüsse folgend – in rascher Bewegung, neue Angebote entstehen und bestehende Angebote werden am Markt getestet.

Ingesamt kann festgehalten werden, dass im deutschsprachigen Raum eine Unternehmeraus-bildung im akademischen Bereich noch in den Kinderschuhen steckt und sich in den nächs-ten Jahren sicher deutlich weiter entwickeln wird. Andere Länder wie beispielsweise die USA oder auch Spanien oder Finnland sind hier bereits weiter fortgeschritten und zeigen den Weg, den entwickelte Volkswirtschaften zur Wahrung der knappen gesellschaftlichen Res-source „Unternehmertum" wohl gehen werden.

5.3.2   Zertifikatsprogramme

Sowohl öffentliche wie auch einige private Institutionen – oft auch im Hochschulumfeld positioniert – bieten umfangreiche Programme für Nachfolger an, die typischerweise über ein Jahr laufen und aus mehreren einzelnen Seminarblöcken bzw. Schulungseinheiten beste-hen[170]. Zu unterscheiden ist hier zwischen branchenübergreifend aufgestellten Programmen und branchenspezifischen Ansätzen, welche häufig über Branchenverbände laufen (soge-nannte „Junior-Programme").

Erstere sind i.d.R. in Form und Inhalt an Studiengängen angelehnt und verfolgen anspruchs-volle Lernziele. Branchenprogramme bieten dagegen den unschätzbaren Vorteil einer schnel-len Einarbeitung in das ganz spezifische Umfeld des eigenen Unternehmens und auch der Vernetzung mit den direkten Kollegen und Wettbewerbern, während sie inhaltlich meist deutlich schwächer strukturiert sind.

Die Zukunft könnte hier in der Kombination beider Wege liegen. Während Branchenorgani-sationen meist nicht die Kompetenzen zum Aufbau eines umfassenden Weiterbildungspro-gramms im eigenen Haus haben, könnte dieser Aspekt durch professionelle Anbieter gestal-tet werden. Die Branchenvebände stellen ihre eigentliche Kernkompetenz zur Verfügung: den Kontakt zu den Firmen und damit dem Markt der potenziellen Teilnehmer.

---

[167]   www.mba-ue.de

[168]   www.fhw-berlin.de

[169]   www.studiengang-unternehmertum.de

[170]   vgl. beispielsweise www.intes.de, www.mz-witten.de, www.sgbs.ch , www.equa-akademie.de

5.3.3 Einzelseminare und Veranstaltungsreihen

Im Bereich der Seminare ist zunächst zu unterscheiden zwischen allgemeinen Informationsveranstaltungen zum Thema Unternehmensnachfolge – meist durch Kammern, Wirtschaftsförderungsorganisationen, Branchenverbänden oder anderen öffentlichen oder halböffentlichen Institutionen gestaltet – und inhaltlich ausgerichteten Workshops, welche von einer Vielzahl von kommerziellen Anbietern auf den Markt gebracht werden.

Gerade zur Sensibilisierung der allgemeinen Nachfolgeproblematik, zur rechtzeitigen Information der Senioren in einem Alter, in dem eine „biologische Lösung"[171] noch nicht unbedingt direkt bevorsteht, haben die Industrie- und Handelskammern sowie die Handwerkskammern in den letzten Jahren eine hohe Anzahl verschiedenster Vorträge, Erfahrungsrunden und anderer Informationsveranstaltungen getestet. Diese verbuchten meist zahlenmäßig guten Zuspruch, wobei jedoch längst nicht alle Unternehmen und Senioren wirklich erreicht wurden. Immerhin ist ein insgesamt gestiegenes Informationsniveau und eine größere Offenheit der Unternehmer zu verzeichnen, sich mit der Nachfolgefrage überhaupt auseinanderzusetzen – in früheren Jahren durchaus keine Selbstverständlichkeit[172].

Nachdem dieses Zwischenziel erreicht ist, gehen viele der Kammern dazu über, nun vermehrt mit weiter gehenden Formaten wie Veranstaltungsreihen oder Workshops zum vertieften Erfahrungsaustausch unter Unternehmern zu experimentieren. Ein weiteres Symptom dieser Entwicklung ist, dass bei entsprechenden Vorträgen heute weniger die Rechtsanwälte, Steuerberater und sonstigen Experten auf das Podium geladen werden, sondern zunehmend die Unternehmer selbst. Durch die Schilderung der lebendigen Fallbeispiele der betroffenen Übergeber und Übernehmer wird das Publikum besser erreicht und auf eine andere Art informiert, als dies mit abstrahiert dargestelltem Wissen möglich ist.

5.3.4 Bücher, Filme, DVDs, Software etc.

Die Ratgeber-Literatur zum Thema Unternehmensnachfolge ist in den letzten Jahren exponenziell angeschwollen. Während in den 80er- und frühen 90er-Jahren nur eine Handvoll einschlägiger Titel verzeichnet war, ist inzwischen für jeden Aspekt ein breites Angebot vorhanden. Nach wie vor dominieren Titel mit einer rechtlichen bzw. steuerlichen Grundausrichtung, inzwischen sind jedoch auch eine umfangreiche Anzahl von umfassenden Darstellungen sowie Spezialthemen erhältlich[173].

---

[171] verbreiteter Euphemismus für eine Nachfolge aufgrund des Todes oder einer ernsthaften Erkrankung des Seniors

[172] Zitat eines Unternehmers: „Bei uns in der Familie wird nicht gestorben. Also brauchen wir auch keine Nachfolge".

[173] Hier sei auf das Literaturverzeichnis zu diesem Buch verwiesen.

In diesem Zusammenhang müssen auch die Chroniken und Berichte über große Unternehmerfamilien und Familienunternehmen gesehen werden, die in den letzten Jahren einen deutlichen Aufschwung nahmen[174].

5.3.5   Weitere Möglichkeiten und Konzepte

Wie bereits eingangs beschrieben, ist der Markt der Aus- und Weiterbildung für Unternehmer und insbesondere Nachfolger derzeit in einem raschen Entwicklungsprozess. Eine Reihe
von innovativen Ideen und Ansätzen steht noch in den Startlöchern, die nächsten Jahre werden weitere neue Formen zeigen.

Dazu gehört beispielsweise der Ansatz des „Cross Mentoring". Dahinter steht die Idee, dass
Junioren aufgrund der beschriebenen Probleme besser nicht von den eigenen Elten ausgebildet werden, sondern von einem anderen Unternehmer. Dies kann in einem direkten „Tausch"
von Nachfolgern realisiert werden (beispielsweise zweier befreundeter Unternehmer derselben Branche), oder auch in einem offenen Programm, in dem die Junioren jeweils fremden
Unternehmen zugeordnet werden.

Eine andere Herangehensweise besteht in der Herauslösung des Juniors aus der klassischen
Nachfolgerposition im Unternehmen, der Anstellung bei einer Beratung, und der folgenden
Entsendung bzw. Rücksendung ins eigene Unternehmen – nun jedoch als externer Berater
mit einer anderen Rolle und einer anderen Funktion[175]. Auch dieser Ansatz kann dazu beitragen, den Nachfolgeprozess auf eine bewusstere, professionellere Ebene zu heben. Aufgrund
der bislang geringen Anzahl der Erfahrungsfälle können jedoch noch keine Angaben zum
Nutzen und zur Wirksamkeit gemacht werden.

Insgesamt zeigt sich von Seiten der Unternehmer eine deutliche Zurückhaltung gegenüber
diesen vielen Angeboten. Ob dies gesunde Skepsis angesichts ungeprüfter Methoden und
Programme oder ein bedauernswerter Konservatismus gegenüber fortschrittlichen Ansätzen
ist, soll vorerst dahingestellt bleiben. Diese Zielgruppe muss in jedem Fall von Anbietern
nachhaltig überzeugt werden, insofern sind gute Ideen und fundiert ausgearbeitete Konzepte
notwendiger denn je.

Heiko Moritz absolvierte ein „normales" Ingenieurstudium, in dem weder Unternehmertum noch Unternehmensnachfolge eine Rolle spielten. Er besuchte einige Vorträge und
Seminare bei der IHK von Brückstadt, war jedoch schnell frustriert, weil er immer das Gefühl hatte, eigentlich müsste sein Vater sich mehr um die Nachfolge kümmern als er.
Bei dem MBA-Programm, das Veronica absolvierte, wurden unternehmerische Fragestellungen durchaus besprochen, allerdings meist aus der Perspektive von Entscheidungsträ-

---

[174] vgl. hierzu beispielsweise Jacobs (2006) über die gleichnamige Kaffeerösterei, Weiguny (2007) über die Brenninkmeyers von C&A, James (2005) über Haniel u.a., Sturchio (1991) über Merck, Grau/Guttmann (2005) über
Würth

[175] vgl. hierzu auch den nicht uninteressanten Ansatz, Junioren als Berater in das eigene Unterenhmen zu entsen-
den, um auf diese Weise einen Rollen- und Perspektivwechsel durchzuführen (www.ispa-consult.de).

gern in größeren Konzernen. Veronica ist sich nicht sicher, ob alle Ansätze, Methoden und Werkzeuge, die sie dabei kennen gelernt hat, auch im Mittelstand Anwendung finden können. Aufgrund ihrer Berufserfahrung in kleinen und mittleren Unternehmen traut sie sich die Einarbeitung bei der Moritz GmbH aber zu. Als Ergänzung will sie an einem Jahresprogramm für Nachfolger eines Branchenverbandes teilnehmen. Dabei steht für sie neben dem fachlichen Inhalt auch der Kontakt und Austausch mit anderen jungen Menschen in einer ähnlichen Situation im Mittelpunkt. Sie hat das Gefühl, mit ihren Freunden, Kommilitonen und Arbeitskollegen aus früheren Stellungen ihre Erfahrungen nur begrenzt teilen zu können.

Horst Moritz besprach Nachfolgefragen bis vor kurzem am liebsten nur mit seiner Frau und mit seinem langjährigen Steuerberater. Die Lektüre von Büchern lehnt er ab, da „bei uns ohnehin alles anders ist als bei anderen". Erst nach dem Fehlschlag mit Heiko beschäftigt er sich intensiver mit der Problematik, sucht den Rat von Experten und Unternehmerkollegen, die ihre Nachfolge bereits bewältigt haben, und hat einen spezialisierten Berater beauftragt.

Eine Lösung wie auf unserem letzten, nachfolgenden Cartoon kommt für ihn heute nicht mehr in Frage.

Langsam reicht's mir. Ich mach das jetzt nochmal 5 Jahre aber dann übernimmst du den ganzen Laden !!!

Abbildungsverzeichnis

Literaturverzeichnis

Ahlsen, L. (1983): Vom Webstuhl zur Weltmacht. Die Geschichte vom unglaublichen Aufstieg der Fugger, Dachau: Bayerland

Albach, H./Freund, W. (1989): Generationenwechsel und Unternehmenskontinuität. Chancen, Risiken, Maßnahmen, Gütersloh

Baus, K. (2006): Strategische Zielsetzungen von Familienunternehmen – zwischen Unternehmenswerten und Unternehmenswert. In: Böllhoff, C./Krüger, W./Berni, M. (Hrsg.): Spitzenleistungen in Familienunternehmen. Ein Managementhandbuch, Stuttgart

Berg, H./Koch, L. T. (2005): Nachfolge in eigentümergeführten Unternehmungen aus strategischer Perspektive - eine ressourcenökonomische Analyse. In: Brost, H./Thedens, C./Faust, M. (Hrsg.): Unternehmensnachfolge im Mittelstand, Frankfurt am Main

Böllhoff, C./Krüger, W./Berni, M. (Hrsg.) (2006): Spitzenleistungen in Familienunternehmen. Ein Managementhandbuch, Stuttgart

Brost, H./Faust, M./Thedens, C. (Hrsg.) (2005): Unternehmensnachfolge im Mittelstand, Frankfurt am Main

Bühner, R. (2005): Personalmanagement, München

Campbell, J. P./Pritchard, R. D. (1976): Motivations Theory in Industrial and Organizational Psychology. In: Dunnette, M. D. (Hrsg.): Handbook of Industrial and Organizational Psychology, S. 63-130, Chicago

De Geus, A. P. (1988): Planning as Learning. In: Harvard Business Review, Heft: 1/1988 S. 70-74

Djanani, C./Brähler, G./Lösel, C. (2005): Unternehmensübertragungen gegen Versorgungsleistungen. In: Brost, H./Thedens, C./Faust, M. (Hrsg.): Unternehmensnachfolge im Mittelstand, Frankfurt am Main

Dru, J.-M. (1997): Disruption. Regeln brechen und den Markt aufrütteln. Frankfurt: Campus

Esser, W. M./Ringlstetter, M. (1991): Die Rolle der Wertschöpfungskette in der strategischen Planung. In: Kirsch, W. (Hrsg.): Beiträge zum Management strategischer Programme, München S. 511-539

Felden, B. (2005): Risikomanagement zur aktiven Unternehmenssicherung. In: Sparkasse, Firmenberatung aktuell, 10/2005

Felden, B./Klaus, A. (2003): Unternehmensnachfolge, Stuttgart

Felden, B./Menke, M. (2006): Mitarbeiterführung in Familienunternehmen – zwischen Patriarchat und Mitarbeiterbeteiligung. In: Böllhoff, C./Krüger, W./Berni, M. (Hrsg.): Spitzenleistungen in Familienunternehmen. Ein Managementhandbuch, Stuttgart

Gaitanides, M. et al. (1994): Prozessmanagement. München

Gaulhofer, M. (1989): Controlling und menschliches Verhalten. In: Zeitschrift für Betriebswirtschaft, Heft 59/1989, S. 141-154

Gladen, W. (2003): Kennzahlen- und Berichtssysteme, Wiesbaden

Habig, H./Berninghaus, J. (1998 bzw. Neuauflage 2004): Die Nachfolge im Familienunternehmen ganzheitlich regeln, Berlin Hannon, P. D./Atherton, A. (1997): Small firm success and the art of orienteering: the value of plans, planning, and strategic awareness in the competitive small firm. In: Journal of Small Business and Enterprise Development, Vol. 5, No. 2, S. 102-119

Heckhausen, H. (1974): Motive und ihre Entstehung. In: von Weinert, F. E. et al. (Hrsg.): Pädagogische Psychologie, Frankfurt a.M. 1974, S. 133-171

Hedley, B. (1977): Strategy and the business portfolio. In: Long Range Planning, Vol. 10, Nr. 1, S. 9-15

Henderson, B. D. (1971): Construction of a business strategy. The Boston Consulting Group, Series on Corporate Strategy, Boston

Hering, T./Olbrich, M. (2003): Unternehmensnachfolge, München

Herre, F. (2005): Die Fugger in ihrer Zeit, Augsburg: Wißner-Verlag

Heuskel, D. (1999): Wettbewerb jenseits von Industriegrenzen, Frankfurt/New York

Hinterhuber H./Krauthammer, E. (2005): Leadership – mehr als Management. Was Führungskräfte nicht delegieren dürfen, Wiesbaden: Gabler

ifm (2003): Institut für Mittelstandsforschung Universität Mannheim (Hrsg.): Generationenwechsel in mittelständischen Familienunternehmen in Baden-Württemberg. L-Bank-Studie zur Nachfolgesituation, Mannheim: ifm

Isfan, K. (2002): Untenrehmensübernahmen durch Frauen – Zur Sicherung des familieninternen Generationenwechsels. Schriften zur Mittelstandsforschung 93, Wiesbaden: Deutscher Universitäts-Verlag

James, H. (2005): Familienunternehmen in Europa. Haniel, Wendel und Falck, München: Beck

Kaplan, R. S./Norton, D. P. (1997): Balanced Scorecard, Stuttgart

Klein, J. A./Hickocks, P. J. (1994): Competence-based competition: a practical toolkit. In: Hamel, G./Heene, A. (Hrsg.): competence based competition, Chichster etc., S. 183-212

Köhler, I. (2000): Wirtschaftsbürger und Unternehmer. Zum Heiratsverhalten deutscher Privatbankiers im Übergang zum 20. Jahrhundert. In: Ziegler, S. 116-143

Kraemer, M. (2006): Zahlungsfähigkeit sichern durch Liquiditätsmanagement. In: Finanzbetrieb News, 11/2006

Kreutzer, R. T. (2006): Praxisorientiertes Marketing. Grundlagen – Instrumente – Fallbeispiele, Wiesbaden

Krüger, W. (2006): Praxishandbuch des Mittelstands: Leitfaden für das Management mittelständischer Unternehmen, Wiesbaden

Lawler, E. E. (1973): Motivation in Work Organizations, Belmont, Calif.

L-Bank (2002): Generationswechsel in Baden-Württemberg. Zum richtigen Zeitpunkt den richtigen Nachfolger ins Speil bringen. Kurzfassung der Studie, Karlsruhe

Markowitz, H. M. (1959): Portfolio selection: efficient diversification of investments, New York

Mehrmann, E. (2004): Controlling in der Praxis - Wie kleine und mittlere Unternehmen ein effektives Berichtswesen aufbauen, Wiesbaden

Menke, M. (1998): Planung der Unternehmensnachfolge, Hamburg

Michel, T. J. (1999): Neuere Formen der Kostenrechnung

Mintzberg, H. (1987): The strategy concept I: five p's for strategy. In: California Management Review, Vol. 30, Nr. 1, S. 11-24

Müller-Stewens, G./Lechner, C. (2003): Strategisches Management. Wie strategische Initiativen zum Wandel führen, Stuttgart

May, P. (2006): IMPULSE – Campus für Unternehmer Band 1-12: Der Unternehmer als Chef, Manager und Privatperson, Hamburg: Gruner+Jahr

Müller, G. Fred (1999): Dispositionelle und familienbiographische Faktoren unselbständiger, teilselbständiger und vollselbständiger Erwerbstätigkeit. In: Rosenstiel, S. 157-180

Nagel, K. (1994): Weiterbildung als strategischer Erfolgsfaktor: der Weg zum unternehmerisch denkenden Mitarbeiter, Landsberg a.L.

Nagel R. (2007): Lust auf Strategie. Workbook zur systemischen Strategieentwicklung, Stuttgart: Klett-Cotta

Nagl, A. (2005): Wie regele ich meine Nachfolge? Leitfaden für Familienunternehmen, Wiesbaden

Neu, N./Rohde, A. (2002): Unternehmensnachfolge. Auszug aus dem im Stollfuß-Verlag Bonn Berlin erschienenen Werk "Steuerberater Handbuch Unternehmensberatung", Bonn

Neuberger, O. (1978): Motivation und Zufriedenheit. In: Mayer, A. (Hrsg.): Organisationspsychologie, Stuttgart 1978, S. 201-235

Nordsieck, F. (1955), Rationalisierung der Betriebsorganisation, 2. überarbeitete Auflage von „Grundlagen der Organisationslehre", Stuttgart

Pfannenschwarz, A. (2006a): Nachfolge und Nicht-Nachfolge im Familienunternehmen. Band 1: Ambivalenzen und Lösungsstrategien beim familieninternen Generationswechsel, Heidelberg: Carl-Auer

Pfannenschwarz, A. (2006b):Nachfolge und Nicht-Nachfolge im Familienunternehmen. Band 2: Fallstudien zum familieninternen Generationswechsel, Heidelberg: Carl-Auer

Pfannenschwarz, A. (2008): Qualifikation von Unternehmensnachfolgern. Plädoyer für eine Ausbildungs- und Berufslaufbahn künftiger Unternehmer. In: Schlippe, S. 163-174

Porter, M. E. (1985): Competitive advantage: creating and sustaining superior performance, New York

Porter, M. E. (1999), Wettbewerbsvorteile, Frankfurt/Main; New York

Rappaport, A. (1981): Selecting strategies that create shareholder value. In: Harvard Business Review, Vol. 59, Nr. 3, 1981, S. 139-149

Reichmann, T. (2006): Controlling mit Kennzahlen und Management-Tools, München

Rosenstiel L. von; Lang-von-Wins, T. (1999): Existenzgründung und Unternehmertum. Themen, Trends und Perspektiven, Stuttgart, Schäffer-Poeschel

Rotter, J. B. (1966): Generelized Expectancies for Internal versus External Control of Reinforcement, Washington D.C.

Rummler, A. (2002): Marketing für mittelständische Unternehmen, Berlin

Rügemer, W. (2006): Der Bankier (Geschwärzte Übergangs-Auflage). Ungebetener Nachruf auf Alfred Freiherr von Oppenheim, Frankfurt: Nomen

Schäfer, M. (2000): Herren im eigenen Haus. Leipziger Unternehmerfamilien und Familienunternehmen zwischen Jahrhundertwende und 1920er-Jahren. In: Ziegler, S. 144-166

Schelsky, H. (1953): Wandlungen der deutschen Familie in der Gegenwart. Darstellung und Deutung einer empirisch-soziologischen Tatbestandsaufnahme, Dortmund: Ardey

Schlippe A. von; Nischak, A.; El Hachimid, M. (Hrsg.) (2008): Familienunternehmen verstehen. Gründer, Gesellschafter und Generationen, Göttingen: Vandenhoek & Ruprecht

Scholz, C. (1993): Personalmanagement: Informationsorientierte und verhaltensorientierte Grundlagen, München

Sinz H. (1982): Das Handwerk. Geschichte, Bedeutung, Zukunft, München: Econ

Stäbler, S. (1999): Die Personalentwicklung der "Lernenden Organisation". Konzeptionelle Untersuchung zur Initiierung und Förderung von Lernprozessen, Berlin

Stauss, B. (2002): Perspektivenwandel: Vom Produkt-Lebenszyklus zum Kundenbeziehungs-Lebenszyklus. In: Thexis, 17. Jg., 2/2000, S. 72 f.

Struck, U. (2001): Geschäftspläne, Stuttgart

Stürmer (1994): Stürmer, Michael; Teichmann, Gabriele; Treue, Wilhelm: „Wägen und Wagen. Sal. Oppenheim jr. & Cie. Geschichte einer Bank und einer Familie." (1994) München: Piper

Venohr, B./Meyer, K. E. (2007); The German miracle keeps running : how Germany's hidden champions stay ahead in the global economy, Berlin : Institute of Management Berlin

Venzin M.; Rasner, C.; Mahnke, V. (2003): Der Strategieprozess. Praxishandbuch zur Umsetzung im Unternehmen, Frankfurt: Campus

Wallace, A. F. (1966): Religion: An Anthropological View, von Collrepp, F. (2004): Handbuch Existenzgründung. Für die ersten Schritte in die dauerhaft erfolgreiche Selbständigkeit, Stuttgart

von Plüskow, H. J. (2001): Im Schatten der Überväter. In: impulse, Juni 2001, S. 39-42

Vroom, V. H. (1995): Work and Motivation, San Francisco, New York: Random House

Weiguny B. (2007): Die geheimnisvollen Herren von C&A. Der Aufstieg der Brenninkmeyers, München: Piper

Weber, M. (2001): Kennzahlen. Unternehmen mit Erfolg führen, Planegg

Weinläder, H. (1998): Unternehmensnachfolge: Strategien, Praxis, Recht, München

Wittberg, V./Granzow, A. (2006): Planung und Organisation von Familienunternehmen – zwischen Transparenz und Küchenkabinett. In: Böllhoff, C./Krüger, W./Berni, M. (Hrsg.): Spitzenleistungen in Familienunternehmen. Ein Managementhandbuch, Stuttgart 2006

Wittenberg, V. (2006): Controlling in jungen Unternehmen. Phasenspezifische Controllingkonzeptionen für Unternehmen in der Gründungs- und Wachstumsphase, Wiesbaden

Wunderer, R./Grunwald, W. (1980): Führungslehre, Bd. 1: Grundlagen der Führung, Berlin, New York

Ziegler (2000): Ziegler, Dieter (Hrsg.): „Grossbürger und Unternehmer: Die deutsche Wirtschaftselite im 20. Jahrhundert" (2000), Göttingen: Vandenhoeck & Ruprecht

Stichwortverzeichnis

www.ingramcontent.com/pod-product-compliance
Lightning Source LLC
Chambersburg PA
CBHW051928190326
41458CB00026B/6441